台湾研究

福建对台交流合作先行先试研究

刘国深
唐永红　主编

2009年度国家社科基金重大项目（项目批准号：09&ZD065）阶段性研究成果

九州出版社
JIUZHOUPRESS
全国百佳图书出版单位

图书在版编目（CIP）数据

福建对台交流合作先行先试研究／刘国深，唐永红主编.
—北京：九州出版社，2010.6
ISBN 978－7－5108－0530－1

Ⅰ.①福…　Ⅱ.①刘…　②唐…　Ⅲ.①地区经济－经济发展－研究－福建省、台湾省　Ⅳ.①F127.5

中国版本图书馆CIP数据核字（2010）第102267号

福建对台交流合作先行先试研究

作　者	刘国深　唐永红　主编
出版发行	九州出版社
出 版 人	徐尚定
地　址	北京市西城区阜外大街甲35号（100037）
发行电话	（010）68992190/2/3/5/6
网　址	www.jiuzhoupress.com
电子信箱	jiuzhou@jiuzhoupress.com
印　刷	三河市东方印刷厂
开　本	720毫米×1020毫米　16开
印　张	16.125
字　数	248千字
版　次	2010年6月第1版
印　次	2010年6月第1次印刷
书　号	ISBN 978－7－5108－0530－1
定　价	32.00元

序　言

福建与台湾地缘相近、血缘相亲、文缘相承、商缘相连、法缘相循（“五缘”），在对台方面具有不可替代的独特优势。发挥福建对台独特优势，发展闽台关系，加强对台工作，促进两岸关系发展，推动祖国统一大业进程，是中央的一贯要求与期待。中央为此也赋予了许多“特殊政策”与“灵活措施”，例如设立厦门经济特区，以支持福建在改革开放发展与对台工作中先行一步。事实上，自改革开放以来，福建在祖国大陆改革、开放、发展进程中发挥了先行先试作用的同时，通过发展闽台关系，在促进对台工作与两岸关系发展中也发挥了独特优势和先行先试作用，至今已走过了30个春夏秋冬。

30年来，无论是祖国大陆的改革开放发展进程、台湾政治经济局势，还是两岸关系发展态势、国际政治经济形势都发生了深刻的变化。福建对台优势与作用也必将发生较大变化。新形势下如何进一步发挥福建的对台优势，进一步发展闽台关系，以推动祖国统一大业进程，这是一个迫切需要研究与解决的课题。作为2009年度国家社科基金重大项目“加快建设海峡西岸经济区重大问题研究（项目批准号：09&ZD065）”的阶段性研究成果，本书在总结福建过去30年来发挥对台优势与作用所取得的主要成效、基本经验及其所面临的制约因素，阐明新形势下福建进一步发挥对台优势与作用面临的机遇与挑战的基础上，提出进一步发挥福建对台优势、发展闽台关系的思路与举措。全书共分六章，分别阐述新形势下拓展闽台紧密经贸联系、全面直接“三通”、农业全面合作、旅游双向对接、文化深入交流、交流合作载体平台六个方面的新作为。主要观点和建议如下：

一、拓展闽台紧密经贸联系

闽台现存经贸相互依存与一体化程度基本上还处于较低水平，经贸联系的紧密性尚有较大提升的空间。两岸直接“三通”与两岸经贸关系正常化将有助于福建对台优势与作用的充分发挥，有助于闽台紧密经贸联系的拓展。

新形势下福建对台优势与作用的进一步充分发挥、闽台经贸联系的进一步拓展，仍然有赖于福建开放型经济的进一步发展，特别是有赖于各种特殊经济区域发展模式的创新与转型。当前，应立足福建自身的各种独特优势与条件，特别是其港口、区位和对台优势与条件，与时俱进地创新发展模式，建立一个遵循 WTO 无歧视原则的开放性的“两岸经贸交流合作先行区”，将闽台经贸联系的进一步拓展与大陆改革开放的深化发展、区域经济的协调发展、两岸经济一体化发展有机结合起来，以便在发挥经贸自由化的试验田与先行区作用、区域经济的增长极与辐射源作用的同时，更好地发挥海峡西岸经济区在两岸经贸交流、合作与整合中的优势和作用。

从当前扩大对外开放、推动区域（两岸）合作的需要看，特别是在港口区位、改革开放与对台工作方面最具条件与基础的地方，应以构建“两岸经贸自由化先行区”、“两岸经济一体化先行区”为中心和重点，并推进与此配套的其他方面的交流合作事宜与政策试验，从而构建起“两岸经贸交流合作先行区”内的中心（核心）区域，带动区内的外围的配套发展，以及其他方面交流合作的先行先试。此外，当前至少还应在建立两岸产业合作的集聚功能、两岸区域性金融合作的服务功能、两岸直接往来的通道功能与台湾海峡物流的枢纽功能等方面先行先试，有所作为。这些方面本身也是两岸经贸自由化与两岸经济一体化所需的辅助功能与配套措施。

二、拓展两岸全面直接“三通”

2008 年 11 月 4 日两岸两会在台北签署了“海峡两岸邮政协议”、“海峡两岸空运协议”及“海峡两岸海运协议”，意味着两岸“三通”直航基本实现，海峡两岸“大三通”时代已经到来。值此新形势下，如何利用各方面的积极因素推进两岸直接“三通”深化发展，应在新观察的基础上制定新的战略。作为与台湾具有“五缘”优势的福建，如何在发掘“试点直航”、“小三通”平台潜力的基础上，构建新的“先试先行”优势，在新时期有更大作为，为推进两岸全面“三通”发挥更大作用，同时提升自身在两岸经贸合作领域的地位。

福建作为两岸“三通”的先行者及前沿，在两岸“三通”新局势下应该扮演新角色，发挥新作用。具体而言可以在以下几方面有所作为：第一，在两岸“三通”协商中发挥新作为。第二，推进“试点直航”口岸向直航口岸转型，在“试点直航”运营经验的基础上，继续谋求创新，发挥示范作用。第三，继续发掘“小三通”的潜力与作用，打造“小三通”核心竞争力。第四，建立与台湾新对口港的航运通道。第五，整合福建港口群以及与邻近港口的协同功能，着力推动与海峡东岸港口群的协同合作，建设海峡转运平台，打通台湾海峡地区与大陆地区的联结，建设各种运输方式集结、接转的综合型枢纽。

三、拓展闽台农业全面合作

在闽台农业交流合作方面，基于大陆三农建设与两岸关系发展新形势以及进一步深化闽台农业合作的需要，福建有必要也有条件拓展闽台农业更全面、更深入的交流和合作。两岸之间未来的走向是社会的全面融合，以福建为主的海峡西岸经济区未来也将向两岸社会融合试验区发展，以求在经济、政治、文化、教育、生活和社会管理制度上进一步融合。因此，闽台农业合作有待于在包含农村、农业、农民在内的农村建设这一更大的领域，进行两岸合作模式的创新尝试——建设两岸（福建）农村建设合作示范区，从大农业的角度延伸闽台农业合作产业链，着重发展农业产前领域的合作，推进闽台农业资源要素的进一步整合；借鉴台湾“富丽农村”建设的策略模式，进行两岸农村发展理念的交流；以农业合作经济组织为载体，借鉴台湾农村组织行之有效的发展机制、经营模式和管理经验，开展与台湾中南部农会、农协、产销班等农村经济组织全方位的交流与合作，并且在基层民主建设和乡村治理方面探索闽台农业更全面合作的途径。

两岸农村建设合作示范区建设应采取分步实施、重点推进的部署，组织试点，在示范区内率先试行某些更开放的政策与措施，进行尝试，取得突破后，再逐步向更大范围延伸和拓展。需要特别赋予示范区相应的特殊政策，制定涉台法律及法规相配套的实施细则予以规范，营造良好的政治和政策环境，增强对台湾的吸引力和对接能力，把做台湾人民工作落到实处。将两岸农村建设合作示范区建设成融合两岸农业、农村和农民的连接点和大陆农村建设的新的经济增长点，为实现双方经济和社会的进一步融合奠定基础。透过闽台农业合作的深化，把海峡西岸经济区建设成为台湾闽客地区农村社会与大陆闽客地区农村社会融合的平台。

四、拓展闽台旅游双向对接

在旅游对接方面，海峡西岸应立足于现有基础和优势，出台具体的创新作为，以面对来自其他地区的竞争和挑战。具体来说：第一，从盘活已有优势，促使更多的各地客源来闽；利用金马航线，结合台方离岛政策，吸引台湾游客来闽。闽台旅游对接可以结合两岸文教交流和商务活动，使福建省成为两岸旅游和人员往来的集散点。第二，构建海峡西岸地区内环线路；厦门和福州互为两岸旅游的进口和出口。第三，成立两岸合资旅游企业，扩大在台湾岛内的海西旅游产品宣传。第四，吸收台湾同行管理经验，加强景区的管理；提升旅行社素质。第五，发挥闽台同根同源文化魅力，打造“世界的闽客文化旅游圈”，形成山海文化旅游的特色，让闽台两地人民成为利益共同体。第六，建立闽台两地旅游资源共同平台，共同打造闽客旅游文化品牌，发挥信息和市场网络的整体优势。第七，做大做强闽台海港对接优势，发挥独特的闽台海上直航旅游优势，使台湾海峡成为世界级的海上乐园。第八，两岸共同研讨闽台旅游合作机制的建立，确保闽台旅游双向对接的可持续发展。

五、拓展闽台文化深入交流

在文化交流方面，面对“大三通”的新形势，海峡西岸要做大做实海峡两岸文化的整合工程，寻求更多集体记忆的交集，多角度、多渠道营造“两岸命运共同体”的集体记忆和认知。闽台具有源远流长的亲缘、血缘关系，闽台两地神缘相续，闽台两地有最大的地缘便利，闽台两地的文缘关系与人文优势凸显，闽台两地形成了一些品牌交流项目，闽南文化成为破解“文化台独”最有效的工具。

目前存在的问题是：海峡西岸对台功能和作用没有充分发挥；对台工作

领导体制和具体政策不够健全完善，两岸政策障碍未解使交流规模受限；对台文化交流建设滞后，尚未形成比较优势。为此，我们提出了“求十全”、“务十美”的具体建议。

“求十全”：在学术领域、艺术戏曲团体、信仰文化、出版领域、影视戏剧舞蹈产业、新闻资讯领域、宗亲联谊会、青少年教育工作、基层组织和社团、展示窗口单位十大方面寻求福建与台湾全面深入交流和合作。

“务十美”：以文化产业项目为重，培育闽台文化产业共同市场——海峡两岸闽南文化周、海峡两岸历史人物文化节、海峡两岸图书博览会、海峡两岸茶文化节、海峡两岸纺织服装文化节、海峡两岸海洋文化节、海峡两岸教育合作文化周、海峡两岸花卉博览会、海峡两岸旅游节、海峡两岸中医文化周，此前也有相似文化活动的举办，但是规模不大，影响较小，今后应致力于以文化创意产业拉动十大闽南文化节，突出闽南味十足文化品牌特色。

六、拓展交流合作载体平台

在两岸交流合作平台载体建设方面，福建省目前的载体平台建设已初具规模。已有载体平台包括厦门特区、台商投资区、两岸农业合作实验区等在内的政策型载体平台，包括“9·8”投洽会、“5·18”海交会等在内的展会型载体平台，以及包括人才交流、学术研讨、旅游观光、宗教信仰、事务协商等在内的具体事务型载体平台。这些载体平台为两岸交流合作提供了重要的渠道，促进了两岸民众的情感交流，提升了福建省在祖国大陆对台战略中的地位和作用。

当前，福建省要转变观念，增强服务意识，充分发挥区位优势，进一步增强在两岸交流合作中载体平台建设的新地位与新功能。牢牢把握两岸关系和平发展的大局，把争取台湾民心始终放在对台工作中的重要位置。为此，建议福建省和厦门市继续争取中央的支持，同时主动作为，并且加大力度直接与台湾方面沟通，以建立起更有竞争力的两岸合作载体平台建设。在两岸经济贸易领域，继续完善和充实政策型、展会型载体平台的建设，为适应两岸“三通”的新形势，积极搭建起枢纽型、基建型等载体平台；在两岸文化教育领域，积极搭建起民俗特色型、文艺活动型、学术会议型、宗亲联谊型等载体平台；在两岸政治社会领域，建立起两岸政治对话型、两岸社会融合型、闽台高层交往型等载体平台，使海峡西岸成为两岸完全统一的先行区。

目　录

第一章　拓展闽台紧密经贸联系新作为研究

唐永红* 王华

福建与台湾地缘相近、血缘相亲、文缘相承、商缘相连、法缘相循（“五缘”），在对台方面具有不可替代的独特优势。发挥福建对台优势与先行先试作用，在强化闽台经贸交流合作关系中促进两岸经贸关系发展，推动祖国统一大业进程，既是福建近30年来始终如一的责任与努力，也是中央的一贯要求与期待。中央曾为此赋予了许多“特殊政策”与“灵活措施”，例如设立厦门经济特区、出口加工区、保税区、保税物流园区、保税港区、台商投资区、两岸农业合作试验区等，以支持福建在改革开放发展与对台经贸工作中先行一步。事实上，近30年来，福建在祖国大陆改革开放发展进程中发挥先行示范作用的同时，在拓展闽台紧密经贸联系、促进两岸经贸关系发展与大陆对台工作中也发挥了先行先试作用，至今已走过了30个春夏秋冬。

30年来，无论是祖国大陆的改革开放发展进程、台湾政治经济局势，还是两岸政治经济关系态势、国际政治经济格局都发生了深刻的变化。随着两岸先后都已成为WTO正式成员，随着祖国大陆改革开放发展进程的深化与区域经济发展格局的演变，随着“支持海峡西岸和其他台商投资相对集中地区的经济发展”写入中央文件，随着党的十六大与十七大报告提出对台工作与两岸关系新思维与新战略，特别是随着认同“九二共识”、主张两岸交流合作的中国国民党在台湾重新执政以及两岸经贸关系正常化与两岸全面直接“三通”的临近，福建对台优势与作用必将发生较大变化，在拓展闽台紧密经贸联系、促进两岸经贸关系发展与对台工作方面必将面临新的机遇与挑战。

---

* 唐永红：厦门大学台湾研究院经济研究所副所长、副教授。

新形势下如何把握机遇克服挑战，如何进一步发挥“五缘”优势，拓展闽台紧密经贸联系，以进一步推进海峡西岸经济区的建设和两岸政治经济文化关系的发展？这是一个迫切需要研究与解决的问题。本章在总结福建过去30年来求闽台紧密经贸联系的成效、经验与制约因素，阐明“三通”新形势对福建拓展闽台紧密经贸联系的影响的基础上，提出新形势下福建拓展闽台紧密经贸联系的思路与构想、措施与政策，并阐明其意义与作用、条件与可行性。

第一节　福建求闽台紧密经贸联系的成效、经验与制约因素

一、福建求闽台紧密经贸联系的主要成效

闽台两地在经济发展阶段方面具有梯度差异性，在产业结构和生产要素禀赋方面具有优势互补性，为闽台交流合作提供了动因、空间与可能。事实上，福建在求闽台紧密经贸联系、促进两岸关系发展中具有独特优势：一是有助于福建成为祖国大陆改革开放的前沿、对台交流的前沿的毗邻的地缘与经济区位优势；二是为福建拓展对台直航、扩大闽台及两岸经贸交流合作奠定了良好自然基础的海空运输能力与港口优势；三是可以促进台湾同胞对祖国大陆的认同感，并有助于对台招商引资的源远流长的亲缘、血缘、文缘关系与人文优势；四是有利于做好对台工作、扩大闽台及两岸各项交流合作的中央赋予的“特殊政策、灵活措施”① 与各种特区优势。近30年来，福建

① 近30年来，除了改革开放方面的先行先试政策，中央还赋予福建许多对台方面的特殊政策：1989—1992年中央先后批准厦门杏林、海沧、集美和福州马尾设立台商投资区；1992年批准设立湄洲岛和武夷山两个国家级旅游度假区；批准设立漳州和福州两个“海峡两岸农业合作试验区”，并于2005年批准福建全省为海峡两岸农业合作试验区；批准福建设立对台直航试点口岸，其中客运口岸四个：福州马尾港、厦门港、泉州港和湄洲岛；货运口岸也有四个：福州马尾港、厦门港、泉州港和漳州港；批准设立厦门—金门、马尾—马祖、泉州—金门和泉州—澎湖列岛海上“小三通”航线。福建沿海还开辟了35个台轮停泊位，127个对台贸易口岸。中央政府还批准福建开展赴金门旅游业务；批准福建开展闽台海上小额贸易试点；批准福建8所大学，包括厦门大学、福建师大、华侨大学、福建中医学院等大学直接招收台湾学生入学；批准福建厦门公安局和福州公安局可以签发5年有效期台胞证，等等。

在发挥上述独特对台优势，力求闽台紧密经贸联系中取得了一定成效，但尚未穷其潜力。

（一）闽台投资关系发展态势

1. 台商在福建投资规模不断扩大且近年增势明显

闽台两地在资源和经济结构方面具有广泛的互补性，加之两地文化相通、习俗相近。在此基础上，有着中央“特殊政策”与“灵活措施”支持的福建因而曾经是台商对大陆投资的首选之地，至今仍然是台商在大陆投资相对集中地区之一。1989 年，国务院先后批准在厦门的杏林、集美、海沧以及福州的马尾开发区设立国家级台商投资区，为闽台扩大经济交流合作创造了有利条件。1990 年台湾当局承认两岸经贸间接往来的合法化后，台商赴闽投资得到不断增长。

据福建省外经贸厅统计，截至 2007 年底，台商经第三地间接对福建投资累计达 9361 项、合同金额 216.5 亿美元、实际金额 153.27 亿美元①。由表 1－1 所示历年台商对福建投资情况可知，1990—1996 年间，合同台资金额由 4.62 亿美元激增至 22.21 亿美元，年均增长率达 29.9%，实际台资金额年均增长率更高达 36%。1997—2003 年间，受亚洲金融危机与台湾当局“南向政策”的影响，台商对福建投资规模相对低缓。2004 年至今，随着海峡西岸经济区发展战略的提出与实施，台商投资福建势头重新高启，2007 年合同台资金额 25.66 亿美元、实际台资金额 18.2 亿美元，均创历史新高。

表 1－1 台商对福建历年投资额 （单位：项，亿美元）

年份	台商投资项数	合同台资金额	合同台资金额累积	实际台资金额	实际台资金额累积
1989 年之前	492	6.39	6.39	2.57	2.57
1990	380	4.62	11.01	1.86	4.42
1991	322	4.99	16.00	2.00	6.43
1992	724	8.91	24.91	3.58	10.01
1993	1010	15.49	40.40	6.22	16.23
1994	642	9.46	49.86	3.80	20.03

① 据福建省人民政府台湾事务办公室数据，至 2007 年底，全省累计引进台资项目 9361 项，合同台资 188.03 亿美元，实际利用台资 126.83 亿美元。

续表

年份	台商投资项数	合同台资金额	合同台资金额累积	实际台资金额	实际台资金额累积
1995	601	18.19	68.05	12.88	32.91
1996	418	22.21	90.26	11.75	44.66
1997	456	5.98	96.24	12.30	56.96
1998	472	6.42	102.66	11.20	68.16
1999	378	7.14	109.80	9.69	77.85
2000	402	7.10	116.90	4.89	82.74
2001	499	10.78	127.68	5.05	87.79
2002	451	7.41	135.09	5.11	92.90
2003	417	8.43	143.52	5.20	98.10
2004	418	9.53	153.05	10.87	108.97
2005	381	18.30	171.35	11.92	120.89
2006	467	19.49	190.84	14.18	135.07
2007	431	25.66	216.50	18.20	153.27
合计	9361	216.50		153.27	

资料来源：根据历年《中国对外经济贸易年鉴》和《中国商务年鉴》数据整理。

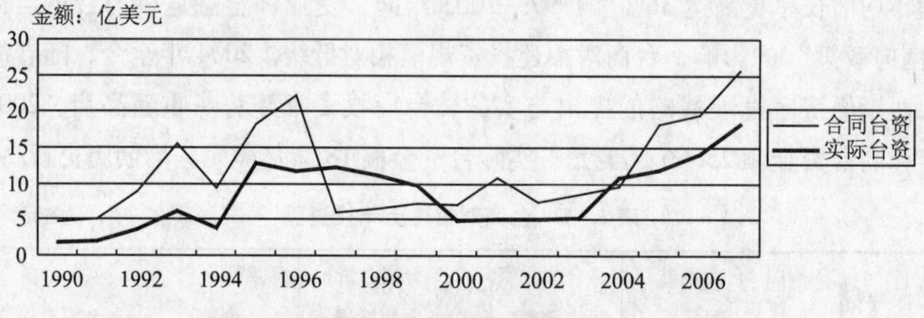

图 1－1　台商对福建历年投资额变动态势图

资料来源：根据历年《中国对外经济贸易年鉴》和《中国商务年鉴》数据整理。

2. 台商在福建投资产业以制造业为主且结构渐趋合理

在投资产业结构方面，从初期的制鞋业、成衣业等劳动力密集型产业为主，转向电脑周边产品、液晶监视器、笔记本电脑、IC、精密仪器、电子、石化、汽车等资金、技术密集型产业为主。台湾“投审会”统计数据显示，截至2007年底台商对福建省的投资主要集中于制造业领域，占对闽投资总额的89.5%，其中又以资本技术密集型产业为主体，依次为石化（21.43%）、机械（18.39%）、电子（15.11%）和金属制品（9.85%）；传统制造业中纺织、皮革和服装制造业占比9.25%，食品、饮料和烟草制造业占5.28%，纸制品及木竹制品制造业占3.36%。农业投资虽然比重较低（仅占1.3%），但福建农业实际利用台资规模居全国首位；批发零售（2.48%）、运输仓储（1.07%）、住宿餐饮（0.8%）等传统服务业的投资比重也较其他省份为高，显示福建省因与台湾的气候、地理条件相近、文化习俗相通而产生的台资吸引力。总体而言，随着高科技产业逐渐进入，台商在福建投资产业结构已经渐趋合理。

3. 台商在福建投资的产业集群与规模效应初现并推动闽台产业合作分工

近年来，台商在福建投资已由最初的小规模、低层次、单一领域逐步向大规模、高层次、多领域的方向发展。目前，福建依然是大陆台商投资最为集中、最为活跃的地区之一，台湾百大企业有40家来闽投资，台资企业在大陆62.5%的研发中心、58.3%的营运总部设在福建。台商在福建投资所引发的闽台产业合作分工的新格局正在形成，在石化、汽车和电子信息方面的产业分工与合作，已逐步由劳动力密集型产业向资本、技术密集型产业转变，从垂直分工向水平分工方向发展，并具较强的产业关联度和发展链。闽台产业合作在轻纺、食品、服装鞋帽、电子信息、机械、石化等领域已形成较强的配套能力，初步呈现产业聚集与规模效应，出现了东南汽车、华映光电、翔鹭化纤、华阳电业等产业关联度强的大型台资项目，形成电子、石化、汽车、纺织等产业群，以台资企业为龙头的电子信息、机械装备和石化工业已成为福建三大主导产业①，福建已成为台湾产业转移的主要承接地之一。

4. 闽台单向投资形成不对称投资依赖关系

从福建利用台资方面看，由表1－2和图1－2可知，1991—1999年间（除1994年外），福建实际利用台资占利用外资比重基本都维持在25%以上，远高于大陆的总体水平，显示这期间福建对于台资具有较高的依赖性；

① 目前，福建产业群发展已有相当规模，为承接台湾对外投资与产业转移奠定了基础。截至2007年底，已形成大小产业群60多个，工业总产值占全省的50%以上。到2010年，福建预计将形成6—8个产值超500亿元的产业群，30个产值超100亿元的产业群。

2000—2003年间，伴随台商投资绝对规模的下降，福建对台资的依赖有所弱化，实际利用台资占利用外资比重降至12%上下；2004年以来，随着海峡西岸经济区发展战略的提出与实施，台商投资福建势头重新高启，该比重又重新上升至20%以上。与整个大陆地区实际利用台资占利用外资比重在大多数年份都不高于10%且基本上呈逐年下降态势相比，福建省在利用外资方面较高程度依赖于台商投资。目前，台湾已成为福建第二大外资来源地。

从福建资本形成方面看（见表1－2和图1－3），福建实际利用台资占资本形成总额的比重，1999年之前基本维持在5%以上（仅1995年较为突出），2000年以后则降至3%上下，表明福建经济发展对于台资的依赖性有减弱趋势；但该比重仍远高于整个大陆地区利用台资占资本形成总额比重（大多数年份都不高于1%且基本上呈逐年下降态势）。

由于台湾当局长期以来的限制性大陆经贸政策的作用，闽台投资关系仅表现为台商对福建的单向资本流动，因此台湾经济在利用资本方面对福建资本没有依赖关系，但在对外投资中则显现对福建市场的一定程度的集中与依赖特性。在台商对大陆投资前期，台资曾高度集中于福建地区，之后随着珠三角与长三角地区竞争优势的突显，台商对闽投资比重呈现阶段性下降趋势（见图1－2）。但如果考虑到台商对外投资日益集中于祖国大陆的宏观背景（目前台湾对外投资中超过半数已投向大陆地区，农业和制造业投资大陆比重甚至超过70%），可以发现台湾对福建投资占其对外总投资的比重并未表现出明显的下降趋势。如表1－2所示，除1993年台对闽投资占其对外总投资比重高达9.81%、1999—2001年间低于2%以外，其余年份大都维持在2%—5%之间，表明台湾在对外投资方面对福建市场较为稳定的依赖性。

表1－2　闽台两地对闽台投资关系的依赖程度　　（单位：%）

年份	大陆实际利用台资		福建实际利用台资		台湾核准对福建投资	
	占实际利用外资比重	占资本形成总额比重	占实际利用外资比重	占资本形成总额比重	占对大陆总投资比重	占对外总投资比重
1991	10.67	0.32	31.10	5.71	32.13	3.06
1992	9.54	0.57	25.27	7.88	11.98	2.61
1993	11.41	1.15	21.70	8.17	14.95	9.81
1994	10.04	1.44	10.24	4.41	10.04	3.75

续表

年份	大陆实际利用台资		福建实际利用台资		台湾核准对福建投资	
	占实际利用外资比重	占资本形成总额比重	占实际利用外资比重	占资本形成总额比重	占对大陆总投资比重	占对外总投资比重
1995	8.42	1.04	31.89	11.32	11.13	4.97
1996	8.33	1.00	28.81	8.59	9.02	3.27
1997	7.27	0.91	29.31	7.96	10.90	6.53
1998	6.41	0.77	26.59	6.39	7.41	2.83
1999	6.45	0.65	24.08	5.30	4.70	1.30
2000	5.64	0.55	12.86	2.53	3.82	1.29
2001	6.36	0.62	12.89	2.47	4.31	1.67
2002	7.53	0.72	12.02	2.32	11.15	7.43
2003	6.31	0.50	10.52	2.07	6.39	4.21
2004	5.14	0.37	20.44	3.64	6.52	4.39
2005	3.56	0.22	19.13	3.32	6.63	4.71
2006	3.08	0.18	19.74	3.07	6.80	4.35
2007	2.37	0.12	22.38	2.74	3.90	2.36

资料来源：大陆利用台资情况根据商务部统计的历年大陆实际利用台资数据，国家统计局编订的《中国统计年鉴》（2007年卷）提供的历年大陆实际利用FDI数据、资本形成总额数据、人民币对美元年平均汇价（中间价）数据计算得出；福建利用台资数据取自历年《中国对外经济贸易年鉴》和《中国商务年鉴》；台湾核准投资数据取自台湾“投审会”《核准侨外投资、对外投资、对中国大陆投资统计年报》。

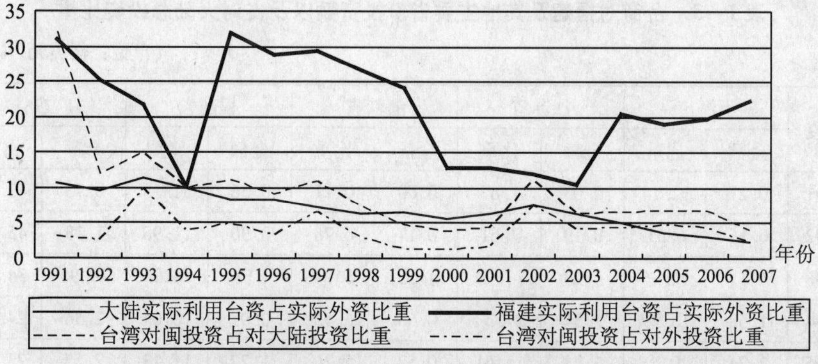

图1－2　闽台两地对闽台投资关系依赖程度变动态势图

资料来源：根据表1－2数据绘制。

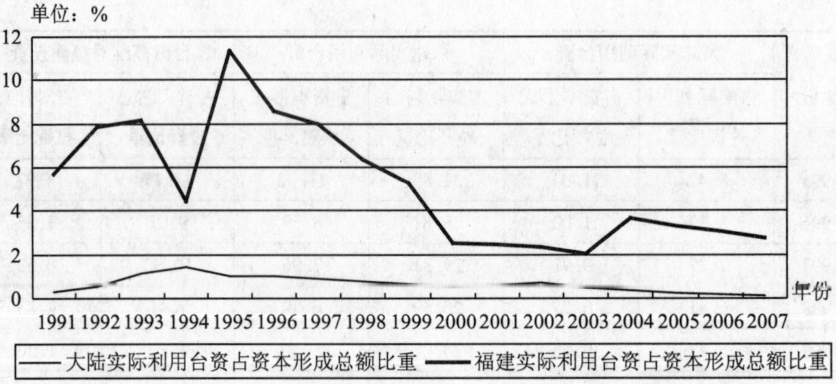

图 1－3　福建及整个大陆资本形成对台资的依赖程度

资料来源：根据表 1－2 数据绘制。

5. 福建对台招商引资优势亟待强化

与广东、江苏等省份相比，20 世纪 90 年代以来，台商对福建投资占对大陆总投资比重有逐年下降趋势。台湾"投审会"统计数据显示，1991 年台商对福建投资占对大陆投资比重曾高达 32.13%，随后几年中的投资比重一直在 10% 以上，1998 年以后投资比重则降至 6% 上下（见图 1－2）。同期台商对广东省的投资比重则高达 40% 以上，后逐渐下降至 20% 以上；而对江苏省的投资比重则不断上升，目前已接近 40%，成为台资最为集中的区域。显示台商对各地区的投资偏好有所调整变化，福建对台招商引资优势亟待强化。

表 1－3　台商对福建及其他主要省份投资额以及占对大陆总投资比重

（单位：亿美元，%）

年度	上海市		江苏省		浙江省		福建省		广东省	
	金额	比重	金额	比重	金额	比重	金额	比重	金额	比重
1991	0.21	12.14	0.03	1.87	0.00	0.11	0.56	32.13	0.73	42.10
1992	0.16	6.31	0.19	7.61	0.17	6.78	0.30	11.98	1.13	45.89
1993	4.11	12.96	4.23	13.34	1.25	3.94	4.74	14.95	10.91	34.42
1994	1.58	16.39	2.34	24.33	0.63	6.53	0.97	10.04	2.36	24.51
1995	2.24	20.51	1.71	15.61	0.57	5.26	1.22	11.13	2.55	23.32
1996	2.44	19.84	2.98	24.25	0.33	2.66	1.11	9.02	3.05	24.77

续表

年度	上海市		江苏省		浙江省		福建省		广东省	
	金额	比重	金额	比重	金额	比重	金额	比重	金额	比重
1997	5.88	13.58	6.59	15.20	1.95	4.51	4.72	10.90	17.24	39.78
1998	2.86	14.07	4.08	20.08	0.86	4.22	1.51	7.41	8.25	40.53
1999	1.51	12.07	3.24	25.85	0.79	6.30	0.59	4.70	5.00	39.92
2000	3.21	12.31	9.31	35.69	0.69	2.63	0.99	3.82	10.20	39.11
2001	3.76	13.51	10.46	37.58	2.08	7.49	1.20	4.31	7.88	28.30
2002	9.49	14.12	22.23	33.07	5.12	7.61	7.50	11.15	16.35	24.32
2003	11.04	14.34	26.01	33.79	6.08	7.89	4.92	6.39	20.54	26.69
2004	11.75	16.93	24.87	35.83	6.89	9.93	4.53	6.52	14.04	20.23
2005	10.18	16.94	23.49	39.11	4.85	8.07	3.98	6.63	12.20	20.31
2006	10.42	13.63	28.87	37.78	5.91	7.73	5.20	6.80	14.15	18.52
2007	14.40	14.46	38.42	38.57	6.91	6.93	3.88	3.90	19.78	19.86
合计	95.24	14.68	209.05	32.23	45.08	6.95	47.92	7.39	166.36	25.65

资料来源：根据台湾“投审会”《核准侨外投资、对外投资、对中国大陆投资统计年报》绘制。

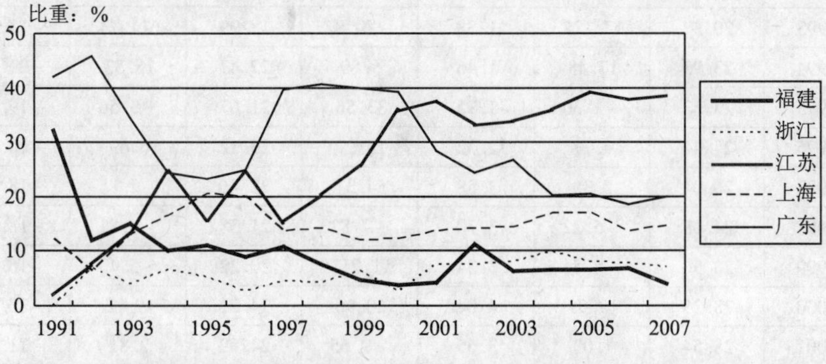

图1-4　台商对福建及其他主要省份投资额占对大陆总投资比重变动态势图

资料来源：根据表1-3数据绘制。

(二) 闽台贸易关系发展态势

1. 闽台贸易规模逐年增加但呈现显著不平衡性

闽台两地经济产业分工合作格局的深化，促进了闽台贸易关系的发展。1980年代闽台贸易额仅以百万美元计；1991年贸易总额0.82亿美元，1992年迅速升至7.4亿美元，1993年又升至20.37亿美元；之后每年以平均

9.1%速率增长，尤其是2004年以来，闽台贸易总额年均增长接近20%，自台进口年均增长高达45%左右，对台出口年均增长8%左右，2007年贸易总额已达69.01亿美元（见表1-4）。近30年来，闽台贸易总额累计已超过500亿美元。

由于台湾当局推行"宽出严进"的贸易管制政策，导致两岸（包括闽台间）贸易表现出明显的不平衡态势。历年闽台贸易中，闽自台进口额占到了90%左右的比重；近年进口比重虽有下降趋势，2007年仍占84.4%。每年闽对台贸易逆差达数十亿美元，且呈连年上升之势。2007年福建出口台湾10.79亿美元，台湾出口福建58.22亿美元，台湾方面获顺差47.43亿美元。目前，台湾已成为福建第七大出口市场和第一大进口来源地。

表1-4 历年闽台贸易情况 （单位：亿美元，%）

年份	闽台贸易总额		闽对台出口额		闽自台进口额		闽台净出口额
	金额	增长率	金额	增长率	金额	增长率	
1990	1.10		0.65		0.45		0.20
1991	0.82	-25.10	0.49	-25.10	0.34	-25.10	0.15
1992	7.40	798.17	4.73	871.55	2.67	692.17	2.06
1993	20.37	175.27	1.38	-70.82	18.99	611.24	-17.61
1994	23.93	17.48	1.46	5.80	22.47	18.33	-21.01
1995	23.62	-1.30	1.95	33.56	21.67	-3.56	-19.72
1996	25.44	7.71	2.32	18.97	23.12	6.69	-20.80
1997	26.04	2.36	3.58	54.31	22.46	-2.85	-18.88
1998	24.68	-5.22	3.30	-7.82	21.38	-4.81	-18.08
1999	23.56	-4.54	3.34	1.21	20.22	-5.43	-16.88
2000	28.25	19.91	4.04	20.96	24.21	19.73	-20.17
2001	28.54	1.03	3.65	-9.65	24.89	2.81	-21.24
2002	33.51	17.41	4.33	18.63	29.18	17.24	-24.85
2003	35.68	6.48	5.19	19.86	30.49	4.49	-25.30
2004	43.56	22.09	6.76	30.25	36.80	20.70	-30.04
2005	48.80	12.03	7.87	16.42	40.93	11.22	-33.06
2006	56.07	14.90	9.50	20.71	46.57	13.78	-37.07
2007	69.01	23.08	10.79	13.58	58.22	25.02	-47.43
合计	520.38		75.33		445.06		-369.73

资料来源：根据历年《中国对外经济贸易年鉴》和《中国商务年鉴》数据整理。

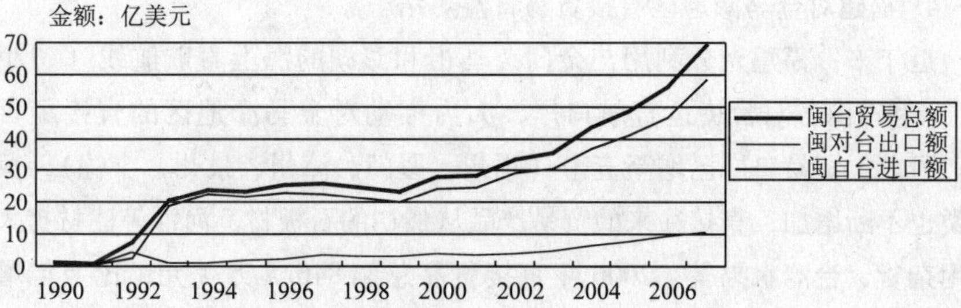

图1－5　历年闽台贸易额变动态势图

资料来源：根据表1－4数据绘制。

2. 闽台贸易产品多元化发展且结构逐步升级

机电产品是闽台进出口的大宗货品，服装、鞋类、塑料制品、家具等传统商品出口增长缓慢甚至下降；与此同时，部分商品（如纸制品、钢坯及粗锻件、钢材、石制品等）出口增长较快；进口商品中以台湾农产品进口成长最为显著。

3. 闽台小额贸易显著成长

福建充分利用对台区位优势大力发展小额贸易，对台贸易口岸不断增多，到目前为止全省已开辟了26个对台小额贸易点。近年来大陆出台了一系列优惠措施，放宽了对台小额贸易点监管政策，包括下放审批权、扩大经营主体、取消船舶吨位和金额的限制、扩大对台小额贸易货物种类等。同时，福建省近年来通过海关、边防、检验检疫等管理部门之间综合协调管理，严厉打击非法走私途径，使小额贸易交易环境不断优化。

近年来，福建对台小额贸易成长显著。小额贸易已由最初的沿海渔民与台轮渔民之间的易货贸易渐渐发展成为有组织、有特色、互补性的商品贸易，交易的规模由小变大，交易的品种由食品、生活日用品扩大到服装、小家电、建材等，交易的方式日益灵活、多样化。据福州海关统计，2007年福建对台小额贸易进出口额达6389.8万美元，比2006年增长53.8%；进口规模最大产品为机电产品，占同期进口总额的35.1%，增长46.2%；得益于大陆农产品进口惠台政策，通过对台小额贸易渠道进口的台湾农产品进口明显增加，达1903.7万美元，增加3.2倍；出口则以水产品为主，达1237.2万美元，占整体出口的92.5%。

4. 福建对金马澎地区直接贸易日益热络

近年来，福建充分利用与金门、马祖和澎湖的海上直航航线（“小三通”）和沿海各对台货运直航口岸，大力推动对金马澎地区的直接经贸往来。目前，贸易口岸已增至五个（福州、厦门、漳州、泉州、宁德），贸易种类也不断增加，直接往来的贸易产品从最初的石板材、河沙等建材扩大到日用杂货、台湾水果等。2006 年直接贸易总额 846.5 万美元，比上年增长 36.2%，其中福建出口增长 40%。

5. 闽台贸易依存性呈现下降趋势且不对称依赖明显

闽台两地在贸易方面的相互依赖性如表 1－5 所示。在福建省对外贸易中，闽台贸易所占比重在 1993 年高达 20.29%，之后则呈缓慢下降趋势，2004 年以来已低于 10%。福建进口贸易对于自台进口的依赖要远高于出口贸易对于对台出口的依赖。福建自台进口额占其总进口额比重由 1993 年的 38.89%缓慢降至 2004 年的 20.3%，之后又出现上升，2007 年比重为 23.75%；福建对台出口额占其总出口额的比重则基本维持在 2%—3%之间。总体而言，福建对外贸易对闽台贸易表现出较高的依赖性，且进口依赖远高于出口依赖，台湾对福建的商品输出对福建贸易格局有重要影响；但此依赖性呈不断下降趋势。

在闽台贸易占对两岸贸易之比重同样经历了先增后减的历程。1993 年台闽贸易在两岸贸易中所占份额曾高达 14.15%，之后略微振荡后开始缓慢下降，2004 年以来已降至 5.5%上下。台对闽出口额、自闽进口额分别占台湾对大陆出口总额、自大陆进口总额的比重也表现出大体相同的变动趋势，其中前者比重高于后者，但二者的差距已经不断缩小。由上可知，台湾对大陆贸易（尤其是出口贸易）曾经一度明显集中于对闽贸易，但随着大陆其他地区竞争优势的强化，此集中度不断降低。

从台湾对外贸易角度考查，随着两岸经贸往来日益热络，台湾外贸对于两岸贸易的依赖程度不断提高，虽然台闽贸易在两岸贸易中的比重呈下降趋势，但在台湾整体对外贸易中的比重却呈稳中有升的态势。1993—2000 年，台闽贸易占台湾对外贸易的比重略呈振荡下降态势，2000 年以来则显现上升之势，但总体上一直处于 1%—1.5%之间。台对闽出口占其总出口比重一直在 2%上下波动；台自闽进口占其总进口的比重较低，尚不足 1%，但上升趋势明显。

综合而言，由于闽台两地经济规模与贸易流量的悬殊差距，加之台湾当局长期以来的限制性大陆经贸政策的作用，福建贸易对台湾市场的依赖度明显高于台湾贸易对福建市场的依赖度，但前者依赖度的不断降低伴随后者依赖度的缓慢上升，使二者的差距有所缩小。

表1－5　闽台两地对闽台贸易关系的依赖程度　（单位:%）

年份	福建对外贸易中闽台贸易所占比重			台湾对大陆贸易中闽台贸易所占比重			台湾对外贸易中闽台贸易所占比重		
	总计	出口	进口	总计	出口	进口	总计	出口	进口
1990	2.54	2.65	2.38	2.72	1.37	8.50	0.09	0.07	0.12
1991	1.43	1.55	1.30	1.42	0.72	4.32	0.06	0.04	0.08
1992	9.18	10.78	7.27	9.99	4.24	42.23	0.48	0.33	0.66
1993	20.29	2.68	38.89	14.15	14.68	9.44	1.26	2.23	0.18
1994	19.63	2.27	39.01	14.66	15.96	6.52	1.34	2.41	0.17
1995	16.35	2.47	33.15	13.21	14.66	6.29	1.10	1.94	0.19
1996	16.39	2.77	32.39	13.40	14.29	8.29	1.15	1.97	0.23
1997	14.50	3.49	29.18	13.13	13.66	10.54	1.09	1.81	0.31
1998	14.38	3.31	29.71	12.04	12.86	8.53	1.13	1.90	0.31
1999	13.37	3.23	27.82	10.03	10.35	8.46	1.00	1.63	0.30
2000	13.31	3.13	29.12	9.25	9.50	8.02	0.97	1.59	0.29
2001	12.61	2.62	28.60	8.82	9.10	7.30	1.22	1.97	0.34
2002	11.80	2.49	26.46	7.51	7.67	6.57	1.35	2.16	0.38
2003	10.10	2.46	21.48	6.11	6.18	5.77	1.28	2.02	0.41
2004	9.17	2.30	20.30	5.56	5.68	4.99	1.24	2.02	0.40
2005	8.97	2.26	20.92	5.35	5.48	4.76	1.28	2.06	0.43
2006	8.95	2.30	21.76	5.20	5.35	4.58	1.31	2.08	0.47
2007	9.27	2.16	23.75	5.54	5.76	4.60	1.48	2.36	0.49

资料来源：根据有关统计数据计算得出；其中，福建对台贸易及对外贸易数据取自历年《中国对外经济贸易年鉴》、《中国商务年鉴》及《福建统计年鉴》；两岸贸易数据取自海关总署统计；台湾对外贸易数据取自台湾“陆委会”《两岸经济统计月报》。

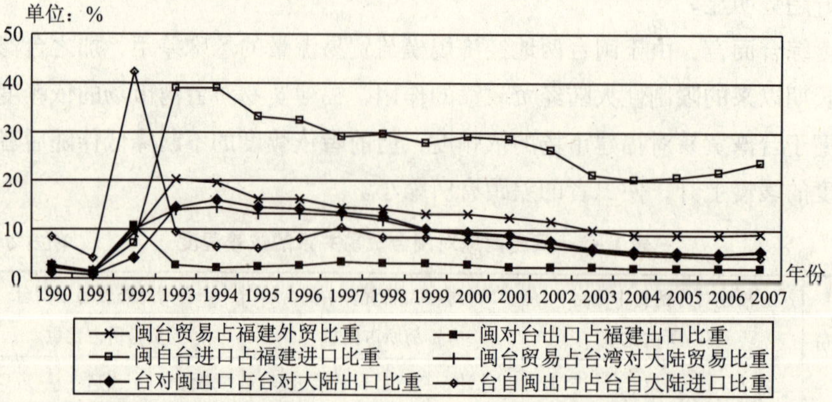

图 1-6a 闽台两地对闽台贸易关系的依赖程度变动态势图

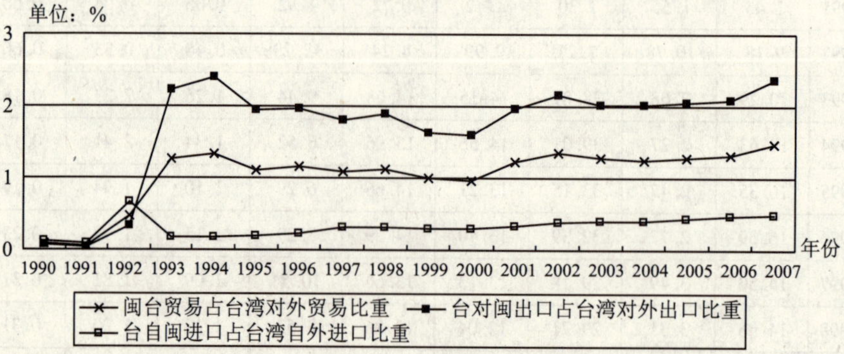

图 1-6b 台湾外贸对闽台贸易的依赖程度变动态势图

资料来源：根据表 1-5 数据绘制。

（三）闽台经济体对闽台贸易的依存性及其发展态势

进一步，将闽台两地经济外向型程度（以贸易依存度即贸易额与 GDP 的比率反映）纳入考量范畴，通过计算闽台贸易额与闽台经济体各自生产总值的比率（可称之为闽台经济体的闽台贸易依存度），可以更深入地衡量闽台经济体对于闽台贸易往来关系的依赖程度。结果如表 1-6、图 1-7、图 1-8 所示。

从表 1-6 可见，总体上看福建经济体的闽台贸易依存度都处于较低水平。图 1-7 显示，福建经济体 1994 年之前自台进口依存度处于高速上升阶段，1994 年达到 11.66%，之后不断下降，至 1999 年达 4.9%，2000 年以来则一直在 5% 上下波动。相对而言，福建经济体对台出口依存度远低于自台进口依存度，除个别年份外基本都在1%以下。由此决定福建经济的对台贸易依存度（等于对台出口依存度与自台进口依存度之和）与自台进口依存度表现出相同的变化趋势。另一方面，福建经济的对台净出口依存度为负值，表明闽台贸易对于福建经济的即期增长有着较为稳定的负面漏损作用。

从表1－6可见，总体上看台湾经济体的闽台贸易依存度处于更低水平。图1－8显示，台湾经济体对闽出口依存度由1993年的0.82%逐渐下降至1999年的0.68%，之后则显现不断上升的趋势，2007年达到1.57%。相对而言，自闽进口依存度远低于对闽出口依存度，但除了1993年的异常跳动外，一直呈稳定上升之势，已由1990年的0.04%升至2007年的0.29%。台湾经济的对闽贸易依存度和净出口依存度表现出与对闽出口依存度相同的变化趋势。由于台湾经济的对闽净出口依存度为正值，表明闽台贸易对于台湾经济的即期增长有着不断提升的正面拉动作用。

最后，由闽台两地经济规模的差距所决定，福建经济对台湾的各项贸易依存度都要高于台湾经济对福建的相应各项贸易依存度，表明福建经济较之于台湾经济更多地依赖于闽台贸易往来关系。但随着两地经济规模的日益接近，二者依存度之间的差距也在不断缩小。

表1－6　闽台两地经济对闽台贸易的依存度　（单位：%）

年份	福建经济的对台贸易依存度				台湾经济的对闽贸易依存度			
	出口	进口	总额	净出口	出口	进口	总额	净出口
1990	0.65	0.45	1.10	0.20	0.03	0.04	0.07	－0.01
1991	0.43	0.29	0.72	0.13	0.02	0.03	0.04	－0.01
1992	3.47	1.96	5.42	1.51	0.12	0.22	0.34	－0.09
1993	0.72	9.87	10.59	－9.15	0.82	0.06	0.88	0.76
1994	0.76	11.66	12.41	－10.90	0.89	0.06	0.95	0.83
1995	0.78	8.67	9.45	－7.89	0.79	0.07	0.86	0.72
1996	0.78	7.72	8.50	－6.95	0.80	0.08	0.88	0.72
1997	1.03	6.48	7.51	－5.44	0.75	0.12	0.87	0.63
1998	0.86	5.60	6.47	－4.74	0.77	0.12	0.89	0.65
1999	0.81	4.90	5.71	－4.09	0.68	0.11	0.79	0.57
2000	0.89	5.32	6.21	－4.44	0.75	0.13	0.88	0.63
2001	0.74	5.06	5.80	－4.32	0.85	0.13	0.98	0.73

续表

年份	福建经济的对台贸易依存度				台湾经济的对闽贸易依存度			
	出口	进口	总额	净出口	出口	进口	总额	净出口
2002	0.80	5.41	6.21	-4.60	0.99	0.15	1.14	0.84
2003	0.86	5.06	5.93	-4.20	1.02	0.17	1.19	0.84
2004	0.97	5.29	6.26	-4.31	1.14	0.21	1.35	0.93
2005	0.98	5.10	6.09	-4.12	1.18	0.23	1.41	0.95
2006	0.98	4.82	5.80	-3.84	1.31	0.27	1.58	1.04
2007	0.90	4.83	5.73	-3.94	1.57	0.29	1.87	1.28

资料来源：闽台贸易数据取自历年《中国对外经济贸易年鉴》和《中国商务年鉴》；福建 GDP 数据取自《福建统计年鉴》；台湾 GDP 数据取自台湾“行政院主计处”；本表数据根据以上数据计算得出。

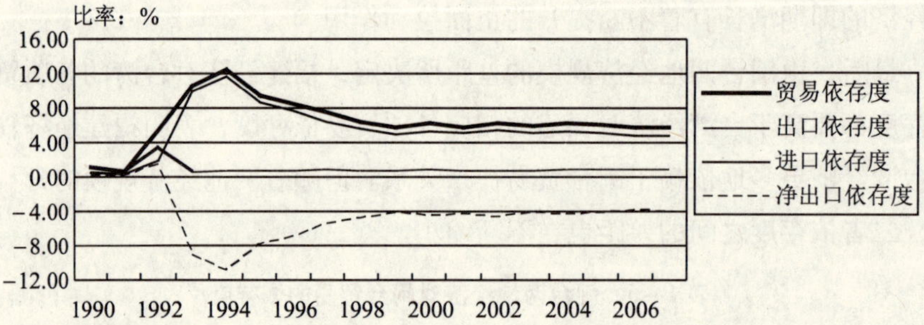

图 1－7　福建经济体的闽台贸易依存度变动态势图

资料来源：根据表 1－6 数据绘制。

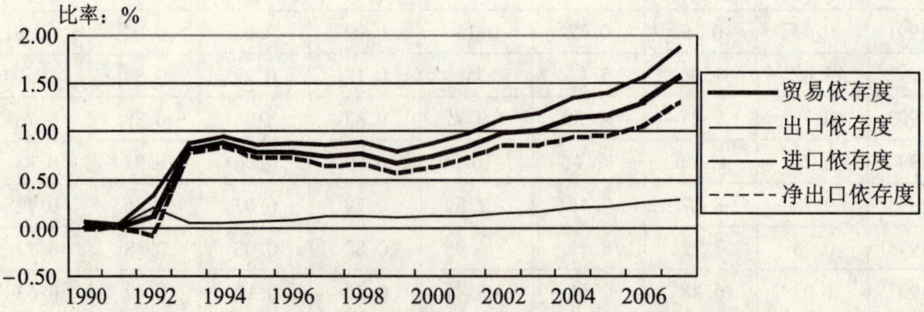

图 1－8　台湾经济体的闽台贸易依存度变动态势图

资料来源：根据表 1－6 数据绘制。

(四) 闽台经贸往来对闽台经济的贡献度及其发展态势

闽台经贸往来所形成的闽台经贸相互依存性，最终必然会体现为闽台经贸往来对两地经济发展的贡献影响。对此可以区分台商对闽投资的经济贡献与闽台贸易的经济贡献两部分，并以二者与闽台经济体各自 GDP 的比率作为衡量指标。

由于台湾当局至今仍然不开放或高度限制祖国大陆资本在岛内投资，计算期内福建资本未对台湾投资或投资金额极少，因此计算期内福建资本对台湾投资及其对台湾经济发展的贡献可以忽略不计。关于台商投资对福建经济发展的贡献，鉴于台商投资主要集中制造业领域，因此可重点考察在闽台资企业历年实现的工业增加值。虽然缺乏台资企业工业增加值的统计数据，但有在闽外资企业工业增加值的统计数据可供参考。假设单位台商投资金额与单位外商投资金额实现的工业增加值相等，可以利用历年台商累计投资占外商累计投资的比重，估算外资企业工业增加值当中的台资部分。由于目前公布的在闽外资企业工业增加值数据仅为规模以上部分，进一步假设规模以上外资企业工业增加值占全部外资企业工业增加值的份额，与福建规模以上工业企业增加值占全部工业企业增加值的份额相等；故而可以利用福建规模以上工业企业增加值占全部工业企业增加值的比重，结合规模以上外资企业工业增加值数据，来估算全部外资企业的工业增加值。

关于闽台贸易的经济贡献，可以采用外贸总额结合对外贸乘数的估算数值加以衡量。王直等学者（Wang，1997；Wang & Schuh，2000）利用“可计算一般均衡”世界贸易模型，模拟祖国大陆与台湾加入 WTO 以及台湾、香港与大陆经济一体化的潜在影响，估计祖国大陆的外贸乘数在 19.4%—28.7%之间，而台湾经济体的外贸乘数在 22.3%—32%之间。假设福建地区的外贸乘数效应与整个大陆地区相近，则可以利用上述外贸乘数的区间数值，乘以闽台贸易总额来衡量闽台贸易对闽台两地的经济贡献。

通过上述对闽台经贸往来为两地经济发展所产生的投资贡献与贸易贡献的估算，进而计算二者与两地 GDP 的比率（如表 1－7 所示），既可以将闽台经贸往来的经济贡献置于可比的水平之上，更能深入地反映由闽台经贸往来产生的闽台两地经济发展的相互依存性。进一步，将台商投资的经济贡献与闽台贸易的经济贡献相加，作为闽台经贸往来产生的总贡献。

由表 1 - 7 可知，台商投资对于福建经济的贡献率达到 5% 左右，但表现出一定的波动性：1990 年投资贡献率曾达 6.51%，之后逐渐降至 1994 年的 4.17%，后又逐渐升至 2001 年的 5.95%，近年来则又显现出下降势头。与之相比，闽台贸易对于福建经济的贡献率较低，除 1993—1997 年间略高以外，近年来一直维持在 1.1%—1.8% 之间。总体而言，闽台经贸往来对于福建经济的贡献率达到 6%—8% 之间，但 2001 年以来呈不断下降的趋势。

闽台经贸往来对台湾经济的各项贡献率普遍低于对福建经济的贡献率，但增长势头非常明显。闽台经贸往来（闽台贸易）对台湾经济的贡献率则由 1990 年的 0.01%—0.02% 增至 2007 年的 0.42%—0.6%，增长达到 27 倍。这表明台湾经济发展对于闽台经贸往来的依存性日益提高。

表 1 - 7　闽台经贸往来对闽台经济体的贡献度　（单位：%）

年份	闽台经贸往来对福建经济的贡献					闽台经贸往来对台湾经济的贡献	
	投资贡献	贸易贡献		总贡献			
		下限	上限	下限	上限	下限	上限
1990	6.51	0.21	0.32	6.72	6.83	0.01	0.02
1991	6.18	0.14	0.21	6.32	6.39	0.01	0.01
1992	5.32	1.05	1.56	6.37	6.88	0.08	0.11
1993	4.99	2.05	3.04	7.04	8.03	0.20	0.28
1994	4.17	2.41	3.56	6.58	7.73	0.21	0.30
1995	4.60	1.83	2.71	6.43	7.31	0.19	0.28
1996	4.74	1.65	2.44	6.39	7.18	0.20	0.28
1997	5.03	1.46	2.16	6.49	7.19	0.19	0.28
1998	5.00	1.26	1.86	6.26	6.86	0.20	0.29
1999	5.65	1.11	1.64	6.76	7.29	0.18	0.25
2000	5.50	1.20	1.78	6.70	7.28	0.20	0.28
2001	5.95	1.13	1.66	7.08	7.61	0.22	0.31
2002	5.63	1.20	1.78	6.83	7.41	0.25	0.36
2003	5.35	1.15	1.70	6.50	7.05	0.27	0.38
2004	5.07	1.21	1.80	6.28	6.87	0.30	0.43
2005	4.91	1.18	1.75	6.09	6.66	0.31	0.45

续表

年份	闽台经贸往来对福建经济的贡献					闽台经贸往来对台湾经济的贡献	
	投资贡献	贸易贡献		总贡献			
		下限	上限	下限	上限	下限	上限
2006	4. 90	1. 13	1. 66	6. 03	6. 56	0. 35	0. 50
2007	4. 76	1. 11	1. 64	5. 87	6. 40	0. 42	0. 60

注：闽台经贸往来对福建经济的贡献部分，贸易贡献的贸易乘数下限值为 19. 4%、上限值为 28. 7%；闽台经贸往来对台湾经济的贡献部分，贸易贡献的贸易乘数下限值为 22. 3%、上限值为 32%。

资料来源：台商投资与闽台贸易数据取自历年《中国对外经济贸易年鉴》和《中国商务年鉴》；福建 GDP 及工业增加值数据取自《福建统计年鉴》；台湾 GDP 数据取自台湾"行政院主计处"；本表根据以上数据计算得出。

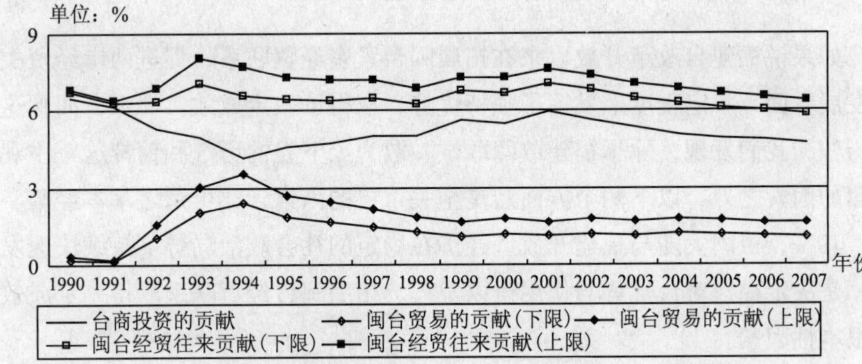

图 1－9　闽台经贸往来对福建经济的贡献度变动态势图

资料来源：根据表 1－7 数据绘制。

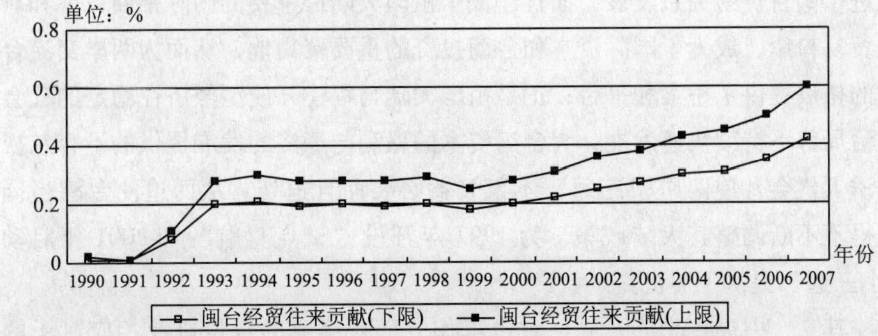

图 1－10　闽台经贸往来对台湾经济的贡献度变动态势图

资料来源：根据表 1－7 数据绘制。

综上可见，近20年闽台两地经济在投资、贸易与发展等方面形成了一定的且不对称的相互依存性。但除了福建在利用外资与进口方面对台湾具有较高的依赖性之外，闽台两地经济体在其他单一层面与总体层面的相互依存与一体化程度基本上还处于较低水平，闽台经贸联系的紧密性尚有较大提升的空间；而且，两地经济相互依存性还呈现了较大程度的不对称性特征：福建经济体对闽台经贸往来的依赖程度明显高于台湾经济体。必须指出的是，两地经济体的上述相互依赖的程度及其不对称相互依赖特征在很大程度上是由于台湾当局的长期以来的大陆经贸政策压制作用的结果。这种压制作用一旦消除，两地经济相互依赖的程度将有望进一步提升，不对称性特征也将得到较大程度的消减。

二、福建求闽台紧密经贸联系的基本经验

如果说福建自改革开放以来在拓展闽台紧密经贸联系、促进两岸经贸关系发展方面，一定程度上发挥了独特优势，取得了一定成效。那么，回顾这一历程，我们发现，除了福建敢闯敢试、敢为天下先的勇气和精神这一主观方面的因素之外，以下两个方面乃是至关重要的因素，亦可谓之基本经验。

其一，祖国大陆与福建开放型经济在稳定的社会政治局势下持续快速发展，是决定福建对台优势与作用得以发挥、拓展闽台经贸联系取得一定成效的根本性因素。

30年来，正是祖国大陆与福建开放型经济在稳定的社会政治局势下持续快速发展，使得福建可以发挥其独特优势，不仅吸引了台商来福建投资，促进了闽台贸易关系发展，而且建成了祖国大陆最重要的国际招商口岸和对台贸易口岸，成为了国际资本和台商投资的重要聚集地，从而为两岸交流合作的拓展提供了桥梁和平台；正是祖国大陆与福建开放型经济在稳定的社会政治局势下持续快速发展，为台湾资本的赢利与经济的发展提供的不容忽视的诱人机会，使两岸“三通”不仅日益必要而且迫切，从而迫使台湾当局不得不不断调整其大陆政策，为1997年开设“试点直航”和2001年启动“小三通”提供了契机。

其二，中央在改革开放与对台工作方面对福建的定位以及相应赋予的“特殊政策”与“灵活措施”，是决定福建对台优势与作用得以发挥、拓展

闽台经贸联系取得一定成效的关键性因素。

如上所述，祖国大陆与福建开放型经济的持续快速发展，是决定福建对台优势与作用得以发挥、拓展闽台经贸联系取得一定成效的根本性因素。而众所周知，祖国大陆与福建开放型经济的形成与发展的动力主要就源于体制改革与对外开放。因此，毫无疑问，中央在改革开放与对台工作方面对福建的定位以及相应赋予的特殊政策与灵活措施，是决定福建对台优势和作用得以发挥、拓展闽台经贸联系取得一定成效的一个关键性因素。事实上，改革开放以来，中央赋予了福建及厦门特区改革试验权、省级经济管理权、地方立法权和对外资（台资）的特殊优惠政策，并使福建形成了包括经济特区、出口加工区、保税区、保税物流园区、保税港区、高新技术开发区、台商投资区、两岸农业合作试验区、现代林业合作试验区等在内的全方位多层次的对外开放格局。这些“特殊政策”与“灵活措施”促使福建始终处于祖国大陆改革开放的前沿，在获得持续快速的经济发展的同时，发挥其对台优势，拥有了祖国大陆最重要的对台贸易口岸、台商投资的重要聚集地、对台工作与两岸交流合作试验区、处理涉台事务前沿基地。此外，正是中央赋予厦门港等福建沿海对台直航试点口岸的权力，使福建沿海地区得以发挥港口、区位优势，开辟两岸人员、货物往来新通道，并为两岸直航累积经验和互信。也正是中央赋予福建两岸农业合作试验区与免税进口部分台湾农产品的权力，使得福建得以发挥对台优势，在两岸农业合作方面取得了较大成绩。

总之，福建对台优势与作用的发挥、拓展闽台经贸联系取得成效，与祖国大陆及福建开放型经济的持续快速发展有着高度的正相关性，是和中央在改革开放与对台工作方面对福建的定位以及相应赋予的特殊政策与灵活措施紧密相关的。

三、福建求闽台紧密经贸联系的制约因素

虽然福建近30年来拓展闽台紧密经贸联系、发挥对台优势与作用取得了一定成效，但其优势和潜力尚未得到充分发挥。事实上，基于上述基本经验判断，在主观及客观方面都存在一些影响和制约福建拓展闽台经贸联系、发挥对台优势与作用的因素。

其一，两岸政治关系僵局在政策层面的制约和影响。多年来，由于众所周知的因素，两岸政治关系僵局一直存在。尤其是自民进党执政以来，台湾当局基于其“台独”目的，一方面坚持把两岸航线当做“国家间航线”，企图以“三通换两国”，故意拖延两岸直接“三通”；另一方面始终坚持有限开放的限制性大陆经贸政策取向，阻碍两岸交流合作。即便是“试点直航”及“小三通”这种有限的两岸局部地方间的直接交流交往，无论是人员往来还是商品与要素流动方面，都面临严厉的政策限制，远未穷其潜力。两岸政治经济关系的非正常状态，一方面催生了“试点直航”及“小三通”这种有限的两岸局部地方间的较为直接的交流交往方式，从而凸显了福建对台地位与先行先试作用，另一方面也严重扭曲了两岸资源与要素的流动与配置，抑制了福建对台优势的充分发挥与闽台经贸联系的拓展，削弱了福建在两岸交流合作中的应有地位。例如，由于没有直接“三通”，台商大陆投资在区位选择方面就不得不优先考虑那些临近国际贸易、金融、航运、物流中心的地带。这就是为什么临近香港的珠三角成为了台商投资的先行地和密集区，后来，随着上海浦东新区的开放与开发，许多台商投资又选择了长三角的一个重要原因。这也就是在福建的台商投资占在全大陆的台商投资的比重，除了在早年的基于人脉关系的试探性投资时期名列大陆各省市之首外，在之后基本上呈逐步下滑态势的一个重要原因。当然，经济网络不畅与经济腹地狭小也是造成此种现象的另外一个重要因素。

其二，经济网络不畅与经济腹地狭小的弊端日益显现。福建内部各地区之间以及福建连接内地各省市的交通、流通、通信网络与能力虽然一直在改善中，经济总量与市场空间也随着地区经济的发展而不断扩张，但相对于作为经济增长极与辐射源乃至经济区的客观需要而言，经济网络不畅与经济腹地狭小的弊端日益显现。经济总量偏小，对外经济网络不畅，加之行政区域的分割，致使福建经济的腹地与服务区域狭小、市场空间与规模不大，集散能力不强，使得产业集聚能力不足、产业链条延伸受限，削弱了对外资及台资的吸引力，不仅严重制约了作为经济增长极与辐射源的作用，影响到福建经济发展，而且也影响到福建对台经贸联系的拓展，以及福建在祖国大陆对外与对台经贸交流合作中的地位和作用。

其三，改革开放先行先试的政策优势逐步淡化和丧失。随着祖国大陆渐进式改革开放发展战略的深化实施，市场经济体制在全国范围已经初步确立，全国全方位对外开放格局也已初步形成，全国经济运行格局与区域经济发展格局也在发生变化。以加入世界贸易组织（WTO）为标志，祖国大陆改革开放发展进入了新的历史阶段。原先赋予福建及厦门特区的部分特殊优惠政策因不符合市场经济要求和WTO规则等原因已无存在的必要，部分特殊优惠政策则因在全国范围内推广而事实上不再有其特殊优惠性（邓力平、唐永红，2003；唐永红，2005、2006）。这必然在一定程度上相对削弱福建及厦门特区较之于国内其他地区的改革开放先行的优势。与此同时，中央并没有赋予福建及厦门特区新的发展定位与特殊政策。换言之，福建与厦门特区的发展在新形势下正面临着政策优势丧失和淡化的挑战。此外，为做好对台工作、促进两岸更紧密交流合作，先前大陆按照“适度开放、同等优先”原则对台湾的照顾性做法，也面临WTO无歧视原则的约束。这种挑战与约束显然会影响到福建与厦门特区对台优势和作用的进一步发挥，给福建拓展闽台经贸联系带来新的挑战。

综上可见，福建进一步拓展闽台经贸联系、发挥对台优势与作用，有赖于中央在改革开放与对台工作方面对福建的新的定位和相应的政策支撑。

第二节　“三通”新形势对福建拓展闽台紧密经贸联系的影响

随着认同“九二共识”、主张两岸交流合作和平发展的中国国民党重新在台湾执政，台海局势趋向缓和，两岸交流合作与和平发展正成为两岸关系发展的趋势与主题，两岸全面直接“三通”与经贸关系正常化有望实现。但与此同时，台湾分离主义问题、两岸政治关系上的结构性矛盾以及两岸社会各种差异依然存在，这仍然是两岸和平发展与和平统一的重大挑战，并可能在新形势下更加突显。在两岸关系发展面临的这种机遇与挑战中，福建对台优势与作用必将发生较大变化，在拓展闽台紧密经贸联系、促进两岸经贸关系发展方面必将面临新的机遇与挑战。

一、新形势下福建拓展闽台紧密经贸联系面临的机遇与挑战

在两岸关系发展的新形势下，特别是随着两岸全面直接“三通”与经贸关系正常化的实现，福建拓展闽台紧密经贸联系将面临新的机遇与挑战。

（一）新形势下福建拓展闽台紧密经贸联系面临的机遇

1. 直接“三通”有助于福建经济发展环境改善。其一，新形势下福建在两岸关系中的地位与角色有望发生相应改变，有可能从两岸对峙与斗争的前沿转换为两岸交流合作与融合的前沿，成为促进国家和平统一的前沿。福建的这种地位与角色的转换，意味着长期以来阻碍福建发展及其对台优势发挥的潜在威胁得以消除，福建有可能迎来发展的春天。其二，新形势下台湾海峡将从两岸往来的天堑变成两岸往来的通道，成为连接海峡两岸与国际航运的黄金水道。这一方面意味着长期以来抑制福建对台优势与作用发挥的“三通”不通因素将得以解除，另一方面也意味着需要并可以重新定位福建的对台角色与作用。

2. 直接“三通”有助于福建吸引外商台商投资。“三通”直航的实现，将提升福建的经济区位优势与投资环境，使得闽台之间潜在的地缘优势可以充分发挥，有助于福建对外对台招商引资。

3. 直接“三通”有助于闽台产业对接与合作。“三通”直航的实现，特别是两岸经贸关系正常化的实现，将便利于两岸原材料及中间产品的运输以及人员往来，有助于两岸经济专业化分工合作，并将提升福建的经济区位优势与投资环境，有助于闽台之间潜在的地缘优势的充分发挥，从而有助于闽台产业对接与合作，并增强对台资的吸引力。

4. 直接“三通”有助于闽台贸易的进一步发展。“三通”直航的实现导致运输成本与运输时间减少，两岸经贸关系正常化的实现使得有更多的大陆产品出口台湾，特别是闽台产业的进一步对接与合作发展，将使闽台之间的贸易规模显著增长。

5. 直接“三通”有助于闽台港口物流合作发展。闽台位于环太平洋亚太经济圈的中部，背靠经济快速发展的中国大陆，东濒太平洋，南承珠三角，北接长三角，是我国南北海运的要冲和诸多国际航线的必经之路。以闽台为中心，南至广州、香港、新加坡，北到上海、神户、釜山等地，均在数

百海里范围内，构成了一个扇形的海运网络。“三通”直航的实现，特别是两岸经贸关系正常化的实现，将满足港口物流合作与发展对成本、效率与安全的要求，促进闽台物流运输规模的增长。两岸沿海港口物流特别是闽台港口物流因此将可以合作发展，在加密并合理布置闽台航线的同时，共建港口群与物流网络，成为海峡两岸与国际物流链的重要环节。

6. 直接“三通”有助于闽台旅游业合作发展。“三通”直航的实现，特别是大陆民众赴台湾离岛地区旅游的进一步开放，预计赴闽台旅游特别是赴台湾离岛地区的观光客规模会有较大增长，使得闽台旅游业特别是福建与台湾离岛地区的旅游业可以合作发展。

7. 直接“三通”有助于“闽台共同生活圈”的形成。“三通”直航的实现，闽台之间的地缘优势得以发挥，随着两岸经贸交流与人员往来的进一步便利化，闽台两地民众将可以相对便利地进行相互投资、置业、旅游，“闽台共同生活圈”有望形成。

8. 直接“三通”有助于“海峡经济区”的形成。“三通”直航的实现以及两岸经贸关系正常化的实现，不仅提升福建的经济区位优势与投资环境，而且使得闽台之间潜在的地缘经济优势、地缘文化优势、地缘政治优势可以充分发挥，有助于闽台各种交流、合作与融合的扩展与深化，特别是闽台经贸交流、合作与一体化的发展，使得以闽台为主体的“海峡经济区”有望形成。

（二）新形势下福建拓展闽台紧密经贸联系面临的挑战

1. 可能会面临进一步“边缘化”的风险。随着两岸经贸关系正常化，新形势下台湾当局甚至两岸当局的注意力可能集中于两岸整体性的交流合作。因此，新形势下虽具“五缘”优势，但却处于大陆政治、经济、文化中心之外的福建可能被置于两岸交流合作的主潮流之外，可能会面临进一步“边缘化”的风险。

2. “试点直航”与“小三通”政策优势丧失。两岸全面“三通”意味着福建失去了先前独享的“试点直航”与“小三通”政策优势，并将相对削弱“试点直航”与“小三通”渠道在两岸交流中的地位与作用的重要性。

3. 两岸交流往来的主要通道地位难以形成。两岸全面“三通”后，大陆所有对外开放的港口都可以与台湾所有对外开放的港口直接通航（目前大陆已同意开放63个港口，台湾方面也同意开放11个港口)，使得福建成为两岸交流往来的主要通道的期望难以成为现实。两岸全面“三通”后在福建港口与台湾港口之间运输的货物，将主要是闽台之间的贸易商品、福建港口可以辐射到的周边一带没有对台直航港口的内地与台湾之间的贸易商品以及需要在福建港口挂靠的国际转运货物。此外，在两岸人员往来方面也大致如此。此次两岸空运协议大陆开放了21个客运包机航点，两岸人员往来直接通道的巨大增加，不仅必然影响到闽台客运航线的运输量，而且也会对福建“小三通”的人员运输量产生不利影响。

二、两岸全面直接“三通”对福建对台优势与作用的影响

就两岸全面直接“三通”对海峡西岸对台优势、地位与作用的影响而言，可以归结为两个效应：一个是全面“三通”带来的“替代效应”，一个是直接“三通”带来的“增长效应”（唐永红，2008）。总体而言，在两岸全面直接“三通”与经贸关系正常化即将实现的新形势下，增长效应将大于替代效应，海峡西岸的对台优势必将得以进一步发挥，对台作用的潜力可以进一步开发。

所谓“替代效应”，就是指由于两岸全面“三通”，大陆其他省市得以获得两岸直接交流的权力与机会，两岸交流将有更多的直接管道，福建“试点直航”与“小三通”在两岸交流中的地位与作用的重要性将相对下降。但这种基于“分流”而产生的替代效益是有限的，因为在没有全面直接“三通”的现况下，基于交流的需要与当地的综合性竞争优势，台湾早已与大陆各地展开了广泛的交流与合作，并非高度集中于福建地区；在人员、贸易、投资往来方面，基本上都是通过第三地间接实现的，也并非高度依赖于福建的“试点直航”与“小三通”直接管道。事实上，由于政策限制，福建的“试点直航”与“小三通”的潜力特别是人员、货物往来方面远未得到充分发挥。

所谓“增长效应”，是指福建在两岸交流中的地位与作用将随着两岸直接“三通”而得到提升。首先，两岸直接“三通”与经贸关系正常化意味着福建对台优势发挥的一个制约因素得以消除，对台交流与合作有望迎来蓬勃发展的局面。其次，两岸直接“三通”与经贸关系正常化意味着“试点

直航”与“小三通”政策限制被解除，福建“试点直航”与“小三通”的潜力得以进一步发挥，规模水平必得以进一步提升。此外，两岸直接“三通”与经贸关系正常化意味着闽台之间将开通更多的直接双向交流管道，双向交流的规模、广度与深度也必将因直接交流管道的增加与经贸政策松绑而得到提升。

总之，随着两岸全面直接“三通”与经贸关系正常化的实现，福建的“试点直航”与“小三通”这一直接交流的管道在两岸交流中的地位与作用的重要性可能会相对下降，但“试点直航”与“小三通”的绝对规模水平必将进一步提升；与此同时，随着海峡西岸经济区发展战略的推进以及经济网络不畅与经济腹地狭小的弊端逐步克服，在制约福建对台优势发挥的诸因素逐步解除之后，福建对台作用的潜力必将得以进一步发挥，对台交流与合作必将在更大的规模与更高的层次上得以展开。

第三节　新形势下福建拓展闽台紧密经贸联系的思路与构想

综上所述，当前进一步发挥福建对台优势、拓展闽台经贸联系既面临诸多挑战，又面临难得的战略机遇。应积极应对当前的各种挑战，抓住有利时机，采取切实有效措施，充分发挥福建对台优势，拓展闽台紧密经贸联系，促进两岸关系和平发展。

一、基本思路

基于上述对福建发挥对台优势、拓展闽台经贸联系的基本经验、制约因素、机遇与挑战的认识与判断，新形势下进一步发挥对台优势、拓展闽台经贸联系的基本思路应是：随着经济全球化与区域一体化趋势的发展、大陆改革开放发展进程的深化，新形势下福建对台优势与作用的进一步充分发挥、闽台经贸联系的进一步拓展，仍然有赖于福建开放型经济的进一步发展，特别是有赖于其内各种特殊经济区域发展模式的创新与转型。当前，应立足福建自身的各种独特优势与条件，特别是其港口、区位和对台优势与条件，与时俱进地创新发展模式，将闽台经贸联系的进一步拓展与大陆改革开放的深化发展、区域经济的协调发展、两岸经济一体化发展有机结合起来，以便在更好地发挥经贸自由化的试验田与先行区作用、区域经济的增长极与辐射源作用的同时，更好地发挥在两岸经贸交流、合作与整合中的优势和作用。

二、总体构想

遵循上述基本思路，从进一步发挥福建对台优势与作用，进一步发展两岸经贸关系，推进国家和平统一需要角度看，新形势下，除了福建自身可在现有条件、政策及对台优势基础上勇于开拓和创新之外，中央应将改革开放、区域（两岸）合作、国家统一三个目标任务统一起来，整合构建起一个有助于扩大对外开放、推动区域（两岸）合作、促进国家统一的平台。当前应当在两岸临近的有条件的次区域层面，如福建建立一个遵循 WTO 无歧视原则的开放性的“两岸经贸交流合作先行区”，赋予“特殊政策”与“灵活措施”，在包括两岸产业合作对接、两岸金融合作试验、两岸旅游合作对接、两岸经贸自由化、两岸经济一体化等内容广泛的领域先行先试。

从当前扩大对外开放、推动区域（两岸）合作的需要看，特别是在港口区位、改革开放与对台工作方面最具条件与基础的地方，应以构建“两岸经贸自由化先行区”、“两岸经济一体化先行区”为中心和重点，并推进与此配套的其他方面的交流合作事宜与政策试验，从而构建起“两岸经贸交流合作先行区”内的中心（核心）区域，带动其内的外围区域的配套发展，以及其他方面交流合作的先行先试。此外，当前至少还应在建立两岸产业对接合作的集聚功能、两岸区域性金融合作的服务功能、两岸直接往来的通道功能与台湾海峡物流的枢纽功能等方面先行先试，有所作为。这些方面本身也是两岸经贸自由化与两岸经济一体化所需的辅助功能与配套措施。

如此，闽台紧密经贸联系得以进一步拓展，“两岸经贸交流合作先行区”不仅将成为两岸经贸交流合作的核心区和海峡西岸经济区经济发展的增长极，而且可促进两岸交流合作朝着更加开放、更加灵活、更加密切、更加便捷的方向深化发展，加速两岸经济一体化发展。

三、基本原则

新形势下建立“两岸经贸交流合作先行区”以进一步发挥福建对台优势、拓展闽台经贸联系应把握好以下基本原则：

一是“一国主权架构下的政经暂时分离”原则。在性质上，“两岸经贸交流合作先行区”是一个国家主体内的特定区划。在坚持两岸同属一个国家的主权架构下，先行区在政治上可以有最大的包容性；在经济上通过采取“政经分离”、“经贸优先”等灵活务实的做法，来推动两岸经济制度性交流、合作与一体化；某些功能区可以具有“境内关外”特点或采行“境内关外”的国际惯例。

二是“先行先试与积极让步”原则。“两岸经贸交流合作先行区”应顺应经济全球化与区域一体化发展态势，坚持在改革开放、经贸活动自由化与便利化方面先行先试；在这一过程中，只要不违背“两岸同属一个国家”的原则，经济和政治上都将充分照顾台湾人民的利益，给台湾人民以最大的让步。

三是“符合 WTO 规则与国际惯例”原则。两岸都已是 WTO 成员，WTO 下的涉外经济交流合作以及两岸经济交流合作，自然应遵守 WTO 的有关规则与国际经济活动的有关惯例。在此基础上，实现两岸长期、双向、良性互动，促进闽台区域经济合作机制和两岸经济合作机制的有效形成。

第四节　新形势下福建拓展闽台紧密经贸联系的措施与政策

一、建立两岸经贸自由化与两岸经济一体化先行区

（一）构建两岸经贸自由化先行区

“两岸经贸自由化先行区”，作为“两岸经贸交流合作先行区”的一个对外开放程度以及经贸活动自由化与便利化程度最高的功能经济区，实际上就是一个可与台湾自由贸易港区对接的单边自由经贸区，就是要在一个条件合适的区位建立一个遵循 WTO 无歧视原则的、境内关外的，集国际投资、国际贸易（含对外贸易、转口贸易、加工贸易、对台贸易）、国际金融（含离岸金融、两岸金融）、研发制造、商品加工、仓储展会、物流分拨、过境转运、国际旅游（含两岸旅游）等多项功能于一身的集约化的综合型自由经贸区。建立集约化、多功能、综合型自由经贸区而不是单一功能的自由贸易区，是为了发挥其产业集群、规模经济与一站式服务等优势和作用，增强特区在全球经贸自由化过程中的国际竞争力和抗风险能力以及特区自身的运

行效率与效益，并增强特区作为增长极与辐射源的实力与能力，加快所在区域经济的开放与发展速度。

具体而言，厦门经济特区应首先在其现有保税区、出口加工区、保税物流园区、保税港区的条件与经验基础上，向自由经贸区（自由港）转型。此外，具有离岛特征的福州平潭岛与漳州东山岛也可辟为自由经贸港区，具有“试点直航”功能的福州港也可建成国际保税港区。如此，可以与台湾的自由贸易港区对接，率先实现两岸经贸自由化。

（二）构建两岸经济一体化先行区

就建立“两岸经济一体化先行区”而言，就是以跨关境自由经贸区方式在上述两岸特区之间率先实质性地启动两岸制度性经济合作与一体化进程。具体而言，就是两岸相关方面允许上述两岸各自的单边自由经贸区跨关境发展：首先，与对方的自由经贸区结成开放性的次区域跨关境自由贸易区，整合并充分发挥两岸毗邻地区的海港、空港优势以及其他经济发展资源与条件，使之成为海峡两岸的国际贸易中心、物流分拨中心和以高科技产品为主导的加工制造中心，成为海峡两岸与国际物流链的重要环节；其次，建立开放性的多功能综合型次区域跨关境自由经济区，实现生产要素的自由流动与优化配置，成为国际化的区域性资金流、物流和信息流的汇集区，最终发展成为国际化区域经济中心。

具体而言，厦门经济特区应向自由经贸区（自由港）转型，进而寻求跨关境发展，与金门合作形成开放性的多功能综合型厦金自由经贸区，并与高雄等台湾岛内自由贸易港区实现无缝对接。如此，可以实现上述“两岸经贸自由化先行区”、“两岸经济一体化先行区”的目标与功能，并可作为“两岸经贸交流合作先行区”的中心（核心）功能区域。此外，厦门市其他区域与海峡西岸其他区域作为“两岸经贸交流合作先行区”的外围区域，成为中心区域的腹地与服务区域，可与自由经贸区进行合理的专业化分工合作，共同实现“两岸经贸交流合作先行区”的其他目标与功能。

显然，上述自由经贸区中所谓的开放性，意指两岸在自由经贸区中实行的经贸活动自由化与便利化措施，不仅适用于自由经贸区当地的经济主体，也适用于在这些区域中开展经贸活动的两岸其他地区的经济主体，更以WTO无歧视原则适用于在这些区域中开展经贸活动的其他国家或地区的经济主体。之所以强调这种开放性，不仅是为了符合 WTO 的有关规范和要求，而且从进一步参与全球化、促进两岸经济一体化与两岸政治经济关系发展以及这些区域自身再发展角度看，建立开放性的、无歧视性的、更加自由化与便利化的单边自由经贸区或次区域跨关境自由经贸区，有着重大的现实意义和作用。

二、建立两岸产业对接合作的集聚功能

（一）构建产业对接与聚集机制

总体说来，要制定台商投资海峡西岸经济区的促进政策，以各类特殊经济区为招商引资平台，依托现有产业链和产业集群，建设产业对接合作聚集基地，构建产业对接与聚集机制，积极承接台湾现代产业转移。具体而言，应采取如下举措，以构建产业对接与聚集机制，提升海峡西岸经济区对台湾产业的招商引资竞争力与对接承载能力。

一要扩展产业对接合作平台，建设产业对接合作聚集基地。应将福建现有的高新技术开发区、台商投资区合并与扩区至福建省行政区范围，将现有的经济特区、高新技术开发区、台商投资区、海峡两岸（福建）农业合作试验区等方面的特殊政策统一实施，促进台商投资区、各类开发区、海关特殊监管区功能整合，提高产业承载能力，加快厦门湾、闽江口、湄洲湾等沿海一线的产业对接集中区建设，培育发展产业对接专业园区，促进闽台产业对接进一步集聚、提升。

二要健全产业链，提升产业合作关联度。以电子信息、石化、机械、船舶、冶金、新能源、生物医药、食品、创意、新材料等产业为重点，加快建立与台湾产业相配套的以及大陆台资企业所需的零部件、原辅材料中心，健全产业链，提升产业合作关联度，促进闽台产业融合。

三要开放投资领域，降低投资门槛。在海峡西岸经济区下放投资审批权，放宽产业开放政策，允许台资、外资进入法律法规未禁止的、不涉及国家安全的行业与领域，允许台资、外资进入基础设施、公用事业、社会事业与金融服务业等领域，放宽台湾及外国商业零售企业、贸易公司、物流企业、旅行社、信息咨询会展服务企业、医疗教育机构以及其他工商服务企业的准入条件和引进范围。

四要实施税收优惠政策。对海峡西岸经济区内的投资企业，减按15%的税率征收企业所得税，并比照东北等老工业基地的税收优惠政策，对海峡西岸经济区内的内资企业予以提高计税工资标准的优惠，对海峡西岸经济区内行业的增值税一般纳税人扩大抵扣范围，实行消费型增值税政策，对企业固定资产与无形资产予以加速折旧的优惠。

五要加大资金投入和项目支持。中央财政转移支付、中央预算内专项资金和中央预算内投资，以及其他中央专项资金，都要加大对海峡西岸经济区的扶持力度，特别要加大对原中央苏区县、革命老区、少数民族地区的扶持力度；安排中央预算内投资等资金时，福建革命老区、少数民族地区等参照执行中部地区政策，福建原中央苏区县参照执行西部地区政策；适当降低中央投资项目地方投资比例，支持发展特色产业和重大项目建设，对海峡西岸经济区的基础设施建设给予专项补助；对具有全国或区际意义、有助于形成海峡西岸经济区整体竞争力的项目，在项目布点与审批、土地利用等方面给予重点支持。

（二）开展产业、园区、县市对接合作

要积极开展产业、园区、县市对接合作，以行业对行业、园区对园区、县市对县市等多种方式，促进闽台产业对接合作。

一是开展产业对接。要依托各类产业园区，着力推进与台湾先进制造业、金融服务、旅游会展、航运物流、商贸、文化创意等方面产业的对接，推动形成以电子、机械、石化等产业为主导，以厦门湾、闽江口、湄洲湾等沿海一线的闽台产业对接态势和经济合作布局，促使福建由轻型产业结构向重化产业结构转型升级，形成上、中、下游产业相互关联、相互配套的分工体系，从而使区域产业联合迈向规模化、系统化与长期化。二是开展园区对接。要推动在福州、厦门等地的高新技术开发区、出口加工区、保税港区等各类园区与台湾新竹、台中、台南等地的科学工业园区、出口加工区、自由贸易港区等各类园区的对接与合作，促进共建合作园区，共推技术标准，共创品牌。三是开展县市对接。要推动福州、厦门、泉州、漳州等城市与台北、高雄、基隆、台南等城市建立城市联盟，开展市（县）域经济合作。

（三）加快现代服务业对接合作

制定闽台现代服务业全面对接规划，打造闽台现代服务业合作基地，促

进闽台现代服务业对接合作。

一要鼓励支持台商以独资或控股方式，投资福建服务业，积极引进科技研发、航运物流、现代金融、旅游会展、商务营运、医疗卫生等现代服务业，吸引台资企业在福建设立研发中心、运营中心、销售中心、商务中心、采购配送中心和地区总部，积极发展闽台服务贸易合作，提升闽台服务业合作层次与结构。特别是，引进并扶持一批集运输、仓储、配送、信息于一身的现代物流企业，不断提高物流服务水平，增强区域经济辐射能力。二要在金融、商贸、物流、会展、旅游、文化、会计、医疗、分销、信息服务、IC设计、商标代理、专利代理、管理咨询、专业资格认证等方面加强闽台合作。三要放宽台资中介机构的准入限制，积极引进台湾知名中介服务机构，支持闽台中介服务企业的联合、兼并与重组，深化闽台服务业合作水平。四要争取设立两岸金融合作试验区，试办两岸货币兑换与清算以及离岸金融业务，降低台资外资金融机构进入门槛，打造两岸区域性金融服务中心，推动两岸金融合作迈出实质性步伐。

（四）提升农业合作水平

进一步加强海峡两岸农业合作试验区、现代林业合作实验区建设，努力将两岸农业合作试验区建成台湾农产品输入的区域物流集散基地、台湾农业外移的吸纳基地、台湾农民再创业基地和农产品加工出口基地，充分发挥窗口作用、示范作用和辐射作用，提升闽台农业合作水平。一要大力推进台湾农民创业园建设，积极引进台湾农业资金、技术、良种、设备等生产要素，促进闽台农业深度对接。鼓励台商以合资、合作、独资、承包、租赁、参股、收购等方式投资农业领域；鼓励台湾杰出农民带资金、技术、良种等到福建投资；鼓励台湾同胞来闽开展农业生产、农产品加工、农产品市场开发与产销组织、农业生物技术、休闲观光农业、农村人居环境建设等领域的合作。二要加快厦门台湾水果销售集散中心、厦门高崎闽台中心渔港、霞浦台湾水产品集散中心的中心渔港、海峡两岸（福建东山）水产品加工集散、泉州闽台农产品市场、福州海峡农产品批发市场等基地建设，打造两岸农产品集散中心，提升厦门、漳州、南安、东山、霞浦等海峡两岸农（水）产品集散中心和市场功能。三要加快建设农产品出口加工基地和台湾农业技术、新品种推广中心，加快闽台良种引进繁育中心和示范推广基地建设，加快建立一批闽台现代农业合作示范区和加工区。四要开辟台资农业企业融资渠道，支持台资企业参与农业产业化经营，提高农业合作层次，深化合作成效。五要加强两岸农民合作组织交流，推动两岸共创品牌农业，促进生产、销售、管理、服务多方位合作。

（五）深化旅游对接合作

深化旅游对接合作，促进海峡旅游区的形成与发展。一要完善闽台旅游合作机制，加强与台湾旅游机构的交流合作，深化闽台旅游景区对接，实现优势互补、资源互享、信息互通、市场互动，共推海峡旅游精品线路，做大“海峡旅游”品牌。二要提升“小三通”黄金通道，增强中转衔接服务功能，推动中央准许所有大陆居民和来大陆交流旅游的境外民众可经由福建港口赴台澎金马地区交流、旅游，准许所有大陆居民可以自由行方式经由福建港口赴金马澎地区交流、旅游，从而扩大大陆居民从福建口岸赴台旅游。三要积极开拓台湾旅游市场，加强入台旅游推介，扩大台湾同胞来闽旅游。四要推动台胞来福建设立独资旅行社或合资旅行社，推动福建本地旅行社优先到台湾岛内或金马澎地区设立分公司或办事处。五要通过扩大海峡旅游博览会和一系列大型对台旅游节庆活动的影响力，构筑海峡旅游交流合作平台。

（六）提升产业对接合作的技术含量

加强技术创新合作，提升产业对接合作的技术含量，促进产业技术升级。

一要注重对台高科技产业的招商引资，扩大在光电、软件、新材料、电子信息、精密仪器、生物科技、外包服务等领域的对台交流合作。二要加大智能电子、数控机床、环保、生命生物工程等高新技术产业对接力度，以高新技术为导向，推动台商投资区产业升级，提升台商投资区对高新技术的产业带动和辐射作用。三要办好台湾学者创业园、台湾中小企业创业园，建构全方位的创业服务扶持体系，为台湾科技人员提供高层次创业平台，增强福建对台湾科技产业转移的承接能力。

（七）做大两岸经贸交流合作的桥梁平台

要推动举办海峡两岸文化（创意）产业博览交易会，推动赴台举办各类商品展，继续办好“4·8”台交会、“9·8”投洽会、“5·18”海交会、“6·18”科技成果交易会、两岸旅游交易会、海峡论坛、两岸农产品产销论坛等重大涉台经贸盛会，做足特色，做大影响，做响品牌，从而做大两岸经贸交流合作的桥梁平台，强化和提升福建作为两岸经贸交流合作前沿平台、活动基地的地位和作用。

三、建立两岸区域性金融合作的服务功能

推动在福建设立“两岸金融合作试验区”，促进福建成为两岸区域性金融服务中心。

（一）推进闽台金融机构双向互设相互参股

可比照 CEPA 中关于香港、澳门金融机构在内地设立法人机构或分支机构的条件，适当放宽台湾银行、财务公司、证券公司、保险公司在福建省设立法人机构或分支机构的条件，吸引台湾银行、证券、保险等金融机构在闽设立分支机构，推动台湾金融机构和台资大企业财团参股福建本地金融企业，直接或间接设立合资银行、保险公司、证券公司。如此，既有助于台湾金融机构抢占大陆市场商机，又可促进闽台金融机构的交流合作与发展。

（二）拓展台资进入福建的渠道和形式

一方面，可加快海峡产权市场建设，探索引入台湾上柜和兴柜交易机制，推动设立两岸股权柜台交易市场，打造闽台企业对接的直通平台；另一方面，可在闽设立两岸合资的海峡投资基金，拓展台湾金融资本进入福建的渠道和形式。如此，可增强向在闽企业提供投融资等各项金融服务的能力。

（三）优先支持在闽台资企业上市融资

大陆台资企业多是中小企业，因其资产与信用能力以及在大陆银行缺乏信用记录问题，普遍存在资金缺乏与融资困难问题。同时，两岸政治关系僵局所致的两岸金融交流与合作的非正常化发展状态，更使大陆台资企业资金来源缺乏问题尤为突出。针对大陆台资中小企业融资难的情况，除了支持两岸金融机构进行业务创新，促进两岸金融交流与合作，还可将在闽台资企业纳入大陆中小企业信用担保体系，并优先支持在闽台资企业在大陆 A 股及创业板证券市场直接融资。

（四）开展两岸跨境贸易以人民币计价结算试点

国家有关部门和人民银行总行可授权人民银行在闽分支机构具体负责，安排两岸货币兑换、清算工作，在福建居民赴金马澎旅游和对台小额贸易业

务范围内，通过两地银行协会协商，在福建试行人民币和新台币计价结算，开展两岸跨境贸易以人民币计价结算试点。

（五）试点建立人民币新台币兑换与清算机制

在两岸整体层面的货币清算机制建立之前，一方面，可允许在闽银行率先公开挂牌办理新台币与人民币兑换业务（已获准），扩大两岸货币双向兑换范围，以应对两岸交流合作的货币兑换需求；另一方面，可在厦金两地尝试建立两岸货币清算机制，试行人民币和新台币直接汇兑结算，逐步建立两岸资金清算中心。例如可推动两岸商业银行间互设人民币、新台币账户，进行人民币和新台币直接清算；允许福建借助“小三通”渠道，将福建银行收兑的新台币直接押送至金门，与台湾的银行直接兑换美元或人民币。如此，既可节省间接汇兑清算的额外成本，又能避免第三方货币汇率变化带来的风险与损失。

（六）试办对台离岸金融业务

要积极推动对台离岸金融业务，为台资企业提供包括离岸存款质押在岸授信业务、离岸综合授信额度、离岸贸易授信融资业务、离岸贷款业务和银团贷款、债券融资等服务，探索开展离岸再保险业务。如此，可一定程度舒解台资企业融资难的问题。

（七）建立健全服务海峡两岸的金融体系

在推进建立两岸金融监管合作机制的基础上，要建立健全服务海峡两岸的金融体系，包括金融市场体系、金融机构体系、金融业务创新体系、金融人力资源体系和金融法规政策体系，从而改善金融发展环境，深化对台金融合作，打造两岸区域性金融服务中心。

四、建立两岸直接往来的通道功能

应在两岸“试点直航”与“小三通”基础上，努力成为两岸直接往来的一个重要通道，特别是服务中西部发展的对台通道。应加快对台港口的规划与建设，完善港口集疏运体系，拓展对内通道与港口腹地，整合闽台港口物流资源，扩大通道中的人员与货物往来，推进台海大通道建设，以打造海峡两岸国际贸易中心、物流分拨中心，成为海峡两岸与国际物流链的重要环节，更好地发挥区域辐射功能与对台通道作用。

（一）加快港口规划与建设

在福建沿海港口布局规划的基础上，重点建设“两集两散”港口，形成对台运输枢纽，同时增设对台滚装码头与相应配套措施，打造南以厦门港、北以福州港为枢纽港的沿海对台港口群，形成协同发展，并进一步提升通关作业、检验检疫等港口服务效率，推进福建沿海主要港口成为大陆中西部货物进出台湾的重要通道，成为大陆东南沿海面对亚太与台湾的门户港。

在集装箱港口布局方面，重点推进厦门港和福州港江阴港区为主的两个集装箱运输中心的建设，将之建设成为港口集疏运通畅、各种配套设施齐全的国际大港，以对接台湾集装箱运输。

在对台散杂货港口布局方面，应加大湄洲湾、罗源湾港区散杂货码头泊位的推进力度，形成对接台湾的散杂货中心，推进湄洲湾、罗源湾港区成为台湾进口矿石、石油等大宗散杂货的中转港。

在对台滚装码头布置方面，应优先布置在厦门港、福州港、泉州港，根据需要适时在漳州、莆田和宁德港增设。

在临港物流园区的规划与建设方面，厦门港、闽江口可规划建设以商贸为主体的商贸物流园区；莆田湄洲湾可规划建设以服务工业为主、以内贸集装箱运输为特色的主枢纽港；漳州古雷港可针对漳州是台湾农业投资密集地区的特点规划建设农产品物流中心，并服务于漳州临港工业；宁德三都澳可重点发展大型专业货柜码头。

（二）完善港口集疏运体系

加快与港口相连接的铁路、高速公路支线建设，形成以福建主要港口为辐射中心的畅通华东、华中、华南的交通运输体系，推进海陆空联运，以提升福建内部各地区之间以及福建连接内地各省市的交通、流通、通信网络与能力，拓展腹地与服务区域，并增强港口的集聚与辐射能力。

应继续并加快推进“两纵五横”铁路、“三纵八横”高速公路和普通公路网络建设。应重点加大向莆铁路、龙厦铁路、沿海铁路，以及湄洲湾北岸港区、可门港区作业区、江阴港区疏港铁路的建设力度，争取利用海陆联运方式增强福建港口的辐射范围，争取成为中西部地区对台的一个主要通道。

（三）拓展福建与中西部地区的通道

除了加快推进福建与中西部地区的交通通道建设之外，还可从以下方面拓展通道：

一是加强与中西部省市的区域通关协作，进一步推进海西综合通道区域通关建设。二是推动区域通关查验合作平台建设，推行跨省区不同关区、检区间的区域通关模式，扩大“属地申报、口岸验收”和直通式放行范围。三是促进福建港口与周边省份、中西部地区生产、物流企业之间的合作，推进建设“无水港”，加快建设服务中西部发展的对台综合通道。四是扩大福建电子口岸覆盖范围，实现与江西、湖南等中西部省区电子口岸平台的互联互通与信息共享，开放一站式、全流程、个性化的口岸大通关执法与物流信息综合服务项目，为对台进出口提供远程服务。

（四）整合闽台港口物流资源

通过闽台港口联盟、物流联盟的组建，实现闽台港口协同发展，不仅实现联盟港口之间的直航，而且联盟港口可依托资源互补与充分利用的原则，共同规划港口和航运体系，共同建设港口与物流信息流平台，共同开发国际航线，构建台海国际海运枢纽中心。应重点推进厦门港、福州港与高雄港、台中港、基隆港以及澎湖、金门、马祖等离岛地区港口的对接，整合并发挥闽台的海空港口优势及其他资源条件，打造海峡两岸国际贸易中心、物流分拨中心，成为海峡两岸与国际物流链的重要环节，更好地发挥区域辐射功能与作用。

（五）扩大通道中的人员往来

福建要发挥两岸往来通道作用，除了要具备作为通道本身的软、硬件设施条件之外，还需要拓展通道中的人流量与物流量。人流量的拓展方面，除了致力于闽台共同生活圈的构建以加强闽台人员往来之外，当前，一是还可以进一步做好对台旅游特别是对台湾离岛地区的旅游，深化旅游对接合作，促进海峡旅游区的形成与发展；二是还可推动中央准许所有大陆居民可经由福建港口赴台澎金马地区交流、旅游，准许所有大陆居民可以自由行方式经由福建港口赴金马澎地区交流、旅游。

为此，一应争取允许福建省公安部门办理经福建赴台交流或旅游以及省外居民赴金马澎地区交流或旅游的《大陆居民往来台湾地区通行证》；二应争取把五年期“台胞证”的受理范围扩大到台湾本岛民众，争取尽快在福州、厦门设立五年期“台胞证”制证点，把“一年多次来往大陆签注”延伸到福州、厦门口岸，为台胞提供在福州、厦门办证、制证、签注的方便快捷的服务；三应推动两岸双方同时受理审批办证，实现两岸交流、旅游出入境便捷化。

（六）拓展通道中的物流往来

物流量取决于物流市场需求。物流市场需求包括国际国内转运需求和闽台经济交流合作本身的需要。除了拓展国际国内转运需求之外，闽台经济交流合作的发展是福建发挥通道作用的一个主要的物质基础。为此，从长期来看应致力于海峡经济区的构建，深化闽台产业对接与合作。而就当前而言，可以采取如下措施以拓展闽台物流市场需求。

一要争取国家有关部门批准福州马尾、莆田湄洲、泉州石井、宁德三沙建设对台小额贸易市场，提升福建对台小额贸易的规模和水平。二要提升和完善台轮停泊点，加快台轮停泊点的“台轮联检接待中心”等配套设施建设，完善台湾水果运输停靠点功能，争取将有条件的台轮停泊点规划建设成满足台湾水产品、农产品、土特产品、台湾快递邮包进出和台湾企业小宗货物等运输船只停靠的对台综合性码头。三要尽快完成厦门台湾水果销售集散中心、泉州闽台农产品市场、福州海峡农产品批发市场、霞浦与东山水产品中心的建设，争取批准设立海峡两岸（连江）水产品集散中心，争取扩大对台渔工劳务输出，扩大台湾水果、水产品零关税进口。四要吸引台湾大型物流和商贸企业进入临港物流园区、保税区、保税港区及对台小额贸易市场经营两岸贸易与物流，鼓励两岸工商团体参与商品交易区、综合服务区、仓储区等的经营。

（七）推进台海大通道建设

除了用足现已开放的海空直航通道之外，还应大力推进厦金大桥项目、海峡隧道项目的规划与实施，推动落实省政府与铁道部《会议纪要》，做好福台高速铁路项目规划等前期工作，力争早日建成贯穿两岸、延伸亚太的台海大通道，以克服海空通道的固有局限，充分开发闽台地缘优势的潜力。

五、所需中央的政策与支持

建设“两岸经贸交流合作先行区”，除了福建自身在现有条件、政策及对台优势基础上勇于开拓和创新之外，中央应当在不违背 WTO 关于特殊经济区的有关规范的条件下，赋予相应的特殊政策及试验权，并在有关配套措施方面给予大力支持。

（一）赋予经贸活动自由化政策

为构建“两岸经贸自由化先行区”与“两岸经济一体化先行区”，中央应准予福建在其适当区域建立自由经贸区，并赋予相应政策支持。

第一，明确开辟厦门岛、平潭岛、东山岛为“自由经贸区”。其功能定位为一个遵循 WTO 无歧视原则的、境内关外的，集国际投资、国际贸易（含对外贸易、转口贸易、加工贸易、对台贸易）、国际金融（含离岸金融、两岸金融）、研发制造、商品加工、仓储展会、物流分拨、过境转运、国际旅游（含两岸旅游）等多项功能于一身的集约化的综合型自由经贸区。如此可构建起大陆参与经济全球化进程的一个新平台。

第二，明确自由经贸区采行“境内关外”的国际惯例做法，即对自由经贸区采取“一线放开、二线管住、区内自由”的海关监管模式。确立了“境内关外”前提下的海关监管制度，自由经贸区才有可能按照国际惯例运作，投资自由、贸易自由、金融自由、运输自由、人员进出自由等在自由经贸区内才会得到根本性的解决。

第三，赋予自由经贸区以特殊权力、特殊政策、特殊管理体制等。这是构筑自由经贸区存在与发展的前提及条件。除个别商品（如烟、酒）外完全取消关税和繁杂的海关常规手续，并准许外国商品豁免关税而自由进出自由经贸区；准许国际资本在区内自由投资经营；赋予自由经贸区内的企业以各种经济自由，包括经营活动自由（包括投资自由、雇工自由、经营自由等）、商品流通自由、人员进出自由、贸易自由、金融自由（即货币兑换自由、资金流动自由、资金经营自由）等；此外，自由经贸区要实行“机构一体化、管理一元化、服务一条龙”的特殊管理体制，以保障其运作效率与效益。

（二）扩展某些特殊经济区边界至福建全省

鉴于福建省现有的经济特区、高新技术开发区、台商投资区的发展及其作用的发挥面临着改革开放先行先试政策优势逐步淡化、经济网络不畅与经济腹地狭小等诸多因素的严重制约，还应把这些特殊经济区的地域空间范围扩大到整个福建省行政区范围，以扩大其发展的功能空间，并把现有的经济特区、高新技术开发区、台商投资区、海峡两岸（福建）农业合作试验区等方面的特殊政策统一实施，促进这些特殊经济区做大做强，以便更好地发挥在区域经济发展中的增长极与辐射源作用，以及在对外和对台交流合作中的优势、潜力和作用。

（三）放宽产业开放政策

在福建省下放投资审批权，放宽产业开放政策，允许台资、外资进入法律法规未禁止的行业与领域，允许台资、外资进入基础实施、公用事业、社会事业与金融服务业等领域，放宽台湾及外国商业零售企业、贸易公司、物流企业、旅行社、信息咨询会展服务企业、医疗教育机构以及其他工商服务企业的准入条件和引进范围。

（四）赋予财政税收支持政策

对先行区内的投资企业，减按15%的税率征收企业所得税；比照东北等老工业基地的税收优惠政策，对先行区内的内资企业予以提高计税工资标准的优惠，对先行区内行业的增值税一般纳税人扩大抵扣范围，实行消费型增值税政策，对企业固定资产与无形资产予以加速折旧的优惠；中央财政在现行财政体制的基础上在一定时期内对先行区的开发建设予以专项补助，在国债资金、中央预算内投资、专项资金等安排上，将先行区列为享受中央一般转移支付省份的政策待遇，继续加大对先行区基础设施、社会公用事业、循环经济和生态建设、高技术产业、结构调整等项目及资金的支持力度；对福建12个原中央苏区县，实行与赣南等其他中央苏区县同样的扶持政策。

（五）赋予经贸交流与人员往来便利化政策

应进一步放宽有关政策限制，授予福建审批两岸人员经福建往返两岸的权限，率先实现闽台经贸交流与人员往来便利化。例如，准许具备条件的所有福建港口可与台湾地区所有港口进行客运、货运直航，适度放宽通关便利政策；准许两岸民众、货物可经由福建港口往返于两岸之间；开放所有大陆居民赴台澎金马地区旅游，并参照港澳自由行政策，允许大陆居民凭有效证件自由前往台澎金马地区交流或旅游；允许福建省公安部门办理经福建赴台交流或旅游以及省外居民赴金马澎地区交流或旅游的《大陆居民往来台湾地区通行证》；把五年期“台胞证”的受理范围扩大到台湾本岛民众，争取尽快在福州、厦门设立五年期“台胞证”制证点，把“一年多次来往大陆签注”延伸到福州、厦门口岸，为台胞提供在福州、厦门办证、制证、签注的方便快捷的服务。

第五节　新形势下福建拓展闽台紧密经贸联系的意义与作用

显然，上述拓展闽台紧密经贸联系的思路、构想与举措有着重大的现实意义和作用。

一、发挥经贸自由化与便利化试验田与先行区作用

上述思路、构想与举措有助于构建起大陆、海峡西岸及台湾参与经济全球化进程的一个新平台，在贸易自由化、金融全球化、投资全球化、生产要素流动全球化等方面进一步率先发展，从而可以顺应全球化深化发展趋势与要求，积极稳妥地在更高层次上和更大范围内参与全球化进程，发挥经贸自由化与便利化试验田与先行区作用；也可作为两岸经济体对 WTO 承诺的对外开放义务（包括加入 WTO 时承诺的和今后参与 WTO 多边谈判承诺的义务）的率先试验区，从而可在多边开放过程中优先促进两岸经贸交流与合作的进一步发展，更好地实现与保障两岸经济利益。

二、发挥台湾海峡区域经济的增长极与辐射源作用

上述思路、构想与举措不仅可以整合台湾海峡东西两岸的海港、空港优势以及其他经济发展资源与条件，吸引国际经济资源与要素的流入，从而在克服台湾海峡东西两岸自身经济发展面临的各种瓶颈约束的同时，使先行区成为两岸人员往来、货物中转、经贸交流的重要枢纽，并促进海峡西岸经济区内部的分工、合作与协调发展，而且有助于整合海峡两岸乃至两岸四地彼此的经济互补性优势特别是港口区位优势与运输能力，在促进包括台湾海峡东西两岸的海峡经济区的形成与发展的同时，有利于加强两岸四地中华经济区内部的承接与合作，从而在更大范围、更高层次上发挥区域经济的增长极与辐射源作用。

三、发挥两岸制度性经济合作与一体化先行试验区作用

上述思路、构想与举措首先可以作为两岸经济体制度性交流、合作与一体化的一个先行区与试验区。两岸共同在这些局部区域中率先以 WTO 无歧视原则消除经贸活动壁垒，实行商品与要素的自由流动，并率先以自由经贸区对接方式或跨关境自由经贸区方式，实现这些小范围的、低协调水平的两岸制度性经济合作与一体化，是基于两岸经济发展现实条件的一个现实选择，可顺应两岸功能性经济一体化深化发展趋势与要求，并可为将来两岸间全面性的制度性经济合作与一体化探索经验，奠定基础。

四、发挥对台工作前沿平台与两岸全面整合先行试验区作用

上述思路、构想与举措还可以形成两岸交流合作的一个重要连接点与接口，祖国大陆对台工作的一个前沿平台与抓手，乃至两岸社会经济、文化、政治全面整合的一个先行试验区，为两岸将来更大范围、更多领域、更高层次的制度性合作、一体化以及两岸和平统一探索经验，并构筑必要的经济、社会和政治基础与动力，更好地发挥海峡西岸在两岸交流、合作与整合中的优势和作用。

第六节　新形势下福建拓展闽台紧密经贸联系的条件与可行性

拓展紧密经贸联系、寻求区域经济整合需要的最佳条件是紧密的地理联系、深厚的民族文化渊源、资源禀赋与产业结构的互补性、商品与要素的自由流动、开放的政策环境或相同的政策与法律体系、趋同的经济体制与运行机制。以此观之，上述拓展闽台紧密经贸联系的思路、构想与举措，不仅具有众所周知的独特优势与如前所述的基础条件，而且面临新形势下的机遇与可能。这里着重从福建独特优势与基础条件上的可行性、自由经贸区一般经济条件、WTO 有关规范、两岸经贸关系发展态势、两岸政治关系新形势、国际经济发展形势与格局等层面考察其可行性。

一、福建独特优势与基础条件上的可行性

（一）对台“五缘”优势

福建与台湾地缘相近、血缘相亲、文缘相承、商缘相连、法缘相循（“五缘”）。这种“五缘”条件，既是福建独特优势，也是福建发挥对台独特作用、拓展闽台紧密经贸联系的重要基础。一是地缘相近。福建是大陆距离台澎金马地区最近的省份，厦门角屿至小金门1000多米，福建平潭岛距离台湾本岛新竹仅68海里。郑成功收复台湾和清政府统一台湾都是从福建发兵的。二是血缘相亲。80%以上的台湾民众祖籍地在福建，其中近80%又是来自闽南的漳州、泉州等地。在台湾的福建同乡会有147个、宗亲会126个，遍布台湾25个县市。每年有60多万台胞来闽，常住的有10多万人。在闽定居的台胞和台属人数占大陆各省定居台胞和台属人数的2/3。三是文缘相承。自古以来闽南沿海民众蹈海入台，使得福建的民间信仰和民俗文化随之传到台湾。福建的闽南文化、客家文化、妈祖文化等，在台湾都有广泛的影响，成为维系两岸联系的重要精神文化纽带，是促进两岸人员、文化往来与交流的重要动力和资源。四是商缘相连。闽台商贸往来历来十分密切，即便在两岸军事对峙时期，仍然是“人不通船通，商不通货通”。现在，台湾是福建的重要经济贸易伙伴。五是法缘相循。闽台政治法律关系密切，自宋朝在台湾设立行政机构，到1885年台湾单独建省之前，台湾归福建管辖，是福建的一个府，即便台湾建省时，还称作“福建台湾省”，曾享受过福建给的“转移支付”。“五缘”把福建与台湾紧密联系在一起，闽台交流合作源远流长。

（二）港口区位优势

福建区位优势与港口条件也很突出。台湾海峡地处东亚地区的中心位置，作为一条黄金水道，是东北亚与东南亚、太平洋北部与印度洋沿岸、大西洋沿岸经贸往来的航运交通要道和枢纽地带，在世界航运中占有十分重要的地位。台湾海峡区域具有海、空转运便利优势，较之于新加坡、香港、上海等重要临近港口，台湾港口与亚太地区主要港口及西太平洋主要城市之间平均航行时间最短。而福建地处台湾海峡西岸前沿，与台湾岸线相对、港口相通，距离最近，空中直航均在“1小时”时圈之内；福建同时又处于长三

角与珠三角两大经济区的中间地带，素有大陆“海上走廊”之称。这种得天独厚的地缘优势与区位优势，既有助于福建开展对台交流合作，也有助于福建发展对外经贸关系。事实上，福建拥有3324公里的海岸线，可建10万—30万吨级泊位的深水岸线资源居全国第一位，有26处岸段可建20万吨级以上的深水泊位100个以上，其中6处可建50万吨级超大型深水泊位；福建沿海还有1404个岛屿，具有良好的航运条件。目前，福建已建成福州港、厦门港、泉州港等10个一类港口，开辟国内外航线441条；截至2007年底，福建建成生产性泊位524个，其中万吨级以上泊位78个，港口货物吞吐能力达2.39亿吨，完成集装箱吞吐量686万标箱。事实上，厦门港、漳州港、泉州港、湄洲港、福州港，属于我国第五大港口群（东南沿海港口群），具有连接两岸、沟通中西部腹地、面向东南亚、走向国际的优越海运条件，也有利于临港工业发展，如能与台湾的高雄港、基隆港、台中港形成联动，可构成两岸直航货物的集疏运枢纽，乃至东南亚、世界物流的重要连接点。

（三）改革开放优势

福建东南沿海地区是开放度较高的区域。近30年来，在中央赋予的改革开放与对台工作先行先试的特殊政策主持下，福建形成了全方位多层次的对外开放格局，拥有国家级经济特区（厦门）、开发区（马尾）、台商投资区（福州、海沧、杏林、集美）、保税区（福州、厦门）、出口加工区（福州、厦门、福清、泉州）、保税港区（海沧）等一批功能经济特区，建立了适应经济快速发展的政府管理体制和与世界经济接轨的市场经济运行机制。厦门、福州、泉州三市则是福建省全面发展竞争力的前三强，闽东南地区经济发展已在一定程度上融入了国际经济大循环中，并与台湾形成了良好互补、互动关系。

（四）经济基础条件

如前所述，改革开放以来，福建基于闽台在经济发展阶段方面的梯度差异性，在产业结构和生产要素禀赋方面的互补性，充分发挥自身各种优势，贯彻中央“同等优先、适当放宽”的对台经济工作方针，在中央赋予的特殊政策与灵活措施的支撑下，不断拓展合作领域和方式，不仅对台经贸工作取得明显成效，闽台直接往来势头良好①，而且对台载体平台建设初具规模②，成为两岸交流合作的一个重要地区与平台，也为闽台经贸联系的进一步拓展与两岸经贸关系的进一步发展奠定了良好的基础。

二、自由经贸区一般经济条件上的可行性

从自由经贸区理论与国际实践看（邓力平、唐永红，2003；唐永红，2005、2006），建立自由经贸区，一般除了要在法律制度、经济政策与管理体制等方面营造适宜开展国际或地区间经济活动的良好软环境条件之外，还在地理区位与基础条件等硬环境方面有着较高的要求，主要包括：有利于开展国际或地区间经济活动与发挥集散功能的优越的地理区位特别是良好的位置接触性与广阔的服务区域③、完善的基础设施特别是优良的港口与便捷的国际国内通道、良好的发展基础与环境，等等。实践中，需要运用成本—效益分析法并综合考虑与权衡各种因素，来判定特定地点建立自由经贸区的可行性。

以厦门为例，厦门地处东南亚国家与中国大陆、台湾地区联系的中心位置，是东北亚和东南亚国际主航线的海上交通要冲，显然具有建立自由经贸

---

① 目前，闽台之间开通了厦门—金门、马尾—马祖、泉州—金门等客运班轮航线，开通了湄洲岛、宫口码头至金门的不定期客运航线，开通了福州、厦门、泉州、漳州和莆田对台专用码头至金门，以及福州、厦门、泉州和宁德城澳港至马祖的 9 条货运航线，福建沿海与台湾澎湖货运直航也正式启动。这为闽台间的交流与交往提供了通道。台湾居民通过直接往来客运航线来往大陆累计超过 200 万人次，“两马”、“两门”航线现已成为台胞台商往返两岸最为便捷的海上通道。

② 目前厦门杏林、海沧、集美和福州马尾四个台商投资区已成为台湾产业转移的集聚区，海峡两岸农业合作实验区扩大到全省，海峡两岸现代林业合作实验区、台湾农民创业园、台湾水果销售集散中心、台湾水产品集散中心也相继设立，35 个台轮停泊点、29 个对台贸易点均是两岸交流的重要场所。福建近年成功举办了海峡旅游博览会、海峡两岸（福建漳州）花卉博览会、海峡两岸经贸交易会等对台经贸活动，闽台产业对接不断取得新突破。同时建成中国闽台缘博物馆，创办海峡西岸经济区论坛、海峡青年论坛、海峡妇女创业论坛、海峡法学论坛、两岸大学生辩论赛等系列活动，为扩大两岸交流合作搭建新的平台。

③ 所谓位置接触性是指自由经贸区所在位置都是国际航运的必经之路，对国际贸易活动起着桥梁作用。所谓服务区域（Area Served）是指自由经贸区所能服务的区域，既包括自由经贸区背后的内陆地区即所谓腹地（Hinterland），也包括构成自由经贸区主要物流网络的海外区域。自由经贸区与其内陆腹地、海外服务区域在社会、政治、经济等方面的制度与政策差异性被称为服务区域的异质性。一般地，位置接触性越良好、服务区域越广阔、异质性越明显，自由经贸区的经贸创造与扩大效应就越明显。

区所需的区位与服务区域条件、港口与物流条件（唐永红、邓利娟，2005）。从成本—效益角度看：在成本方面，厦门不仅远离大陆的政治中心，而且又都是海岛地形，因而隔离成本较低①；特殊的海岛地形使厦门内的现有企业和人口规模相对比较确定，加之经济以外向型为主且国际竞争力较强，因而关税减免损失②与经贸转向效应③也不会过大。在效益方面，基于其区位优势与港口条件，在大陆当前的关税水平条件下，自由经贸区经贸活动的自由化与便利化必将进一步吸引国际经贸活动的进入，产生较大的经贸创造与扩大效应；特别是鉴于两岸目前在社会政治经济制度与政策上存在较大的差异，在相互关系方面存在较大的对立与分歧，通过自由经贸区对接或建立开放性次区域跨关境自由经贸区的形式，不仅在两岸次区域层面上实现了制度性合作与一体化，推进两岸经济一体化进程，而且较大程度地便利了两岸经济交流与合作，可以在两岸经贸方面产生较大的创造与扩大效应。

三、WTO 有关特殊经济区规范上的可行性

WTO 下两岸经济体的行为措施应遵循 WTO 的有关规范。从 WTO 对世界特殊经济区的有关规范看，WTO 以“原则中有例外，例外中有原则”的现实主义精神容许其成员方在其特殊经济区实施特殊制度、优惠政策，但条件是不得有违透明度原则和非歧视原则，即这些特殊制度、优惠政策引致的特区的贸易自由化与市场准入水平不得低于其对 WTO 承诺的约束义务水平（即不得低于在其他地区实施的贸易自由化与市场准入水平），并且必须以透明的方式同时对所有的 WTO 成员提供（邓力平、唐永红，2003；唐永红，2005、2006）。显然，一个开放性的、无歧视性的、更加自由化与便利化的可对接单边特殊经济区或次区域性跨关境自由经贸区符合 WTO 有关

---

① 所谓隔离成本是指为防止设立自由经贸区对本国其他地区社会经济冲击而付出的费用和为防止走私而建立与维持隔离设施所付出的费用，其大小取决于自由经贸区的地形和自由经贸区与本国政治经济中心的远离性。

② 所谓关税减免损失是根据机会成本原理按照没有设立自由经贸区条件下的进口额计算减免关税后的财政损失。

③ 所谓经贸转向效应是指由于减免关税使得本地和本国货物与服务的竞争力在自由经贸区内不敌外国货物与服务而被外国替代从而对设区国造成的经济损失。本地、本国货物与服务的国际竞争力越弱，在自由经贸区内的销售额越大，经贸转向效应就越大。

要求。

事实上，特殊经济区的存在与发展已有很长的历史了，鉴于其独特的地位和作用，不仅建立和发展特殊经济区已是当今国际性的潮流，而且随着世界经济的发展，特殊经济区的内涵与外延均发生了深刻的变化（邓力平、唐永红，2003；唐永红，2005、2006）。特别地，近年来世界特殊经济区出现了由单边的一国内部型向双边或多边的跨国（跨关境）型发展的新趋势，即几个主权国家或单独关税区把各自的彼此相邻的部分领土结成一个一体化的经济区域。世界上的各种"增长三角"就是这种次区域性的跨国（跨关境）特殊经济区的典型形式。在各国或各地之间由于存在较大差异，在整个区域层面建立经济一体化组织较为困难时，次区域经济合作方式是一种现实的选择。

四、两岸经贸关系发展态势下的可行性

众所周知，"两岸共同市场"这种一体化程度较高的制度性经济一体化形式，超越了当前两岸经济发展的现实水平和客观条件。局部地区的可对接的单边自由经贸区和次区域性的跨关境自由经贸区在经济运作机制上主要是市场调节性的，一般只需要参与方的地方政府间的低水平低层次的松散性、随机性协调。为顺应两岸功能性经济一体化深化发展趋势与要求，并在一定程度上舒缓国际区域经济一体化发展带来的竞争与边缘化压力，两岸可以局部渐进方式推进两岸制度性经济一体化，实行两岸商品与要素的自由流动。这也符合从局部到整体、由量变到质变的发展规律，有利于以渐进方式推进更高层次的制度性合作与一体化。

事实上，台湾目前正在推动以自由贸易港区为代表的经贸特区计划，这为两岸单边自由经贸区的对接和次区域跨关境自由经贸区的形成提供了可能。而且，高雄自由贸易港区经过一段时间筹备后已于2005年初正式营运，目前急需拓展发展空间，台湾当局有可能在对大陆开放方面让其先行一步；而金门作为一个离岛，对台湾的政治重要性及其影响有限，加之金门本身有着良好的港口和区位优势，在金门地区的强烈要求下，台湾当局也有可能将其作为向世界特别是大陆开放的一个前沿与窗口。事实上，2005年6月12日台湾"立法院院长"王金平就提出将金门打造成"一网三区"的"新金

门”构想：“两岸客货航线网”、“两岸台商信息交流区”、“金门和平观光特区”、“金厦共荣经济特区”（火山，2005）。金门县县长李炷烽也曾多次倡议建立“金厦生活圈”、“金厦一国两制试验区”。[①] 2008 年 8 月 24 日，马英九以“从杀戮战场到和平广场”为题发表金门炮战 50 周年的讲话，更为上述构想的实现提供了想象的空间[②]。

从大陆方面看，进一步发展福建及厦门特区，进一步发挥其在改革开放与现代化建设中的带动与示范作用，特别是进一步发挥其对台独特优势和作用，促进两岸的交流、合作、整合与发展，是既定的发展方略。在当前形势下，建立可对接的单边自由经贸区或跨关境自由经贸区，可以进一步发挥福建及厦门特区的独特对台优势与试验探索作用，可以在实现福建及厦门特区自身再发展的同时实现两岸经贸关系的再发展。因此，各级政府应予以大力支持。

从两岸经济交流方式看，现阶段福建沿海与台湾有“试点直航”与“小三通”，这为闽台间的交流与交往提供了通道，客观上为建立可对接的单边自由经贸区或跨关境自由经贸区提供了初步的直航条件。而且，随着两岸经贸关系的正常化，闽、厦、金、马、澎、高等地有望成为两岸货物运输与人员往来的中转地之一，从而有助于上述自由经贸区及两岸次区域经济合作与一体化的发展。

五、两岸政治关系新形势下的现实可能性

新形势下，进一步发挥福建对台优势拓展闽台经贸联系，面临新的战略机遇与现实可能。

从祖国大陆的对台方略看。闽台之间独特的“五缘”优势，是福建最大的也是不可替代的优势。发挥对台优势与作用，实践“和平统一、一国两制”伟大构想，为祖国统一大业作出历史性贡献，是中央赋予福建的神圣使命与一贯的期待。2007 年，党的十七大报告关于“推进‘一国两制’

① 参见金门县县长李炷烽 2006 年 11 月 6 日下午在金门县议会第二次定期会议中的演说，《21 世纪新台湾的出路——金门作为“一国两制试验区”之刍议》。

② 参见“马英九就金门炮战 50 周年讲话”，http://news.sina.com.cn/c/2008-08-24/160214350524s.shtml。

实践和祖国和平统一大业”部分明确提出“牢牢把握两岸关系和平发展的主题”，“在一个中国原则的基础上，协商正式结束两岸敌对状态，达成和平协议，构建两岸关系和平发展框架，开创两岸关系和平发展新局面”，“两岸同胞要加强交往，加强经济文化交流，继续拓展领域、提高层次，推动直接‘三通’，使彼此感情更融洽、合作更深化”，“将继续实施和充实惠及广大台湾同胞的政策措施”，“支持海峡西岸和其他台商投资相对集中地区经济发展”。2008 年 4 月 12 日，胡锦涛在博鳌“胡萧会”回应萧万长的呼吁时，强调今后将“继续推动两岸经济文化等各领域交流合作、继续推动两岸周末包机和大陆居民赴台旅游的磋商、继续关心台湾同胞福祉并切实维护台湾同胞的正当权益、继续促进恢复两岸协商谈判”。2008 年 5 月 28 日胡锦涛在与吴伯雄会谈时强调，“国共两党和两岸双方应该共同努力，建立互信、搁置争议、求同存异、共创双赢”。这些为进一步发挥福建对台优势、拓展闽台经贸联系提供了机遇，指明了方向。

从台湾岛内局势与发展态势看。2008 年 3 月台湾地区领导人选举底定，认同“九二共识”、主张两岸交流合作、和平发展的泛蓝阵营，继县市长、“立法委员”选举大胜后又重新夺回执政权。这表明台湾同胞求和平、安定与发展的意愿日益增强，两岸和平发展已成为现阶段两岸关系发展的趋势和主题。事实上，对面临着连任压力的台湾新当局而言，推动两岸关系和平发展也是其必然的选择：一是因为岛内主流民意要求改善和发展两岸关系；二是因为台湾经济越来越离不开大陆，全面直接“三通”是台湾经济发展的内在要求。台湾岛内局势与发展态势的这种演变为进一步发挥福建对台优势、拓展闽台经贸联系提供了重要机遇与现实可能。

六、国际经济发展形势与格局下的可行性

再从国际经济发展形势与格局看。随着经济全球化与区域一体化趋势的不断发展、祖国大陆改革开放进程的不断深化和经济起飞后的持续快速发展，21 世纪的世界经济重心与国际经济格局正在发生明显的变化。围绕祖国大陆这一新的经济增长点的国际产业分工体系的调整与国际经贸活动的开展，既加快了祖国大陆经济的全球化步伐，又为之提供了史无前例的发展机遇。这显然一方面对作为对外开放前沿的福建加快对外开放与全球化步伐提

出了迫切要求，另一方面也为进一步发挥福建对台优势、拓展闽台经贸联系提供了战略契机。

第七节　本章小结

本章在总结福建过去30年来求闽台紧密经贸联系的成效、经验与制约因素，阐明“三通”新形势对福建拓展闽台紧密经贸联系的影响的基础上，提出新形势下福建拓展闽台紧密经贸联系的思路与构想、措施与政策，并阐明其意义与作用、条件与可行性。

研究表明，近30年来，福建发挥独特对台优势力求闽台紧密经贸联系取得了一定成效，但尚未穷其潜力。闽台两地经济近30年在投资、贸易与发展等方面形成了一定的且不对称的相互依存性。但除了福建在利用外资与进口方面对台湾具有较高的依赖性之外，闽台两地经济体在其他单一层面与总体层面的相互依存与一体化程度基本上还处于较低水平，闽台经贸联系的紧密性尚有较大提升的空间；而且，两地经济相互依存性还呈现了较大程度的不对称性特征：福建经济体对闽台经贸往来的依赖程度明显高于台湾经济体。此外，20世纪90年代以来，较之于长三角与珠三角地区，福建在拓展对台经贸联系方面显示了较弱的竞争力。

回顾福建自改革开放以来拓展闽台紧密经贸联系的历程，研究发现，除了福建敢闯敢试、敢为天下先的勇气和精神这一主观方面的因素之外，福建对台优势与作用的发挥、拓展闽台经贸联系取得成效，与祖国大陆及福建开放型经济的持续快速发展有着高度的正向相关性，是和中央在改革开放与对台工作方面对福建的定位以及相应赋予的“特殊政策”与“灵活措施”紧密相关的。祖国大陆与福建开放型经济在稳定的社会政治局势下持续快速发展，是决定福建对台优势与作用得以发挥、拓展闽台经贸联系取得一定成效的根本性因素。中央在改革开放与对台工作方面对福建的定位以及相应赋予的“特殊政策”与“灵活措施”，是决定福建对台优势与作用得以发挥、拓展闽台经贸联系取得一定成效的关键性因素。

研究发现，近30年来，在主观及客观方面都存在一些影响和制约福建拓展闽台经贸联系、发挥对台优势与作用的因素：其一，两岸政治关系僵局在政策层面的制约和影响；其二，经济网络不畅与经济腹地狭小的弊端日益显现；其三，改革开放先行先试的政策优势逐步淡化和丧失。这些挑战与约束显然会影响到福建对台优势的进一步发挥，给福建拓展闽台经贸联系带来新的挑战。福建进一步拓展闽台经贸联系、发挥对台优势与作用，有赖于中央在改革开放与对台工作方面对福建的新的定位和相应的政策支撑。

研究认为，在两岸关系发展的新形势下，福建对台优势与作用必将发生较大变化，在拓展闽台紧密经贸联系、促进两岸经贸关系发展方面必将面临新的机遇与挑战。总体上而言，两岸直接“三通”与两岸经贸关系正常化将有助于福建对台优势与作用的充分发挥，有助于闽台紧密经贸联系的拓展。随着两岸全面直接“三通”与经贸关系正常化的实现，福建的“试点直航”与“小三通”这一直接交流的管道在两岸交流中的地位与作用的重要性可能会相对下降，但“试点直航”与“小三通”的绝对规模水平必将进一步提升；与此同时，随着海峡西岸经济区发展战略的推进以及经济网络不畅与经济腹地狭小的弊端逐步克服，在制约福建对台优势发挥的诸因素逐步解除之后，福建对台作用的潜力必将得以进一步发挥，对台交流与合作必将在更大的规模与更高的层次上得以展开。

研究认为，新形势下福建对台优势与作用的进一步充分发挥、闽台经贸联系的进一步拓展，仍然有赖于福建开放型经济的进一步发展，特别是有赖于其内各种特殊经济区域发展模式的创新与转型。当前，应立足福建自身的各种独特优势与条件，特别是其港口、区位和对台优势与条件，与时俱进地创新发展模式，建立一个遵循 WTO 无歧视原则的开放性的“两岸经贸交流合作先行区”，将闽台经贸联系的进一步拓展与大陆改革开放的深化发展、区域经济的协调发展、两岸经济一体化发展有机结合起来，以便在更好地发挥经贸自由化的试验田与先行区作用、区域经济的增长极与辐射源作用的同时，更好地发挥在两岸经贸交流、合作与整合中的优势和作用。

从当前扩大对外开放、推动区域（两岸）合作的需要看，特别是在港口区位、改革开放与对台工作方面最具条件与基础的地方，应以构建“两岸经贸自由化先行区”、“两岸经济一体化先行区”为中心和重点，并推进与此配套的其他方面的交流合作事宜与政策试验，从而构建起“两岸经贸交流合作先行区”内的中心（核心）区域，带动其内的外围区域的配套发展，以及其他方面交流合作的先行先试。此外，当前至少还应在建立两岸产业合作的集聚功能、两岸区域性金融合作的服务功能、两岸直接往来的通道功能与台湾海峡物流的枢纽功能等方面先行先试，有所作为。这些方面本身也是两岸经贸自由化与两岸经济一体化所需的辅助功能与配套措施。

研究认为，构建“两岸经贸交流合作先行区”，进一步拓展闽台紧密经贸联系，除了福建自身在现有条件、政策及对台优势基础上勇于开拓和创新之外，中央应当赋予先行区相应的特殊政策与支持：赋予经贸活动自由化政策、扩展某些特殊经济区边界至先行区、放宽产业开放政策、赋予财政税收支持政策、赋予经贸交流与人员往来便利化政策。

研究认为，新形势下构建“两岸经贸交流合作先行区”，进一步拓展闽台紧密经贸联系，应把握好以下基本原则：一是“一国主权架构下的政经暂时分离”原则；二是“先行先试与积极让步”原则；三是“符合 WTO 规则与国际惯例”原则。

研究认为，基于福建对台优势和现有条件，建立“两岸经贸交流合作先行区”，进一步拓展闽台紧密经贸联系，有着重大的现实意义和作用：可以发挥经贸自由化与便利化试验田与先行区作用、台湾海峡区域经济的增长极与辐射源作用、两岸制度性经济合作与一体化先行试验区作用、对台工作前沿平台与两岸全面整合先行试验区作用。

研究认为，上述建设“两岸经贸交流合作先行区”的思路与构想，不仅现实意义突出，而且从福建对台优势与基础条件、自由经贸区一般经济条件、WTO 有关规范、两岸经贸关系发展态势、两岸政治关系新形势、国际经济发展形势与格局等层面看都有其可行性与可能性。

第二章 拓展两岸直接“三通”新作为研究

石正方* 蒋亚杰 刘严毅

实现两岸直接“三通”是祖国大陆的一贯主张。从1979年全国人大常委会在《告台湾同胞书》中明确提出希望两岸尽早实现通航通邮，进行经贸交流的“三通”主张开始，求两岸直接“三通”即成为祖国大陆推动对台经贸发展的重要目标。30年来，在祖国大陆的积极推动下，在两岸学界、业界有识之士的积极呼吁和倾力实践下，两岸直接“三通”不断突破台湾当局的政策封堵获得阶段性进展。

如今，台湾第二次政党轮替为两岸关系增添了积极因素，两岸经贸关系发展环境发生了可喜变化，两岸“三通”前景明朗，并出现了前所未有的新突破——2008年11月4日两会签署了“海峡两岸邮政协议”、“海峡两岸空运协议”及“海峡两岸海运协议”，意味着两岸直接“三通”瓶颈的突破，标志着海峡两岸“大三通”时代的到来。

“大三通”时代，并不意味着两岸直接“三通”的全面实现，而是为两岸“三通”带来了新任务新课题。值此新形势下，如何利用各方面的积极因素推进两岸直接“三通”深化发展，应在新观察的基础上制定新的战略。作为与台湾具有“五缘”优势的福建，如何在发掘“试点直航”、“小三通”平台潜力的基础上，构建新的“先试先行”优势，在新时期有更大作为，为推进两岸全面“三通”发挥更大作用，同时提升自身在两岸经贸合作领域的地位，值得深入研究。本子课题重点研究上述内容。

研究报告由四部分组成。第一部分对两岸“三通”发展历程进行回顾，并总结其成效及经验；第二部分对新形势下两岸“三通”的主要影响因素

* 石正方：厦门大学台湾研究院经济研究所所长、副教授。

进行分析；第三部分探讨新形势下两岸“三通”发展走势及应对策略；第四部分是本章的重点部分，集中探讨两岸“三通”新局势下，福建如何充分发挥既有优势，创造新优势，实现新作为，继续为推进两岸直接“三通”发挥独特作用。

第一节　两岸“三通”发展历程、成效与经验

实现两岸直接“三通”是祖国大陆的一贯主张。1979 年全国人大常委会在《告台湾同胞书》中就明确提出希望两岸尽早实现通航通邮，进行经贸交流。1995 年，江泽民主席在关于发展两岸关系、推进祖国和平统一进程的八项主张中也指出，“两岸直接通航、通邮、通商是两岸经济发展和各方面交往的客观需要，也是两岸同胞的利益之所在，完全应当采取实际步骤，加速实现直接‘三通’。”2003 年，国务院台办发表《以民为本，为民谋利，积极务实推进两岸“三通”》政策说明书，全面而具体地阐述了大陆方面对“三通”问题的基本立场和政策主张，指出“以民为本，为民谋利”是大陆方面的立足点和出发点。“三通”问题是两岸中国人之间的内部事务，台湾方面某些政治团体不应该把这项于两岸人民福祉都有利的事当成自己的政治筹码，而应搁置政治争议，从两岸人民的根本利益出发，由两岸人民自己共同决定。推动实现两岸“直接双向、互惠互利、平等协商”的“三通”，才是真正符合两岸人民心声和愿景的“三通”，并在此基础上提出了通过两岸民间行业组织协商“三通”问题等具体的执行方式。这一系列的政策主张体现了两岸人民的共同愿望，得到两岸人民的拥护和肯定。

一、两岸“三通”发展历程回顾（1979—2008 年底）

“三通”是指海峡两岸通邮、通商、通航。综观两岸“三通”，可以说是由通邮开始，以通商为主线、通航为关键，由间接到直接、部分到全面的一个渐进发展的过程。

1. 通邮方面

两岸“三通”最早由通邮发端，成效也最早显现。早在 1979 年祖国大

陆就率先经香港或外国接转两岸电话和交换信件；1989年6月，台湾国民党“大陆工作会报”宣布开放对大陆通话与通邮，台湾邮政部门开始直接收寄到大陆的航空函件，向上海直封航空函件总包，同年台湾电信部门通过第三地区或外国对大陆开通了直拨电话和电报业务；1993年台湾邮局开办收寄大陆水陆平常函件，同年海峡两岸关系协会与台湾海基会就两岸挂号函件业务签署协议，随即开办此项业务；1996年两岸电信公司经过协商达成共识，逐步建立了直达海底光缆和卫星通信，开办了各项电信业务；2003年，两岸之间的通邮业务是通过两岸邮局之间开办的，互办业务种类主要有平常及挂号信函、明信片、印刷品、盲人读物和印刷品专袋。两岸互寄信函从1989年的300吨上升到2001年的982吨，增长约3.2倍。2003年，两岸航空函件总包经由香港或澳门邮政转运，水陆路函件总包经由香港邮政转运。在互联网技术普及之后，两岸互寄信函业务量由于电子邮件的广泛使用而减少。

2. 通商方面

两岸的“通商”是两岸直接“三通”发展的主线，也是推动两岸通航发展的内在动力。20世纪80年代初，由于当时台湾当局对大陆“不妥协、不接触、不谈判”的“三不政策”的限制，台湾地区一些企业就开始通过香港对大陆进行转口贸易以及进行迂回投资。随着台湾解除外汇管制和开放台湾居民赴大陆探亲，两岸经济关系由暗转明，贸易和投资数量逐步增加。这期间，台湾以轻纺为代表的劳动密集型产业开始大量向大陆转移，把大陆沿海地区作为加工出口基地，以“台湾接单、大陆生产、香港转口、海外销售”的模式，推动两岸经济关系迅速发展。1990年台湾公布“对大陆地区间接投资或投资合作管理办法”，有条件地正式开放台商间接对大陆投资，从此台湾以石化为代表的资本密集型产业也开始向大陆转移。这期间台商开始通过在沿海地区设立投资据点布局大陆市场，同时两岸经第三地（港澳、日本、韩国等地）的转运贸易也开始迅速发展起来，台湾对大陆的贸易顺差也不断加大，至1999年，台湾享有顺差超过150亿美元。进入21世纪后，台商在大陆的投资活动大量增加，并且以上下游企业共同迁入的形式在大陆沿海经济发达地区形成几处台商聚集地，台湾以电子资讯为代表的技术密集型产业开始转移大陆，经营的重点也转以大陆市场为取向。不仅如此，大陆台资技术密集型企业的集聚渐渐吸引了一些如研发、物流、咨询等台湾生产性服务业跟进大陆投资。这期间大陆对台湾的贸易顺差继续扩大，2007年达到了775.6亿美元。

3. 通航方面

海峡两岸的直接通航是两岸通邮通商的基础，也是实现两岸全面直接“三通”、推进两岸交流与合作正常化的关键。两岸通航主要分为海上通航和空中通航两方面。

海上通航是两岸贸易货物运输的主要方式，也是两岸经贸交流中的重要一环。海峡两岸自1986年起正式开启海上挂方便旗船舶的两岸间接通航，两岸货物通过经由香港澳门或日本、韩国等第三地转运。在20多年的通航发展过程中，间接通航的形式在两岸经贸交流的实际运作中得到迅速发展。两岸航商出于运输成本的考虑，不断创新出新的间接通航形式以简化转运程序、节约运输成本和时间。从转口运输形式发展到转运形式（以联货提单的方式付运货物，只在中间海域重新集装整合），从过境运输形式（又称弯靠，是指没有在中间港重新装卸与转换运输工具的一种转运形式），再到“转单不转运”的变通形式（指在过境运输中，商船直接往来于两地之间，只是在形式上办理“航至第三地”的过境手续），两岸运输成本因而得到大幅降低。

然而，相对于两岸经贸交流发展的要求，两岸直接通航严重滞后，成为两岸经贸交流深化发展的瓶颈，也使得两岸直接通商（特别是直接贸易）无法真正实现。直航问题一旦解决，两岸之间的直接通邮、通商问题即可迎刃而解。因而，人们习惯上将两岸“三通”狭义地理解为“两岸直航”，而将台湾地区与大陆的直接通航称为“大三通”，将大陆福建沿海地区厦门、马尾与台湾离岛金门、马祖之间的局部海上直接通航称为“小三通”。

（1）“大三通”发展历程

截至2008年12月两岸“大三通”协议落实以前，两岸直航虽然尚未全面实现，但是业已取得阶段性成果。特别是新世纪以来，无论空中直航还是海上直航部分都有较大推进。

第一，两岸在航空直航方面取得了较大进展。早在1981年10月，大陆民航主管部门即表示可随时与台湾有关当局进行两岸空中通航的谈判，并采取积极措施予以推动。然而，由于台湾当局限定两岸空中不能直接飞航，两岸空运不得不采取间接通航模式，客货运输大多经香港、澳门等地中转。两岸这种间接通航模式不仅徒增空运成本，也耗费不必要的时间，给民众旅行带来极大的不便。随着两岸人员交往日益密切，旅客流动量不断增加，中转旅行模式愈加不能适应形势发展的需要。1990 年 3 月，大陆颁布《中国大陆与台湾间民用航空运输不定期飞行的申请和批准程序的暂行规定》；1995 年 8 月起，两岸民航业界互为客货销售代理和开办“一票到底”、“行李直挂”等业务，签署了多项协议，开展票务、商务、机务、航务、服务等方面的合作，在一定程度上突破了空中直航的技术障碍。1995 年 12 月，澳门航空公司与台湾有关方面达成通航协议，双方同意澳航班机飞行两岸时，以经澳门“换班不换机”的方式飞行两岸。1996 年 8 月起，港龙航空公司的班机飞行两岸时，也可以采用这一办法。2002 年港龙航空公司开辟“台北—香港—上海”的“一机到底”航线，大大节省了中转时间。2003 年两岸春节期间，为便利台商返乡过年，大陆方面采取灵活务实的办法，批准台湾 6 家航空公司共 16 架次包机，从台湾、高雄经停港澳至上海往返接送台商。这是 50 多年来台湾航空公司的飞机首次循正常途径停降大陆机场，从而实现了两岸空中直航的历史性突破。由于当时陈水扁当局的限制，首次两岸春节包机须中停港澳，只允许台湾航空业者单飞和单向载客，大陆航点仅上海一地。2005 年，两岸航空公司共同参与了第二次春节包机，航班实现双向对飞，不必降落港澳但须绕经香港飞行情报区，大陆航点新增北京、广州。2006 年，春节包机搭乘对象由台商及眷属扩大至所有持合法有效证件往返两岸的台湾居民，大陆航点新增厦门。2006 年上半年，海峡两岸航空运输交流委员会与台北市航空运输商业同业公会达成共识并做出框架性安排，将春节包机扩大到春节、清明、端午、中秋四大传统节日。2008 年 6 月 13 日，海峡两岸关系协会会长陈云林与海峡交流基金会董事长江丙坤在北京签署《海峡两岸包机会谈纪要》。根据纪要附件，两岸周末包机从 7 月 4 日起已正式实施。周末包机时段为每周五至下周一共计 4 个全天。

至此，两岸空中通航虽然实现了“周末包机”，但是确切而言，还是“曲道”而非真正的直航性质，航行两岸的航班尚需经由香港飞行情报区。虽然可以直飞，节约了以往中转港澳机场的一系列通关手续，但是成本的下降有限。另外，所实行周末包机的航点和班次都很有限，发展改善空间很大。两岸空中通航以客运为主，同时也兼营邮件以及部分货物运输。随着两岸经济交往日趋频繁，贸易货物通过空中渠道转运于两岸之间越来越普遍，尤其是高档产品、电子资讯产品、保鲜农产品的空运数量呈大幅增长趋势。因此，两岸货运包机有待达成共识获得突破进展。

第二，两岸海上通航虽然取得了可观成果，但仍以间接通航为主。从1979年初全国人大常委会发表《告台湾同胞书》后，祖国大陆方面一贯主张实现两岸直接“三通”，积极推动两岸通航事宜。虽然台湾当局从“去中国化”、“台独”政治出发，千方百计拖延两岸直航进程。但是，在经济利益的驱动下，经过两岸同胞的共同努力，两岸海上通航经历了一个不平凡的发展历程，从1986年之前的互不通航到之后的间接通航，从1995年起分步开放通航到2001年的局部直航，20多年来不断取得进展与突破。不仅间接通航程序不断简化，“试点直航”取得初步成效，沿海局部直航（即所谓“小三通”）也已获得了可喜发展。但总体而言，在此阶段，两岸的海上直航仍以间接航运为主，直接通航进展有限。

但是，在实际操作上，间接通航的程序已越来越简化。两岸航运界在通航的实践中，逐步摸索出一种“转单不转运”的“准直航”模式，并成为两岸通航的重要形式之一。在客观形势的压力下，台湾当局对两岸通航的政策也不得不作相应的调整，采取“直运不直航”的做法，准许外籍和权宜籍货船以过境（即弯靠）的方式直接行驶两岸。除原已开通的两岸间接不定期航线外，近几年来，两岸间接通航的进展主要有：其一，1997年1月起，上海、天津、青岛、大连、福州、厦门、盐田等主要港口与台湾基隆、台中、高雄等港口之间，开通运送两岸货物绕经第三地而不需换船的集装箱班轮航线，两岸贸易货物运输成本从而大幅度降低。其二，1997年6月祖国大陆资本的方便旗船舶可以进入台湾港口。在香港和台湾注册的船舶，在进入对方港口时，可以不悬挂带有国家标志的尾旗。其三，1998年6月台湾航运企业可以赴祖国大陆设立代表机构（至2003年底，大陆方面共批准台湾航运公司在大陆沿海主要港口设立7家营业性机构和37家航运代表处）；试点直航船舶可以将航线延伸至第三地；随船赴台湾的大陆船员可集体登岸观光游览。其四，从1998年9月起，两岸船舶公司经营的外贸集装箱班轮可以同时挂靠两岸港口，并可签发本公司的提单、结汇，国际航线网络布局更趋合理，经营环境进一步改善。其五，从2001年8月起，两岸试点直航的中转货物可实行海、陆、空联运，大陆货物运抵高雄港后可通过桃园国际机场转出口至国际市场。

从此阶段两岸货运方式看，主要是集装箱运输。两岸转运或过境货物大多是台商用于在祖国大陆投资设厂的小型成套机械设备、企业生产所需的原材料和零部件以及台商在大陆购得的农工原料和企业生产的半成品，而集装箱运输形式由于便利此类物资的中转、装卸以及海、陆、空联运，因而在两岸间接海运中居于主导地位；散装运输主要是从大陆转运台湾的煤炭、沙石等大宗物资。从货运方向看，主要是台货转运祖国大陆。随着入世后台湾方面逐步放宽祖国大陆货物入台的限制，两岸海上货运方向将发生变化，由倾斜趋向平衡。

1997年4月19日，厦门轮船总公司的"盛达轮"，装载祖国大陆的外贸出口货物从厦门港出发，横渡台湾海峡直驶台湾高雄港标志着两岸双向海上试点直航的正式启动，结束了近半个世纪两岸没有任何商船直接往来的历史，两岸航运关系从此进入一个新的发展阶段。至2007年4月19日，两岸"试点直航"10周年，共有10家两岸资本的船舶公司使用十艘方便旗船（其中大陆和台湾各获准六家，每家各一艘船，而台湾只有四家参与营运）参加两岸集装箱班轮运输，营运业绩稳步增长，运送集装箱数量不断增加，累计运营上万航次，运量达300多万标箱，实载率超过50%。试点直航10年，厦门港的直航货物吞吐量累计达到了289.1万标箱；福州港的直航货物吞吐量也超过了200万标箱。

两岸试点直航实现了台湾本岛高雄港与大陆福建地区厦门、福州两港的直接通航，但是还仅仅是一种"准直航"模式，由于台湾当局的政策限制，两岸直航仍有许多障碍。例如，直航船舶不能运送两岸之间的贸易货物和旅客；能够运送两岸贸易货物和旅客的船舶不能直航；在两岸登记注册的船舶不能参与两岸航运业务；台湾还只开放高雄一个港口进行"试点直航"等。这种人为造成的"船通货不通，货通船不通"的现象，直接影响了两岸贸易货物的正常运输。

(2)“小三通”航线进展情况

2000年6月，台湾当局为回避两岸直接“三通”的压力，提出并推动金门、马祖与福建沿海的通航与通商即所谓的“小三通”(此前，福建省政府及学者就沿海与金门、马祖地区的局部“三通”问题，提出“两门对开，两马先行”的方案，与台湾当局提出的“小三通”基本一致)，大陆方面为方便两地民众往来，以个案方式开放两地的直航与通商。

“小三通”是两岸海上航运交流的重要一环，是“大三通”的重要组成部分。“小三通”客运直航于2001年1月初启动，目前有金门—厦门、马祖—马尾、金门—泉州3条定期客运航线和金门—湄洲1条不定期客运航线。由于过去陈水扁当局的限制，“小三通”适用对象只局限于金、马地区的民众；后经岛内民众呼吁，台“行政院”宣布自2006年5月1日起，将适用对象扩展至“除设籍在金马的居民之外，包括金马旅台乡亲、配偶、直系血亲和二亲等旁系血亲，都可以经由‘小三通’管道往返两岸”；2008年4月又扩展至所有台商及其眷属。2008年6月19日，台湾当局有关部门宣布将“小三通”直航适用对象扩展到所有持有两岸出入境有效证件的台湾居民，并将根据此次扩大“小三通”的方案调整海空运能，对金门、马祖的机场、港口软硬件设施进行完善。9月6日，台湾行政当局宣布“推动‘小三通’正常化方案”，宣布9月底开放大陆旅客经由金门、马祖“小三通”渠道中转台湾本岛，进一步对“小三通”政策松绑。9月7日，国台办主任王毅在厦门举行的“海峡两岸经济论坛”上受权宣布五项促进两岸经贸交流的措施，其中规定凡持有效往来台湾的通行证及签注的大陆居民，今后也可以经金门、马祖、澎湖往来大陆与台湾本岛；此前两会协商首批开放赴台旅游的大陆13个省市居民，今后也可以赴金门、马祖、澎湖旅游，并经金门、马祖、澎湖赴台湾本岛旅游。至此，两岸在“小三通”政策方面渐行渐近，使目前作为两岸最便捷直航通路的“小三通”在沟通两岸方面发挥愈来愈重要作用的空间越来越大。

“小三通”有利于加强两岸同胞交流、交往，促进双方共同发展。这一航线使金马地区民众与大陆的交往有了及时、便捷、顺畅的渠道，部分台湾同胞也可通过金厦航线往来两岸，与香港、澳门航线相比，日益成为台湾民众往来两岸的黄金水道，是目前两岸最经济、便捷的路线。通过厦金航线，两岸人员往来每人每次至少节省 1 万元新台币，交通时间也相应缩短近一半。至2007 年底，“小三通” 客运直航累计运送旅客244.5 万人，平均年增长约1.3倍。

“小三通” 货运直航于2001 年8 月开始正式运作，目前已经开辟福州、厦门、泉州、漳州和莆田至金门，以及福州、泉州、宁德至马祖等不定期货运航线。双方使用两岸资本并在两岸注册的船舶，采用只挂公司旗的方式，经营两地海货运航线。目前，总运量已超过 530 万吨。

二、两岸“三通” 成效总结

30 年来，在两岸的共同努力下，两岸“三通” 经过曲折的发展，在各方面特别是通商和通航方面取得巨大进展。

通商方面，经过 20 多年来两岸经贸的发展，至 2007 年底，大陆台资企业累计约有 75146 家，台商数量达到 100 多万人的规模，协议投资金额超过 1000 亿美元，实际到资达 458 亿美元。台资投资大陆的总额占大陆外资投资总额达 10% 左右，排名第二。两岸贸易方面，年贸易总额由 20 世纪 80 年代末的 35 亿美元上升到 2007 年的 1244.8 亿美元。具体阶段性成果如表 2 –1所示：

表 2 –1　两岸通商阶段性成果表　　单位：亿美元

时间代表 时间段	两岸贸易 总额	大陆对台 出口额	大陆对台 进口额	台商大陆 协议投资额	台湾对大陆产业 转移（代表产业）
1989 年 1980 年代	35	29	6	10	劳动密集型产业（轻纺）
1999 年 1990 年代	235	40	195	440	资本密集型产业（石化）
2007 年 21 世纪初期	1244.8	234.6	1010.2	1000	技术密集型产业，服务业 （高科技产业，生产性服务业）

资料来源：笔者根据实际情况自行整理而成。

通过上表我们可以发现，随着两岸通商进程的发展，台商大陆投资重心由劳动密集型产业向资本密集型产业再向技术密集型产业和服务业转移，两岸产业合作层次越来越高，两岸经贸关系越来越紧密，台商愈加看好大陆广阔的市场和丰富的资源，对大陆的投资额也越来越大。从台商投资的主体来看，从最早的中小企业发展到集团企业，从民间资本发展到公营资本；从台商投资的领域来看，从制造业扩展到服务业领域；从投资地域上来看，投资从沿海地区向西和向北推进，并在长三角、珠三角、海峡西岸和环渤海地区形成台资的产业集聚地，表明两岸经贸合作向全方位扩展的趋势。与此同时，两岸贸易关系的发展也越来越紧密。两岸贸易总额迅速增长，台湾对大陆的贸易顺差也越来越大，从 1989 年的 23 亿美元发展到 2007 年的 775.6 亿美元，台湾对大陆的贸易依存度越来越大，这对海峡两岸和平稳定发展的根本形势起到了重要的稳固作用。

此外，两岸通商的发展不仅推动了两岸间资金流的流动，也带动了物流和两岸间人员的频繁往来，推动了两岸直接通航的发展。从物流运输方面来看，两岸间经贸合作的日益紧密要求两岸货物运输不断创造出更能节约时间成本和运输成本的新模式，诸如转口运输形式、转运形式，过境运输形式、“转单不转运”的过境运输变通形式等，不仅使得两岸海上货物通航程序不断简化，而且推动了两岸经贸交流向直接形式的转化。另一方面，福建与金马澎等台湾离岛地区“小三通”的开展和兴盛，也为两岸实现海上直接通航作出了有益的示范作用。这些都为实现两岸海上直接通航打下了良好的基础。

两岸经贸合作的热络也带来了两岸人员的频繁往来。自 1987 年台湾当局开放台湾居民赴祖国大陆探亲以来，两岸人员往来日益频繁、层次不断提高，民间交流也获得较大发展，交流领域日益广泛。

1987—2006 年，两岸人员往来人数逐年增多，截至 2006 年底，赴大陆台湾居民已达 4240.8 万人次，年均增长率达 17%；大陆居民赴台也达 140.8 万人次，年均增长 13.1%。与两岸贸易格局类似，两岸人员往来也呈现出不平衡的格局。各项人员往来情况如图 2－1、图 2－2 所示。

同时，大陆应邀赴台交流项目也逐年增多，累计项目数达 37386 项，年均增长率超过 30%；累计赴台交流人数达 25.8 万人次。两岸交流涉及经济、教育、文化、卫生、科技等众多领域；且交流层次不断提高，两岸经济、企业、科技、学术等各界知名人士积极参与并推动互动交流，就各类深层次问题广泛交换意见。

两岸人员交流的日益频繁，对两岸客运直航提出了要求。从“春节包

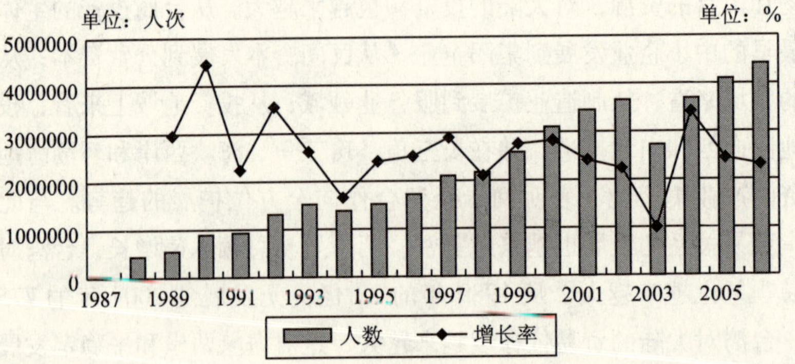

图 2－1　历年台湾居民赴大陆人数

资料来源：国台办网站 http：//www. gwytb. gov. cn/。

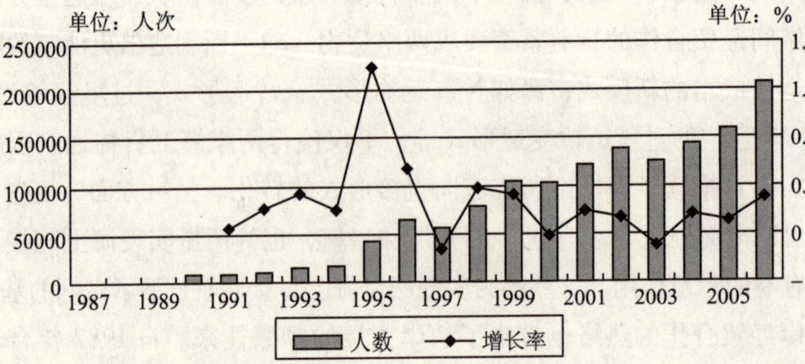

图 2－2　历年大陆居民赴台湾人数

资料来源：国台办网站 http：//www. gwytb. gov. cn/。

机”到“节日包机”，再过渡到“周末包机”；包机框架协议的订立，从往来人员条件限制的放宽到两岸包机航点的逐渐增加，这些都促使两岸空运直航常态化的发展，为不久的将来实现两岸空运全面直航做好了充分的准备。

三、推动两岸“三通”经验总结

1. 以促进两岸经贸交流与合作为主线推动两岸“三通”

由两岸“三通”的发展历程可以看出，两岸“三通”的根本动力在于两岸经贸合作与发展的客观要求。然而，受两岸政治气候的影响，特别是台湾当局限制性两岸经贸政策的制约，两岸直接“三通”被添加了政治色彩，无法在市场推动下顺利达成。因此，如何在符合两岸人民共同利益的情况下促进两岸的直接通航，成为两岸“三通”的关键问题。

30年来，祖国大陆一贯坚持以交流促合作，以经济交流促进政治和解的两岸关系原则，在推动两岸“三通”方面，坚持以促进两岸经贸交流与合作为主线，围绕着“有利于两岸经济共同繁荣、有利于两岸关系互动发展、有利于两岸人民共同利益”的轴心，灵活务实、积极稳妥地探寻实现两岸直航的突破点和解决方案。这一经验，为持续推进两岸直接“三通”的深化发展提供了宝贵借鉴。

2. 建立多种途径进行两岸“三通”问题交流与平等协商

在解决两岸“三通”问题的过程中，特别是在两岸直航的推进过程中，两岸经济社会发展的差异性，以及受到历史遗留因素的影响，不论在政治层面还是技术层面都增加了争议和困难，两岸“三通”曲折的发展进程和胶着的谈判协商在所难免。

两岸“三通”本质上是一种以两岸经贸交流合作为基本动力，以两岸人民根本利益需要为取向的经济问题，要求两岸以“九二共识”和“一中”原则为基础，暂时搁置政治争议，以两岸人民的根本利益需要为出发点，让经济问题回归经济协商渠道。如果一任政经问题纠结，则将使两岸“三通”迟迟不得进展，使两岸经济合作错失机会，损害整个中华民族的利益。因此，在两岸官方因政治问题无法实现对话沟通的情况下，建立诸如民间对民间、行业对行业、企业对企业、城市对城市的交流平台就显得至关重要。30年来，正是由于祖国大陆以灵活务实的策略借助多元化的协商平台推动两岸“三通”，使两岸“三通”取得了一系列阶段性成果。

另外，在“三通”问题方面，坚持两岸协商的平等地位也是十分重要的。两岸属于一个国家主体内部的不同关税区，两岸经贸往来应该互惠互利，合作双赢，否则，就会违背经济交流的市场规律，挫伤业界的积极性。两岸经贸交流中长期存在“单向、失衡”的现象，两岸经贸资源的配置受到“三通”瓶颈制约无法达成合理、优化，枉费不必要的成本，不但降低了两岸经贸合作的总体收益，而且削弱了两岸经济的竞争力。特别是对经济总量小的台湾而言，负面影响更大。另外，台湾前当局将“三通”开放当做政治筹码，一直谋求以“国与国”的所谓“对等”开放作为与祖国大陆协商的前提；在此情况下，“三通”问题已不是单纯的经济问题，因此必须坚持一个中国原则，不能丧失政治立场。“三通”问题的平等协商必须建立在一个中国的共识基础上。

第二节 新形势下两岸“三通”影响因素分析

2008 年 3 月 22 日，马英九和萧万长以高票当选台湾地区领导人，并于 5 月 20 日正式上任。在就职演讲中，马英九提出希望“海峡两岸能抓住当前难得的历史机遇，共同开启和平共荣的历史新页”，并提出“今后将继续在‘九二共识’的基础上，尽早恢复协商，并秉持 4 月 12 日在博鳌论坛中提出的‘正视现实，开创未来；搁置争议，追求双赢’，寻求共同利益的平衡点。两岸走向双赢的起点，是经贸往来与文化交流的全面正常化，我们已经做好协商的准备。”“两岸不论在台湾海峡或国际社会，都应该和解休兵，并在国际组织及活动中相互协助、彼此尊重。两岸人民同属中华民族，本应各尽所能，齐头并进，共同贡献国际社会，而非恶性竞争、虚耗资源……”可以预见，马英九在执政期间对大陆的政策将趋于更大的灵活性和创新性。台湾地区新当局的这些理念是和祖国大陆方面一贯的基本原则和主张一致的，两岸的和平局势具有了共识的基础，海峡两岸关系进入了一个新时代。在此新形势下，两岸“三通”的发展面临着新契机。总的来看，新形势下影响两岸“三通”的因素有以下几个方面：

一、两岸关系大局的影响

从海峡两岸“三通”的发展历程来看，两岸关系形势，对两岸经贸发展、两岸“三通”的推进影响巨大。

20 世纪 70 年代末两岸政治关系从对立迈向缓和，但两岸“三通”一直受到台湾当局对大陆限制性经贸政策的影响。李登辉时期，台湾当局推行对大陆经贸的“戒急用忍”政策；2000 年陈水扁当局提出所谓的“积极开放、有效管理”政策，对早就势在必行的两岸全面、直接、双向“三通”设立政治障碍，甚至用“两国论”来规范包括“三通”在内的两岸经济关系，对台湾人民特别是大陆台商的根本利益造成了很大的损失。

马英九作为台湾地区的领导候选人，在竞选期间提出了其当选后的施政主张，表示与大陆“和平共处、对等协商”，提出“结束敌对状态，签署和平协议；加强经贸交流，落实投资保障；争取国际空间，全面开放直航；开放观光，学历认证，促进农业合作；共同打击犯罪，确保社会安宁”等五项主张，与祖国大陆方面“以民为本，为民谋利”的出发点一致，为实现两岸对话协商奠定了良好基础。

两岸实现全面直接“三通”是大趋势，是不以个人主观意愿或某个政党的利益为转移的。马英九当局清楚地认识到这一点。在大陆政策方面，马英九为首的台湾新当局认识到，台湾的海岛型经济必须紧密建立与岛外的经济联系才能保持台湾现有的优势，台湾地区无法绕开大陆因素达成发展，从而提出了新当局大陆政策的政见：如果两岸之间恢复协商，将基于“九二共识”，坚持“不统、不独、不武”的原则，两岸经济远景则倚赖建立“共同市场”和“三通”的全面开放。对于两岸交流的开拓，则主张开放大陆观光客来台以及承认大陆学历等。这些都符合了两岸人民特别是台湾人民的意愿，也是其得以高票当选的主要原因。

马英九竞选政见中，提出了用“活水”政策替代之前的“鸟笼”政策，把台湾建设成为亚太运营中心的目标，并提出了在任期间完成七个两岸直航机场和七个两岸直航港口开放的目标，并尽快放开台商大陆投资40%的投资净值限制和产业类别限制；提出以台湾为核心，整合世界市场和大陆市场的商机，积极融入亚太地区区域经济合作组织，使两岸经贸关系正常化，打造“台北—东京—首尔—上海”和“高雄—新加坡—香港”直航的“双黄金圈”，以及“美国硅谷—台北—上海”和“东京—台北—上海”这两个高科技产业的“双黄金三角”的构想。同时，还提出了大陆游客赴台观光旅游政策，为直接推动两岸直航方面的“三通”提供了契机；建设高雄自由贸易港、台中亚太海空运中心和台北桃园国际航空城等一系列台湾基础交通建设的规划也为两岸全面、直接地“三通”提供了一个良好的基础条件。

总之，无论是从政治理念还是从经济战略来看，台湾新当局都重视与大陆协商合作、谋求建立两岸关系和平发展的良好氛围。从而促成了两岸在“九二共识”基础上的善意互动，两岸关系从此开创了前所未有的良好局面。政治气氛的缓和为经济交流提供了宽松的环境，特别是两会协商的恢复和功能提升，为两岸社会经济文化领域的协商打开了新局面，直接促成了“周末包机”、“小三通”全面开放乃至台北协商“四项协议”的签署，开创了两岸“大三通”时代。

可以预见，在两岸关系大好形势的影响下，两岸直接“三通”将会得到持续有效地推动，不断获得新进展新突破。

二、两岸经贸关系深化发展的要求

两岸经贸往来恢复发展30年来，相互贸易、台商对大陆投资规模和层级不断提升，两岸的产业合作也已由最初的垂直分工向水平分工演进，台资产业集群与本土化也渐成气候，标志着两岸经济的功能性一体化的长足发展，进而对制度性构建提出强烈的要求。然而，“三通”问题作为两岸经贸交流的瓶颈，阻碍了两岸经贸的正常化，从而也使得两岸经贸的制度化严重滞后于经济现实。

我们知道，正常的经贸关系是以互惠互利为准则，也只有互惠互利，实现“双赢”才能保证双方经贸合作的持续发展。而长期以来，两岸的经贸关系一直处于“间接、单向、不对等”的畸形状态，而且呈愈演愈烈之态势。贸易方面，从1980年代初期开始，祖国大陆在两岸贸易中就处于逆差地位，随着两岸“间接”贸易额的不断扩大，逆差额更呈大幅增加之势。截至2007年底，两岸贸易总额累计达7281.7亿美元，其中大陆对台出口1259亿美元，自台进口6022亿美元，大陆累计逆差达4763亿美元。大陆对台湾贸易的巨大逆差，表明了两岸贸易的明显不对等性。这种不对等不是出于两岸经贸互补的市场需求，而是台湾当局单方面封闭市场所致。因而，这种不对等性越强，越不利于两岸各自经济优势的发挥。投资方面，两岸资金流动呈现单向性，主要以台商对大陆的单方面投资为主。据统计，截至2007年底，台商在大陆投资75146个项目，累计吸引台资457.6亿美元，占大陆吸引外资的6.0%。而与此形成鲜明对照的却是，由于台湾限制大陆资金入岛投资，除了容许含有陆资成分的港龙航空及澳门航空经营两地的航线外，仅在2002年通过开放陆资来台投资不动产。

两岸经贸关系的这种严重失衡，不仅使大陆因长期贸易逆差而利益受损，而且由于台资单向流入大陆，两岸经济资源的交流不畅，无法实现优化配置，对岛内经济也产生不利影响。因此要谋求两岸经贸健康、稳定、持续地发展，使两岸双方共同受益，必须扭转两岸经贸关系的这种“间接、单向、不对等”的畸形状态，推进两岸双边经贸关系正常化。而解决问题的突破口就是“三通”。“三通”首先能够通过直接贸易管道的建立实现两岸贸易由“间接”向“直接”的转变，而且可以激活相关的经济及非经济因素，消除隐性成本，推动两岸投资由“单向”向“双向”的转变，逐步扭转“不对等”状态，使两岸经贸最终走上“直接、双向、互利”的正常轨道，实现两岸双赢。

两岸“三通”不仅能够带来贸易投资成本节约等显而易见的实惠，使两岸社会福利得到提高，而且能够改善两岸投资贸易环境，为两岸经贸的长足发展奠定基础。这种改善主要反映在三个方面：其一是两岸直航航线、通关等配套设施以及相关操作技术的完善。其二是指与直接贸易相配套的两岸资讯交流以及沟通、调节、仲裁乃至两岸经贸立法等服务的完善。长期以来，由于海峡两岸“间接、单向”的非正常贸易，造就了相关的资讯、仲裁、立法服务不完善甚至不发育的局面。这既不利于两岸主管部门对两岸经贸活动的宏观调控，也无法向两岸工商界提供及时、准确的市场信息和咨询服务，更没有有效的调节、仲裁管道来理顺两岸贸易中出现的纠纷。随着“三通”的实现，两岸直接贸易对资讯、仲裁、立法等服务的需求，会促进这些配套服务的尽快完善。其三是指“三通”能够消除两岸关系中的某些不确定性。“三通”的顺利实施，意味着两岸经济关系的一个历史性转折，是两岸经济关系由“畸态”走向“正常化”的标志。这种转折透露出的信息能够大大增强投资者和消费者信心，不仅有利于两岸双边投资贸易的发展，而且能够改善各自的总体性投资环境，增强对外资的亲和力。

因此，突破“三通”瓶颈，是实现两岸经济正常化进而制度化发展的关键，是两岸经贸关系深化发展的要求。

三、台湾经济景气提升的需要

新世纪以来，台湾经济景气持续低迷不振，不但经济增长率下降，沦为“四小龙”之末，而且失业率、通货膨胀率大幅上升，人民生活痛苦指数增高。究其根底，岛内投资环境恶化是个重要原因。半个多世纪以来，台湾的经济发展经历了几个阶段性变化：1951—1988 年统称工业化时期，后期经济增长率平均在9%左右；1989—1999 年，台湾经济开始向后工业化阶段转型，确定以通信、信息等十大新兴产业为支柱产业，其中信息产业产值名列世界前茅，其间经济增长率平均为6. 3%。1999 年以来，台湾经济准备进入新一轮转型。但是由于新主政的民进党不仅缺乏管治经验，而且“政治挂帅”，把精力都放在“拼政治”上，台湾经济出现停顿并由此进入徘徊期。近年来，由于台湾经济转型长期停滞，经济发展找不到方向，同时“台独政治”致使两岸关系紧张，因而投资者普遍对台湾经济的未来缺乏信心。

实际上，两岸经济的互补性以及大陆作为亚太经济新成长极核对周边国家和地区经济的带动作用，是台湾经济发展的新动力源。有鉴于此，马英九在其竞选政策中提出了振兴台湾经济的一系列方案。一方面主张通过“爱台十二项建设”，加大政府支出建立基础设施以在一定时期内为台湾经济景气的提升提供动力，所建设的桃园、台中和高雄作为北、中、南三大物流转运及发货中心，可借助与大陆地区的紧密联系，吸引大量的货流、金流与人流到台湾。一方面主张通过“全球联结”策略加强与包括大陆地区在内的岛外的经济联系，以借助台湾的地理优势，整合大陆和世界市场的商机，通过打造“双黄金航圈”和利用台湾科技产业经营分布海峡两岸的优势打造科技产业“双黄金三角”，提升台湾在全球高科技发展的关键角色。在这个过程中，台湾可以摆脱其在亚太地区的“边缘化”困境，融入以中国大陆为主体的东亚区域经济合作中去，并借助其自身优势最终实现台湾成为“亚太营运中心”、“亚太经贸枢纽”、“亚太资产管理与筹资中心”、“区域运输中心”、“全球创新中心”的目标。此外，马英九当局还提出了“产业再造345 计划”，希望吸引台商回台投资，打造“台商营运总部”，振兴台湾产业，发展旅游观光等服务业，创造就业机会同时促进台湾经济发展等。

上述计划的实施，均须仰赖两岸“三通”，特别是直航后台湾投资环境的改善和竞争力的提升。台湾属于海岛型经济，岛内有限的经济资源和空间，要求其放眼全球市场，特别是与之同根同源的海峡西岸，通过整合大陆的资源进行分工与合作，为台湾经济升级与转型开辟一条出路。只有实现两岸全面、双向、直接“三通”，才是台湾摆脱经济困境的根本出路。全面直接“三通”特别是直航方面，不仅可以使得海峡两岸航运成本下降，使得两岸资源得到合理的配置。同时，由于海峡两岸航运成本下降，台湾企业可以发挥岛内原有的自身产业优势，进军大陆市场，并把企业总部、研发、设计、营销等重要部门留在台湾，以良好的企业环境建造国际企业营运总部中心，带动台湾经济增长。美国麦肯锡顾问公司也认为，台湾想要建立的“区域营运中心”或“营运总部”，80%的商机在大陆市场。开放两岸直航是台湾实现“营运中心”的关键所在。

在马英九政策中提升台湾经济景气的观光政策方面，也离不开“三通”，特别是直航的实现。大陆观光客赴台旅游不仅会创造庞大的商机，而且可以提供大量就业机会，解决台湾失业率高的问题。台湾旅游资源丰富，但从2007年台湾境外游客量来看，仅为同期香港境外游客的13.2%、韩国的57.6%。台湾境外游客最多的来源地分别为日本、港澳、美国、韩国、新加坡。随着大陆居民收入整体水平的不断提高，大陆居民成为一个巨大的潜在市场。由于受制于两岸种种限制，大陆赴台旅客甚少。2007年大陆有约4000万人次出境旅游，而赴台旅客仅占0.58%。根据欧洲商会委托里昂证券的研究报告，新当局政策贯彻后，直航加上大陆居民赴台旅游观光，可以使台湾经济增长率增加2.27个百分点。

第三节 新形势下两岸“三通”走势及应对策略

一、两岸经贸关系正常化是大势所趋

“3·22”台湾“大选”马英九阵营获胜，意味着两岸经贸关系利好利多，未来两岸经贸关系在正常化道路上会大步迈进，两岸经贸的交流合作会更加紧密。

1. 两岸经贸关系走向正常化，是历史的必然趋势

两岸自1980年代恢复经贸往来至今，贸易、投资关系日益紧密，中国大陆不但已成为台湾最大的出口目的地，对大陆出口占其对外出口已近四成，而且是台商投资最集中地区，虽然不同统计口径结果有所偏差，但台湾

对外投资有六成以上集中在大陆。经过20多年来的发展，两岸产业分工也由初期简单化的垂直分工向垂直与水平兼具的复合型分工演进，在长三角、珠三角、环渤海及福建等地台资企业的集群发展已成趋势，台资企业的本土化也日益显现。总之，近20年来两岸经贸关系日益密切，已形成合则两利、分则两害的互利互补之势。特别是台湾经济对大陆经济的依赖更强，如果没有对大陆的贸易顺差，台湾的外贸将出现巨额逆差。而台商来大陆投资的快速增长，也极大地带动了岛内相关产业的发展，促进了台湾的产业调整和升级。一旦丧失祖国大陆市场，对台湾经济发展将极为不利，这是台湾各界、无论持何政见者都不能不正视的事实。海峡两岸经贸交流对台湾经济的重要性日益凸显，台湾各界有识之士，包括学者、商界、在野党派等不断呼吁陈水扁当局松绑两岸经贸政策，开放两岸“三通”直航。特别是广大台商更是“用脚投票”，千方百计突破当局政治封堵赴大陆投资，身体力行地促进了两岸经贸关系的发展。

3月22日，台湾“大选”落幕，马英九以高票当选，大赢对手221万票。岛内各界解读马英九阵营胜选主要原因，认为其竞选主轴“拼经济”诉求奏效。实际上，马、萧为候选人的蓝营与谢、苏为候选人的绿营，为了赢取选票，都在“拼经济”上大做文章。谢、苏所提出的“大投资”与马、萧阵营提出的“爱台十二项建设”，主导思想具有很大一致性，即都是谋求透过提振政府与民间投资，带动内需，促进经济成长。两者的最大分歧在于两岸经贸政策方面。马、萧承诺开放两岸直航、松绑企业登陆投资40%上限、开放大陆游客入岛旅游及开放陆资来台投资生产事业等；这些开放性两岸经贸主张受到岛内广大民众的普遍欢迎，民调支持率因此大有提升，从而使得坚持“去中国化”限制性两岸经贸政策理念的民进党倍感压力，不得不在“总统”选举前透过“行政院”“一周一利多”积极松绑相关政策，如轻罚违规西进投资台商、弹性解释企业登陆40%上限、开放岛内银行间接参股陆银等，以拉取选票挽救颓势。可以说，马、萧阵营竞选获胜，相当程度上得益于其开放性两岸经贸主张。其对松绑两岸经贸政策的一系列承诺使岛内民众看到了希望，对于吸纳选票起到了关键性的作用。这次“大选”的结果充分反映了台湾民众对于两岸经济关系正常化的强烈诉求。可以说，两岸经贸关系走向正常化，是民心所归、潮流所向，是历史的必然趋势。

2. 今后四年，马、萧将全力推进两岸经贸关系正常化发展

承认“九二共识”、发展两岸关系是近年来国民党的一贯主张。特别是民进党执政八年时间里，其基于“去中国化”、“台独”政治理念的限制性两岸经贸政策致使台湾经济不能充分利用大陆经济成长所带来的发展机会，而走上衰退的下坡路的事实，更使得国民党认识到推进两岸关系发展对于振兴台湾经济的重要性。过去的几年里，国民党作为“在野党”积极推进两岸关系发展，先后有江丙坤、吴伯雄、连战访问大陆，取得了“胡连会”、“国共论坛”等成果。并于2005年8月中国国民党第17次党代会上将“胡连会”五项共同愿景正式列入中国国民党政策纲领，表示要反对“台独”，主张回归“九二共识”，重启两岸会商，循序迈向“两岸共同市场”，实现两岸“三通”，全面开放大陆人民赴台观光，推动两岸农业交流等。

如今，代表国民党参选的马、萧阵营赢得“大选”，国民党即将由“在野党”成为“执政党”。可以动用行政资源推动实施其两岸经贸主张，对于两岸经贸关系而言，无疑是利好利多。有充分的理由相信，无论是为实践竞选承诺保障政治前途计，还是为台湾经济振兴计，在今后的四年里，即使面对“台独”势力的阻挠羁绊和“在野党”的攻讦杯葛，都会着力推动两岸关系发展，积极推动落实竞选中所提出的一系列两岸经贸主张，“胡连会”所达成的五项共识将会陆续付诸实施，海峡两岸两会接触和事务性商谈也将很快得到恢复。

3. 中国大陆政府贯彻“和平统一”理念，将更加努力促进形成两岸互利合作的发展局面

和平统一是大陆对台政策的主旋律。胡锦涛总书记在中共十七大的政治报告中提出签署“两岸和平协议”的倡议。在最近举行的两会期间，胡锦涛主席又强调“实现两岸关系和平发展，基础是坚持一个中国原则，目的是为两岸同胞谋福祉，途径是深化互利双赢的交流合作。我们要继续促进两岸人员往来和经济文化交流，继续推动两岸直接‘三通’进程，也要继续努力争取恢复和进行两岸协商谈判”。两岸和平发展的环境需要两岸人民共同来创造。一直以来，两岸经贸关系正常化发展的“瓶颈”在于台湾当局的限制性两岸经贸政策，而其根源在于台湾当局背离一个中国原则。虽则中国大陆政府一向努力谋求搭建对台经贸交流平台、推进两岸经济合作的深化

发展，但无法得到台湾当局的善意回应。如今，台湾“大选”尘埃落定，正如岛内外各界普遍认同的那样，坚持一个中国原则的马、萧阵营当选，两岸关系将因此跨出和平稳定发展第一步。毋庸置疑，一个中国原则基础上，两岸官方在两岸经贸交流方面的共识将形成巨大的合力，成为两岸经贸正常化进而机制化发展的动力所在。

事实上，“5·20”马英九上任后，两岸关系如所预期的那样向着和平稳定的方向迈进，在短短的几个月时间里，两岸经贸交流取得了可喜的突破，过去在陈水扁时期迟迟不得达成的周末包机、大陆居民赴台旅游、“小三通”全面开放等都已启动并稳步推进。两岸就全面直接“三通”的协商也已启动。

二、两岸“三通”协商主体多元化形势利好

两岸“三通”发展至今，取得了一系列阶段性进展，是两岸有效协商的结果。回溯两岸“三通”的历史进程，可以发现，两岸“三通”协商经历了民间团体、两会、两党等不同阶段，目前进入了以两会为主题的“协商主体”多元化时期。协商主体的多元化将大大有利于进一步推进两岸“三通”协商。

1. 两岸“三通”协商机制的历史演进

（1）两会作为桥梁和纽带时期（1990—1999 年）

海峡两岸关系协会（以下简称海协会）为 1991 年 12 月成立于北京的民间团体，以促进海峡两岸交往，发展两岸关系，实现祖国和平统一为宗旨，是大陆方面与台湾方面协商两岸交往中相关问题的受权民间团体。海交流基金会（以下简称海基会）于 1990 年 11 月成立，内设秘书处、文化服务处、经贸服务处、法律服务处、旅行服务处及综合服务处等 6 个业务单位，主要功能是接受“陆委会”委托，办理两岸交流所衍生的各项事务。

在两会商谈之前，两岸民间机构也曾发挥作用，如 1986 年 5 月中国国航和台湾华航就降落广州的台湾华航交接货机、机组人员和货物事宜达成协议，签署“两航会谈纪要”。但两岸频繁的协商始于海协会与海基会的会谈。

为促成海协会与海基会的会谈，并达成通过商谈妥善解决两岸同胞交往

中衍生具体问题的目的，1992 年 10 月 28—30 日，海协会与海基会在香港就两岸事务性（公证书使用）商谈中如何表述坚持一个中国原则的问题进行了讨论。最终关于一个中国原则表述问题的讨论，以形成双方相互接受的两岸具体表述内容（“九二共识”）为结果而告一段落。

“九二共识”为两会商谈和“汪辜会谈”奠定了基础。1993 年 4 月第一次“汪辜会谈”在新加坡举行。此次会谈中，海协会会长汪道涵先生充分说明了两岸经济交流合作的迫切性和必然性，并集中论述了两岸经济交流合作中的 8 个具体问题：对两岸经济合作的基本主张；直接“三通”应当摆上议事日程；关于两会共同筹开民间的经济交流会议（制度）的建议；台商在大陆投资和大陆经贸界人士访台问题；两岸劳务合作问题；台湾参与开发浦东、三峡、图们江问题；合作开发能源、资源问题；两岸合作开发台湾海峡和东海无争议地区石油资源问题。此外，汪会长还就两岸科技、文化交流及两会会务问题提出了意见，阐明了观点。而海基会董事长辜振甫先生则就两会联系合作、共同打击海上走私、犯罪及两岸经济合作，青少年和科技文化交流等问题发表了意见，表示愿意设法促进两岸企业界人士互访与海协会商讨筹开民间经济交流会议及共同开发和利用资源与能源问题。

经过海协会与海基会会谈，双方共同达成以下协议：《汪辜会谈共同协议》、《两会联系与会谈制度主张》、《两岸公证书使用查证协议》及《两岸挂号函件查询、补偿事宜协议》。“汪辜会谈”是海峡两岸高层人士在长期隔断之后的首次正式接触，是两岸走向和解的历史性突破，是两岸关系发展进程中的重要里程碑。

1998 年 10 月，海基会董事长辜振甫先生率海基会代表团访问上海、北京，与海协会会长汪道涵先生举行“汪辜会晤”。这次会晤开启了两岸政治对话，双方还达成了包括两岸继续进行政治对话及汪道涵会长应邀访问台湾的“四项共识”。

两岸会谈新局面开始不久便遭到李登辉抛出的“两国论”的破坏，拆毁了两岸会谈的“基础”。陈水扁上台后，拒不承认一个中国的原则，拒不承认两岸两会达成的“九二共识”，两岸关系持续陷入紧张僵局。

（2）民间机构持续发挥作用时期（1999—2005 年）

两会协商不能继续，但是两岸经济合作衍生的“三通”等事务却日趋紧迫，“三通”未能开放，台湾居民往返大陆不便，时间成本与运输成本居高不下，大大影响了台商的利益，并对台湾经济产生不利影响。在该情况下，两岸民间组织及有识之士不断呼吁两岸“三通”尽早开放。在两岸经贸关系不可逆转地向前发展，两岸人民强烈要求、积极争取的形势下，台湾当局的两岸“三通”政策不得不表现出弹性和松动。此时台湾的所谓“政策开放”，往往是因在技术或行政上无法有效阻止而对既成事实的追认。两岸直航政策的开放也几乎重复着“禁止—默许—开放”的“三部曲”。在两岸民间团体的积极争取下，两岸“三通”取得一定进展。在民进党当政期间，两岸“三通”直航仍能取得一定进展，这与两岸相关民间机构居间沟通协商是分不开的。

2000 年台湾“行政院”审查通过“试办金门、马祖与大陆地区通航实施办法”草案。2001 年 1 月 28 日，福州马尾经济文化合作中心代表与马祖地区代表在福州签署《福州马尾－马祖关于加强民间交流与合作的协议》；同年 3 月厦门市两岸交流协会代表与金门地区两岸关系交流协会代表签署《关于加强厦门与金门民间交流交往合作协议》，“小三通”自此开放。

2002 年 2 月大陆民航总局与台湾中华飞航管制员协会达成协议，相互交换航行通告和航空气象情报。

两岸节日包机是两岸民间组织推动“三通”向前发展的成功典范。早在 2002 年台商和岛内一些知名人士便提出构想，期望借两岸春节包机缓解大陆台商春节返乡一票难求、周折辗转的困难，最终促成了 2003 年首次台商春节包机的实施。2005 年两岸春节包机再次成功实施，航空公司由台湾公司扩增至两岸航空公司，班次增加至 48 班次，包机绕经香港飞行情报区而不必降落港澳，大陆航点由原来的上海新增北京、广州。2006 年春节包机又将搭乘对象由原来的台商及眷属扩展到往返两岸、持有效合法证件的台湾居民，大陆航点新增厦门。2006 年海峡两岸航空运输交流委员会与台北市航空运输商业同业公会就两岸客运包机节日化和开办专案包机的技术性、业务性问题达成了共识，做出了框架性安排，两岸客运包机从原来的春节包机扩大到清明、端午、中秋、春节四个主要民族传统节日期间的两岸包机；双方同意开办紧急医疗救援包机、残疾人等急难救助包机，并在货运包机上取得突破性的进展，将可针对台商开办专案货运包机。往返航次增至 72 航次。春节包机实施时间“拉长”为春节前后各14天，清明、端午及中秋包机时间为节日前后各7天。四大节日期间，双方各执行84个往返班次，共计168班。其中，春节期间双方各执行48个往返班次，双方共计96班。其他每个节日包机，双方各执行12个往返班次，双方共计24班。两岸包机又向前跨出一大步。

（3）以政党交流为平台时期（2005—2007年）

自2005年起两岸国共两党交流日趋频繁，国共两党交流平台逐渐成形。通过国共两党的会谈，双方就两岸经济合作问题进行深入探讨，并达成某些协议，取得良好效果。

2005年4月连战率团访问大陆，并与胡锦涛进行会谈，并发表新闻公报，这是60年来两党领导人历史性会晤。公报在坚持“九二共识”的基础上，促进两岸同胞的交流和往来，共同促进尽速恢复两岸谈判，共谋两岸人民福祉；促进终止敌对状态，达成和平协议；促进两岸经济全面交流，建立两岸经济合作机制；促进协商台湾民众关心的参与国际活动的问题；建立党对党定期沟通平台等。其中促进两岸经济全面交流，建立两岸经济合作机制一项具体包括：促进两岸展开全面的经济合作，建立密切的经贸合作关系，包括全面、直接、双向“三通”，开放海空直航，加强投资与贸易的往来与保障，进行农渔业合作，解决台湾农产品在大陆的销售问题，改善交流秩序，共同打击犯罪，进而建立稳定的经济合作机制，并促进恢复两岸协商后优先讨论两岸共同市场问题。

2006年4月14—15日，第一届两岸经贸论坛在北京召开，由中共中央台湾事务办公室海研中心与中国国民党国政研究基金会共同主办，海峡经济科技合作中心、两岸和平发展基金会共同协办。此次论坛提出推动两岸经济交流与合作、积极推动两岸直航通航、促进两岸农业交流与合作、加强两岸金融交流、鼓励和支持台湾地区其他服务业进入中国内地市场、积极推动实现祖国内地居民赴台旅游、共同探讨构建稳定的两岸经济合作机制等七项建议。并由陈云林主任宣布促进两岸交流合作的15项政策措施，其中，涉及农业的有7项、涉及医疗的有4项、涉及观光旅游的有2项，以及开放报考报关员和认可台湾地区高校学历各1项措施。

为促进两岸农业交流与合作，国共两党合作平台积极规划“两岸农业合作论坛”，并于2006年10月17日在博鳌举办。论坛主题为“加强两岸农业合作，实现两岸农业互利双赢”。论坛达成促进两岸农业交流与合作，实现双赢，欢迎台湾农民、农业企业到中国内地投资兴业，采取措施保障台湾地区农产品输入中国内地通道快速顺畅，继续帮助台湾地区农产品在中国内地的销售，维护农产品贸易的正常秩序，推动构建两岸农业技术交流和合作机制及推动建立两岸农业安全合作机制等7项建议。之后，陈云林主任立即宣布20项两岸农业交流及合作的具体政策措施。

2007年4月28—29日，中共中央台办海研中心与中国国民党国政研究基金会再次于北京共同举办第三届两岸经贸文化论坛，论坛主题为“直航、教育、旅游观光”。论坛提出促进两岸空中直航与航空业交流合作，推动两岸海上通航与救援工作，继续拓展福建沿海与金门、马祖、澎湖直接往来的范围与层次，积极促进两岸教育与交流合作，继续推动实现中国内地居民赴台旅游，促进两岸关系和平发展等6项共同建议，而后由交通部、公安部、人事部、教育部、民航总局、旅游局等6个单位宣布13项开放政策。

2008年4月12日，两岸共同市场基金会董事长萧万长，出席在海南举办的博鳌亚洲论坛。2008年4月13日，“台湾经济和两岸经贸展望圆桌会议”本着“交流合作，互利共赢”的原则，围绕两岸产业合作、推动直接“三通”、两岸经济发展形势和面临的挑战等问题进行研讨。

2008年4月29日，胡锦涛在会见中国国民党荣誉主席连战时指出，当前台湾局势发生了积极变化，两岸关系呈现出良好发展势头。两岸双方应当共同努力，建立互信、搁置争议、求同存异、共创双赢，切实为两岸同胞谋福祉、为台海地区谋和平，开创两岸关系和平发展新局面。胡锦涛主席提出的十六字箴言，将是今后一段时间内指导我们对台工作的方针。

在两岸合作机制尚未建立的情形下，国共两党双方领导人的会见，在促进两岸关系向前发展方面发挥了重要作用。而两岸“三通”直航的相关政策也多在国共两党开展的相关论坛和双方领导人会见中得到体现。

2. 新形势下两岸“三通”协商主体的多元化

台湾顺利实现第二次政党轮替，马英九上台后，台湾对大陆政策发生极大转变，由原来的被动改变政策转为积极寻求两岸合作出路，两岸关系发生重大的积极变化。在两岸民间和官方共同推动下，海峡两岸关系协会与海峡交流基金会于时隔九年后重新恢复谈判。

2008 年 6 月 12 日，海峡两岸关系协会会长陈云林与海峡交流基金会董事长江丙坤在北京举行会谈，并就两岸周末包机及大陆居民赴台等事宜进行协商，并于 7 月 13 日最终签署《海峡两岸包机会谈纪要》与《海峡两岸关于大陆居民赴台旅游协议》。11 月 4 日下午，两会又在台北签署了《海峡两岸空运协议》、《海峡两岸海运协议》、《海峡两岸邮政协议》和《海峡两岸食品安全协议》四项协议，标志着两岸“大三通”时代的到来。也说明两会协商作为两岸协商的重要平台正在发挥重要的积极作用。

在两岸关系缓和的情况下，除两会外其他民间团体也较之前更为活跃，国共两党的交流也日趋频繁，两岸协商主体及架构日趋多元，只是在众多协商主体中，两会协商最有成效，其影响也更为深远。可以预见当前及今后一段时间，海协会与海基会的会谈模式将成为两岸协商谈判的主要平台，与此同时，国共经贸论坛等其他交流方式将作为二线交流平台持续发挥作用。大陆和台湾有望通过这些平台，搁置争议，绕开敏感问题，针对两岸经贸政策特别是当前十分紧迫的“三通”问题展开谈判，并使其逐步得到放宽。

今后两岸努力的方向应为着力建立两岸协商的固定模式，促进海协会与海基会在两岸互设办事处，增强联络，如有可能将两会协商上升为脱离于政党之外，直接分别代表两岸利益，具有更高自主权的团体。唯有如此，在台湾才不会出现一旦政党轮替，则海协会、海基会协商就难以为继的尴尬局面。最终经过两岸积极、务实的协商，尽早实现两岸全面、直接“三通”。

三、新形势下两岸“三通”进程展望

综合前述分析，“马英九时期”两岸经贸关系形势乐观，将会在两岸官方的积极推动下获得突破性进展。从近来岛内在两岸经贸交流政策松绑方面的举动来看，新当局正在努力落实马、萧竞选文宣中所提出的一系列“开放”承诺。马英九在其竞选政见中提出有关松绑两岸经贸政策方面规划的优先协商议题包括：（1）两岸贸易正常化及特定产业保护机制；（2）两岸投资保障及经贸纠纷调解仲裁；（3）两岸智财权保护及专利认证规范协调；（4）产品标准规格化及标准检测认证规范协调；（5）两岸金融接轨与监理合作；（6）两岸海空直航协商及安排；（7）两岸渔业劳务合作机制。实际上，上述内容可以归结为两岸经贸正常化与两岸经贸机制化两方面。前者如两岸包机、大陆民众入岛旅游、“小三通”全面开放、开放台商大陆投资40%上限等；后者如两岸海空直航谈判、两岸共同市场等方面。就现有基础及未来协商谈判复杂性来看，两岸经贸关系正常化更容易达成，可望在较短的时间内落实。而两岸经贸机制化方面，特别是涉及政治敏感度高的话题则需假以时日。

两岸“三通”是一个渐进的过程，涉及一系列合作模式、规制的建立，不只是两岸海、空港全面开放乃至市场开放的问题，受两岸政治环境的影响，需要官方的协商谈判，也需要业界逐渐在实践中达成合作默契。两岸“三通”的关键在于海空客货运直航通道的建立，但其深化发展却是个漫长的过程，特别是两岸“通商”方面，机制性合作框架的建立尚待时日。

马英九“5·20”就职以来，短短的几个月时间里，不但两岸周末包机、开放“小三通”、大陆游客赴台旅游已经初见成效（这几项开放内容或已有成例可循，或仅涉及单方面法规修正，不存在复杂的技术层面问题）；并且在需要两岸官方（授权）磋商的“海空直航”谈判部分也取得了历史性的新突破。2008 年 11 月 4 日下午，海协会会长陈云林与海基会董事长江丙坤在台北签署了《海峡两岸空运协议》、《海峡两岸海运协议》、《海峡两岸邮政协议》和《海峡两岸食品安全协议》四项协议。根据《海峡两岸空运协议》及其附件，双方同意开通台湾海峡北线空中双向直达航路，并建立两岸空（航）管部门的直接交接程序，同意继续磋商开通台湾海峡南线空中直达航路及其他更便捷的航路。两岸资本在两岸登记注册的航空公司，经许可后将可从事两岸间航空客货运输业务。在客运包机方面，两岸将在原有周末包机的基础上，增加包机航点、班次，调整为客运包机常态化安排。大陆方面同意将在现有北京、上海（浦东）、广州、厦门、南京 5 个周末包机航点的基础上，开放成都、重庆、杭州、大连、桂林、深圳、武汉、福州、青岛、长沙、海口、昆明、西安、沈阳、天津、郑州等 16 个航点作为客运包机航点。台湾方面同意将已开放的桃园、高雄小港、台中清泉岗、台北松山、澎湖马公、花莲、金门、台东等 8 个航点作为客运包机航点。双方每周 7 天共飞不超过 108 个往返班次，每方各飞不超过 54 个往返班次。今后将视市场需求适时增减班次。客运包机常态化安排实现后，此前的节日包机不再执行。春节期间可视情况适量增加临时包机。双方还同意利用客运包机运送双方邮件。在货运包机方面，双方同意开通两岸货运直航包机，运载两岸货物。大陆方面同意开放上海（浦东）、广州，台湾方面同意开放桃园、高雄小港作为货运包机航点。双方每月共飞 60 个往返班次，每方 30 个往返班次。在《海峡两岸海运协议》及其附件中，双方同意相互开放主要对外开放港口作为直航港口，两岸资本并在两岸登记的船舶，经许可后可以从事两岸间客货直接运输。大陆方面现阶段开放上海、宁波、秦皇岛、厦门等 63 个港口，台湾方面开放基隆（含台北）、高雄（含安平）、台中、花莲等 11 个港口。在船舶识别问题上，双方同意两岸登记船舶自进入对方港口至出港期间，船舶悬挂公司旗，船艉及主桅暂不挂旗。双方同意在两岸货物、旅客通关入境等口岸管理方面提供便利。根据协议，双方按照平等参与、有序竞争原则，根据市场需求，合理安排运力。双方同意对航运公司参与两岸船舶运输在对方取得的运输收入，相互免征营业税及所得税。协议载明，双方积极推动海上搜救、打捞机构的合作，建立搜救联系合作机制，共同保障海上航行和人身、财产、环境安全。发生海难事故，双方应及时通报，并按照就近、就便原则及时实施救助。根据《海峡两岸邮政协议》，双方同意开办两岸直接平常和挂号函件（包括信函、明信片、邮件、印刷品、新闻纸、杂志、盲人文件）、小包、包裹、特快专递（快捷邮件）、邮政汇兑等业务，并加强其他邮政业务合作。协议分别确定了两岸邮件封发局。大陆方面邮件封发局为北京、上海、广州、福州、厦门、西安、南京、成都；台湾方面邮件封发局为台北、高雄、基隆、金门、马祖。双方可视需要，增加或调整邮件封发局，并由增加或调整一方通知对方。双方同意通过空运或海运直航方式将邮件总包运送至对方邮件处理中心，并同意建立邮政业务账务处理直接结算关系。

上述协议的签署表明两岸“大三通”时代的来临。然而，将协议文本上的蓝图落实到实践活动中，把官方协议转化为业界的合作，即实现两岸“三通”常态化还需要一个过程，一个通过实践不断完善的过程。其中最为复杂的是两岸直接“通商”问题，两岸经贸还没有实现正常化，其向机制化的迈进需要更长时期的努力。可以说，新形势催开了两岸直接“三通”的大门，但入门后的路有赖于业界的实际运作，需要踏踏实实走出来。因此，未来一段时期内，推进两岸直接“三通”的重点是：一是落实第二次“陈江会”所签署的“四项协议”，将协议蓝图转化为现实经济交流图景，并进一步协商解决两岸通航未尽事宜（如空中通航南线裁弯取直问题、货运包机扩大化等）；二是推进两岸经贸正常化、机制化议题协商，包括陆资入岛、两岸金融合作、两岸互涉性经贸立法等方面。如第二次“陈江会”初步商定的，下一轮商谈具体解决两岸金融合作问题、共同打击犯罪问题、两岸渔工劳务合作问题、两岸双向投资及签订投资保护协议问题、两岸动植物检验检疫合作问题、两岸产业合作问题、两岸知识产权保护问题、两岸媒体记者常驻问题，并就以适当方式构建两岸经济合作制度化安排问题进行探讨。

直航“三通”实现了两岸直接贸易，但是两岸经贸资源的流动还是受到一些制度性扭曲的制约，不能够回归市场途径。因此，进一步拆除两岸经贸资源流通壁垒，实现两岸经贸交流正常化、机制化是未来两岸经贸合作深化发展的重要内容。两岸“三通”迈出了一大步，但两岸经贸一体化还需要长期努力。

第四节　新形势下福建拓展两岸“三通”之作为

随着两会台北协商“四项协议”的签订，两岸“三通”取得重大的历史性突破。这次“三通”成功协商，主要是发挥了两会的平台作用，关键是为两岸关系和平稳定提供了良好的政治氛围，是两岸官方协商结出的硕果。接下来“协议”的落实，需要借重业界的身体力行，为地方政府、行业组织和其他相关团体提供作为空间。福建与台湾地缘关系最为紧密，一度是两岸“三通”政策“先行”的地区；具有“试点直航”和“小三通”运作的经验；在直航“三通”的开放蓝图中福建的海、空港居于重要位置，基于地利之便，未来将在两岸“三通”格局中继续扮演重要的角色。历史的经验基础与未来的角色预期，赋予福建在两岸“三通”进一步协商中的独特使命——发挥示范作用，推进两岸“三通”深化发展。

一、在两岸“三通”协商中发挥新作为

1. 建立两岸事务谈判基地

福建应继续遵照中央授权和要求以及两岸有关协定，有效配合两岸重大事务商谈，妥善解决敏感问题。当前可以从处理两岸地方性政治事务入手，争取处置地方性涉台突发性事件的授权，以便与金马澎开展海上救助合作，建立海上救援协作机制，签订相关协议，举办海上联合搜救演练；以适当的方式与金马澎乃至台湾方面就渔事纠纷、渔工劳务和共同打击海上违法犯罪活动展开地方性事务商谈与合作，形成共同打击海上违法犯罪活动的管理和防范机制。至于两岸层面的政治事务协商谈判，建议海协会可在厦门设立办事处，并推动海基会在金门设立办事处，从而可轮流以厦门与金门为基地进行两岸政治事务协商谈判。

2. 加强闽台民间协商合作机制建设

一直以来，民间团体在两岸“三通”协商中发挥着至关重要的作用，特别是两岸政治严峻对峙时期，两岸“三通”的每一次突破都有赖于业界、民间团体的协商共识及实践推动。目前，两会协商得以恢复，成为“三通”协商的重要平台，但“三通”协议的落实和深化发展仍然需要两岸业界、民间团体的共同努力。因此，福建应加强闽台民间团体、行业协会之间的协商合作，为之提供平台，营造良好的氛围。如开展闽台对口港之间的“港际交流”等。

3. 加强两岸基层政党交流，继续发挥“国共平台”在“三通”协商中的独特作用

自2005年起国共两党高层交流平台逐渐成形。“国共平台”包括两党领导人会商、智库论坛、台商权益商谈、基层党际交流。通过国共两党的会谈，双方就两岸经济、文化合作问题进行深入探讨，并达成某些协议，取得丰硕成果。而推动开放两岸直接“三通”一直是国共两党高层会谈及“智库论坛”热议的话题。

目前两岸关系向积极方向演进，直接“三通”也获得了突破性进展，但是全面“三通”还需要两岸多方努力，还需要国共平台持续发挥作用。这方面福建能够推动的主要是基层党际交流的部分。自2005年“胡连会”

后，国共两党地方党务主管的制度化交流正式起跑，厦门首启国共基层交流的“‘何’‘沐’（和睦）会”，今年10月，中共厦门市委又第一个以中共基层组织身份组团赴台参访，实现了国共基层组织的双向交流。

国共两党将党际交流层次定在“基层接触”，议题设定在城市交流，代表了两岸政党交流形式和内容的深化，说明随着交流的进一步展开，两党从高层次的政治问题转向两岸民众享受切身利益的方向，对两岸民间交流、地方交流、城市交流均有很强的推动力。福建应在既往经验基础上，坚持不懈地推动两岸国共基层党组交流，把厦门经验推广至其他地区。

4. 推进闽台对口城市交流合作

城市交流立足城市间经贸文化合作机制的构建，对于促进两岸民众交流、推进两岸经贸制度性一体化具有重要作用。祖国大陆对推进两岸城市交流一直持积极的态度，但由于台湾当局方面问题，两岸城市交流却是迟迟未有多少突破，目前还是以民间形态为主，没有上升到官方层次。2003 年厦门与高雄曾达成市长级互访意向，但终因台湾当局阻挠而被迫取消。今年6月台北市市长郝龙斌访问上海，可以说实现了两岸城市交流在官方层次上的推进。如今两岸关系形势利好，启动两岸城市交流应不再存在大的障碍。福建应充分发挥地缘、文缘优势，积极推动闽台对口城市的交流，为促进两岸全面意义的直接“三通”提供新协商管道。

二、推进“试点直航”口岸向直航口岸转型，发挥示范作用

厦门、福州与高雄之间的“试点直航”自开办以来，发挥的重要作用日趋明显。自1997 年开办两岸试点直航始，截至2007 年4 月19 日，福州港、厦门港两岸试点直航满10 周年，累计运输货物分别达到184.3 万标箱和289.1 万标箱。但是，由于“试点直航”航线只能运输非两岸贸易的货物（即转口贸易货物），而两岸货物则需中转第三方（如香港或日本石垣岛）才可运抵目的地，当前存在“船通货不通”、“货通船不通”的状况，“试点直航”的作用和功能受到很大限制。

两岸“试点直航”以来，共有十家两岸资本的船公司使用十艘方便旗船（其中大陆和台湾各获准六家，每家各一艘船，而台湾只有四家参与营运）参加两岸集装箱班轮运输。经过两岸航运界的不懈努力，双方船公司、

联检、船代、装卸等部门配合默契，参与经营的船舶航行安全、顺利，并从初期亏损到保本，再至微利，逐步朝良性循环的轨道发展。

两岸“试点直航”虽然非真正意义的直航，但是却为两岸直航“三通”积累了运作经验，包括“小三通”在内，目前闽台之间已经创造出海空直航、客货并进的立体运输通道，为直接“三通”创造了“福建模式”。值此两岸直航“三通”航港大幅度开放之际，福建的“试点直航”应在原有功能基础上积极开发“两岸货物”运输功能，及时实现由“试点直航”口岸向直航“三通”口岸转型。具体措施如下：

1. 全面开通两岸海上直航航线。在两会协议生效的第一时间（12 月 13 日），将现有经日本、香港中转的弯靠集装箱班轮航线直接开通进入台湾本岛；将现在福建沿海经日本、香港中转的不定期散杂货航线直接开通进入台湾本岛；将现在福州、厦门与高雄港的集装箱试点直航航线装载两岸贸易货物，直接通关入岛。

2. 借重既有的港际及业界联系拓展货源。厦门、福州两港应积极与高雄港就相关事宜进行沟通协商，拓展合作范围，与相关航商、物流业者及其他外围服务机构建立新的紧密合作关系，以招徕“两岸货源”。

3. 总结经验，示范推广。组织专家、相关业者、管理部门对“试点直航”及“小三通”的“福建模式”进行检讨，总结经验，补充完善，使之能够很好地指导即将到来的直航（12 月中旬左右）运作，并更好地为其他兄弟港口发挥示范作用。检讨福建出入境检验检疫局于 2006 年 10 月出台的促进闽台经贸发展和人员往来措施[①]的落实情况，查缺补漏，补充完善，以推广到即将开放的两岸新航线，有效提升福建口岸检验检疫效率，改善通关环境。

4. 积极与台湾有关当局磋商开放大陆船公司赴台湾设立分支机构。国际贸易涉及的国际货物运输，特别是国际海上货物运输是一个极其复杂的系统工程，货物自大陆港口起运后，牵涉到一系列诸如单据的移转、货物的追踪、信息的反馈等，货物到达目的港后又涉及联系装卸公司、理货公司进行

① “福建出入境检疫检验局出台促进闽台经贸发展和人员往来措施”，http：//www. fztsxh. com/ftweb/newscontents. asp？ id = 293。

相关作业，并经历报关报检并将货物暂存目的港（地）仓库进行仓储，收取费用等环节。因为国际海运一般运输时间都比较长，且货物在海上容易发生货损。而且国际海洋运输中只要一个环节出问题，便需进行风险的划分、责任的追查、损失的赔偿等活动。如果大陆船公司可在台湾设立分支机构，则其分支机构便可以替船公司代为办理诸多事务。而在当前大陆船公司赴台设立分支机构并未开放的情况下，大陆船公司运载试点直航货物至台湾相应港口后，只能求助于当地代理公司，这期间一旦发生风险或稍有疏漏，则大陆船公司便有可能因无法及时处理而蒙受额外的损失。因此，与台湾有关部门协商开放大陆船公司赴台设立分支机构十分必要。

5. 加快港口建设。试点直航进一步放开后，厦门港和福州港将成为大陆最大受益港口，届时两岸运输需求旺盛，必将对两港基础设施提出更高的要求。厦门、福州两港若要在试点直航及马上开始进行谈判的货运直航方面起到更为积极重要的作用，就需提早对其基础设施进行改善。为迎接试点直航开放及两岸海运直航，在硬件基础设施方面，要对厦门港和福州港进行扩容扩建工程。特别是重点推进厦门港和福州港江阴港区为主的两个集装箱运输中心的建设。到 2012 年力争形成厦门、福州和泉州 3 个亿吨大港。此外应进一步完善港口通关、检验检疫环境及服务水平，简化程序，缩短时间；增加港口配套措施，如餐饮服务、超市商场、公用电话的设计等；以期提高服务意识，在软件设施方面进行大幅调整和改善。

6. 加紧建设保税港区。福建保税港区的建立对于拓展海西效应，推进两岸试点直航范围的扩大及海运直航的早日实现，扩大两岸经贸合作与交流将产生直接影响。目前，厦门东渡港区、象屿保税区和象屿保税物流园区三区合一的整合工作，正在加紧进行，3 平方公里左右的厦门综合保税港区力争早日亮相。将“三区”整合为综合保税区，有利于实现“功能整合，政策叠加”，促进港区发挥规模效益，进一步提升“三区”运作水平。早日实现由“区港联动”向厦门自由贸易港区的过渡，届时实行港区一体化管理，以港口为重要依托和必要载体，充分发挥保税区的转口贸易、出口加工、保税区仓储及国际贸易等功能，从而提高港口的开放度和自由度，带动口岸诸如港口作业、运输业、仓储业、国际贸易业、出口加工业、包装业和进出口金融业等口岸产业的发展。区港一体化将会降低成本，提高办事效率，增强厦门港的综合竞争力，由集装箱大港迅速发展成为国际主枢纽港，成为亚太地区的国际航运中心。厦门将以自由贸易港区为主体，以加工贸易（制造中心）和物流配送（物流中心）为两翼，以金融（外汇、离岸金融）、法律服务、运输服务为三个支撑体系，更好地对接台湾高雄自由贸易港区。福州保税区目前也积极把现有资源投资建立综合物流中心；投资或与区内物流企业合作，开展电子、化工原料、鞋材、服装、台湾农产品等专业物流服务；投资专用物流基础设施，重点是：冷库、恒温库、自动化仓库等；投资成立国际货运代理公司；投资成立陆路运输公司；与保税区现有物流企业进行全面的物流合作，分享其物流业务等。

三、继续发掘“小三通”的潜力与作用

“小三通”是在两岸无法全面进行直接通航的情况下的一种特殊制度安排，它充分利用了福建与台湾之间地缘近的特点，在推动海西地区与台湾之间的人流、物流交往方面发挥了积极的作用，有效地促进了闽台经济文化交流。首先，“小三通”的便捷性，吸引了大批台商经由往来两岸，从而增加了台商接触、了解福建的机会。而且“小三通”货运直航促进了闽台小额贸易的繁荣，其中进口商品中以台商投资所需机器零组件为主。小额贸易的繁荣显然利于降低台商赴闽投资的成本，从而有利于福建吸引台资。其次，“小三通”海上直航开通以后，两岸间双向互动的民间文化交流活动日渐增多，尤其是南音、歌仔戏、木偶等民间戏曲文化的交流更加频繁。为进一步扩大“两门”（厦门—金门）、“两马”（马尾—马祖）通航，福州马尾和厦门两地分别于2001年1月及3月与马祖、金门的民间团体签订了《福州马尾—马祖关于加强民间交流与合作的协议》和《关于加强厦门与金门民间交流合作协议》，跨越了台湾当局设定的两岸直航必须在“政府对政府谈判的基础上进行”的政策主张。此后，福建沿海与金马澎地区的海上直航不断有新的突破。2006年是“两门”、“两马”直航5周年，两岸艺术团体借机纷纷献演助兴。此外，福建沿海与台湾金马澎地区的海上直航还促进了两岸妈祖文化、客家文化、关帝文化和陈靖姑文化的频繁交流。福建沿海与金马澎海上直接通航不仅为闽台文化交流提供了便捷通道，而且对扩大两岸文化交流产生了重要的助推作用。特别是2004年底和2005年7月，厦门和福

州分别启动了福建居民赴金门、马祖旅游后，闽台海上“小三通”更呈现出蓬勃发展的态势。再次，福建是大陆与台湾地缘关系最为紧密的省份。然而由于一直以来两岸贸易都是经由港澳等第三地中转，使得与台湾一衣带水的福建反而成为最为绕脚的地方，最近的距离成为最远的路。“小三通”的开通，在福建沿海和台湾离岛实现局部直航和特定意义上的直接通邮、通商（包括通汇），使福建的对台地缘优势得到一定的发挥，从而使福建在两岸交流领域的重要性更加清晰地体现出来。因此，对于“大三通”后“小三通”的发展前景问题，有很多担忧的声音。

“大三通”是两岸全面直接双向的直航“三通”。包括空中直航与海上直航。“大三通”后，两岸人员与货物运输不必再绕经第三地中转，而是“裁弯取直”，实现目标港（包括空港、海港）之间点对点的运输。因此，“大三通”的实现意味着两岸之间新便捷航路的开通，势必对目前“小三通”客运造成分流。就目前形势和未来发展看，“大三通”对“小三通”的影响到底如何？是不是真像人们担心的那样，“大三通”的实现意味着“小三通”发展前景的终结？笔者的观点是：回顾“小三通”成长历程，可以发现陈水扁时期“小三通”受到多方限制，并没有按照市场规律的导引获得充分发育。“大三通”的实现标志着两岸经贸交流大环境的根本性改善，“小三通”在此前受到的种种束缚全面解除而获得更大发展。“大三通”确实对“小三通”有分流作用，但分流有限，不足以抵消“小三通”自身的成长。“小三通”有其不可替代的便捷性和独特的运转模式，加之海峡西岸经济区经济的显著提升、海峡两岸旅游合作的开发等将为“小三通”注入新活力。即便“大三通”后“小三通”沦落为地方性航线，也会在两岸区域合作的滋养下获得长足的发展。

虽然根据上述分析，我们不必过分担心“大三通”后“小三通”的发展前景问题，然而，市场潜在空间虽是客观存在，但需付诸努力开发落实。因此，探讨“大三通”后做大“小三通”的对策，是十分必要的。做大，就不能够拘泥现有格局，要勇于开拓新市场空间；做大，就不可以目光短浅，随遇而安；做大，就要善用各方资源，在合作共赢中提升整体利益。因此，做大“小三通”应从以下方面着手：

1. 把握先机，推进“小三通”运作模式优化，铸造“小三通”航线核

心竞争力，全面提升“小三通”功能

“小三通”自2001年开通以来，主要功能在于人员往来，货运方面仅限于闽台小额贸易领域。实际上，金门县政府曾多次提请台湾当局有关部门，希望设立金门为两岸货物中转站，从而使金门经济受惠。然而，在陈水扁当局的限制性两岸经贸政策下这是不可企及的。目前台湾新当局宣布“小三通正常化推动方案”，开放大陆旅客经由金门、马祖“小三通”渠道中转台湾本岛。台行政当局大陆事务主管部门负责人赖幸媛表示，根据“小三通正常化推动方案”，台行政当局也将开放金门、马祖免税进口小额小量的大陆农渔产品，并采取简化通关程序等便捷化措施；并将扩大开放马祖白沙港为“小三通”两岸通航港口，金门水头港区在相关港埠设施配套完成后，也将从现在的客运运输扩大到货物运输①。9月7日，大陆方面宣布大陆居民可以经由福建赴金门、马祖、澎湖旅游，并经金门、马祖、澎湖赴台湾本岛旅游。如此，“小三通”作为两岸旅游航路的作用凸显出来。“小三通”将因此获得良好发展契机。

“小三通”作为两岸航线，直接参与方为金门、马祖、澎湖及福建厦门、福州、泉州等地；“小三通”的功能提升，除政策支撑外，尚需航线软硬件设施的改善。硬件方面：包括港口、码头、公路等设施建设，软件包括通关入境、检疫检验等管理方面。在两岸相关地区各自努力提升“小三通”配套服务的同时，需要两岸双方通力合作，共同推进“小三通”运作模式的优化，以全面提升“小三通”核心竞争力，使其有能力应对“大三通”的可能冲击。

2. 推进“小三通”沿线旅游开发合作，打造“小三通”特色旅游线

如前所述，“小三通”沿线特色旅游产品的开发能够繁荣“小三通”航线，为“小三通”注入持久活力。因此，要做大“小三通”，两岸旅游界的合作联盟具有重要意义。目前，大陆游客赴台旅游业已启动，两岸有关行政部门相继宣布允许开放大陆游客经由金门、马祖“小三通”渠道中转台湾本岛；使“小三通”有机会成为两岸双向旅游的便捷通道。“小三通”沿线

① “台湾行政当局4日通过‘小三通正常化推动方案’”，http：//www.gov.cn/jrzg/2008－09/05/content_1088466.htm。

旅游资源丰富，两岸联手打造特色旅游产品，对于抵减“大三通”对其人员分流的负面影响具有重要意义。市场商机存在，急需的是行动起来，磋商合作。

3. 推进闽台全方位经济合作，拓展两岸物流市场需求

依据地缘经济原理，闽台经济合作具有先天优势，其深化发展能够有效扩充“小三通”的物流市场，是“小三通”赖以持久繁荣的物质基础。推进闽台全方位经济合作，包括港口、产业、交通物流等诸方面。闽台经贸合作的深化必然导致闽台之间经贸交流规模的扩张，包括人流、物流方面。对“小三通”而言，最有帮助的莫过于闽台小额贸易的成长。小额贸易是台商赴闽投资所需设备零组件自台进口的主要渠道。“小三通”独特的运行模式能够有效降低运输成本，提高运输效率，因而是“小额贸易”的首选。近年来，闽台小额贸易成长迅速，2007 年闽台小额贸易年增长率达到 53 个百分点，主要归因于大陆落实开放性政策使潜在的市场空间得以释放。有充分的理由相信，今后四年预期中的两岸经贸政策松绑将带来更大利多，闽台小额贸易将更加兴旺活络。

4. 推进海西物流体系建设，推进区域经济合作，有效扩展“小三通”物流腹地

“小三通”的优势在于方便快捷，包括自身的运作及其与之对接的交通网络集疏运的高效率。海西北有长三角经济区，南有珠三角经济区，西有大京九经济腹地，打通海西与上述经济区之间的交通通道，将有效拓展“小三通”的物流腹地，有效增加“小三通”的流通量。近年来，福建先后建成了通往广东、浙江、江西的高速公路，彻底打开了福建的“山门”，把福建与珠三角、长三角和中西部地区紧密连接起来。“十一五”期间，福建将建设温州—福州、厦门—深圳、江西向塘—福建莆田等快速铁路，构建以高速公路、快速铁路、大型海港、空港为骨架的海西综合交通运输体系。这些将有效提升海西内部物流效率，以及海西作为台湾与大陆腹地之间物流中转地的功能。然而，仅有硬体建设是不够的，交通联系只是区域经济联系的基础，产业联系才是区域经济联系的实质内容，是区域物流联系的物质源泉。因此，在推动海西内部区域经济整合的同时，还要着力推进海西与周边区域的合作，在市场经济规律导引下，辅以政府的行政推动，建立以企业跨区域

合作为主体，以产业合作为脉络的区域经济合作，是有效活跃海西物流、扩展“小三通”物流腹地的重要途径。

5. 推进海西对台经济合作模式创新，争取新政策空间支持

“大三通”意味着“小三通”既有政策空间的消失。因此，使“小三通”继续受惠于政策倾斜，也是保证“小三通”繁荣发展的有效途径。目前福建正在研议争取中央政府的政策支持，批准建设“对台合作先行区”，规划在厦金合作方面有所作为。学者王秉安等提出创建“厦门湾对台合作新区”、“闽江口对台合作新区”、“厦金特别安排区”等概念，呼吁中央政府赋予海西对台合作新区综合改革试验的权限和全面开展对台合作交流先行先试的权限，以适应新形势下两岸经贸合作深化发展的趋势。目前两岸关系稳定发展，为两岸经贸合作提供了宽松的政治环境，两岸经贸合作领域的具体问题因而成为关注的焦点，如两岸金融合作等深层次的内容需要审慎推进，需要在局部地区先行先试。海西如能当此重任，则一方面可以发挥地缘优势服务于两岸经贸交流，一方面可以促进海西区域经济发展，因此应积极争取。

四、建立与台湾新对口港的航运通道

1. 关于直航“三通”新航道探讨

海峡两岸关系协会会长陈云林与台湾海峡交流基金会董事长江丙坤于2008年11月4日就两岸海运直航、包机常态化、货运包机、两岸通邮以及两岸食品安全等议题在台北开展协商，并最终签署《海峡两岸海运协议》、《海峡两岸空运协议》、《海峡两岸邮政协议》以及《海峡两岸食品安全协议》。按照《海峡两岸海运协议》，大陆方面开放丹东、大连、营口、唐山、锦州、秦皇岛、天津、黄骅、威海、烟台、龙口、岚山、日照、青岛、连云港、大丰、上海、宁波、舟山、台州、嘉兴、温州、福州、松下、宁德、泉州、肖厝、秀屿、漳州、厦门、汕头、潮州、惠州、蛇口、盐田、赤湾、妈湾、虎门、广州、珠海、茂名、湛江、北海、防城、钦州、海口、三亚、洋浦等48个海港，以及太仓、南通、张家港、江阴、扬州、常熟、常州、泰州、镇江、南京、芜湖、马鞍山、九江、武汉、城陵矶等15个河港，共计63个港口从事两岸间客货直接运输；台湾方面则开放基隆（含台北）、高雄

(含安平)、台中、花莲、麦寮、布袋(先采专案方式办理)等6个港口,以及金门料罗、水头、马祖福澳、白沙、澎湖马公等5个“小三通”港口,共计11个港口,从事两岸间客货运输。两岸资本并在两岸登记的船舶,经双方同意许可便可从事两岸间的海运直航。该协议的签署将实现海上客货直接运输,促进两岸经贸交流。此次港口的全面开放将实现大陆各大经济区域板块与台湾的全方位对接。

(1) 长江三角洲经济区与台湾北部地区对接的航道。长江三角洲经济区GDP约占全国1/4,是大陆经济最为发达和台商最为活跃的区域经济板块,在今后一段时间内仍为带动大陆经济向前发展的重要增长极。此次依托连云港、大丰、上海、宁波、舟山、台州、嘉兴等各大海港以及太仓、南通、张家港、江阴、扬州、常熟、常州、泰州、镇江、南京等河港将实现与台湾的全方位对接。长三角的上海港、连云港、宁波舟山港的综合竞争力在中国大陆排名前列,2007年分获第二、第九和第六,发展潜力巨大。

与台湾海运直航开放后,长江三角洲与台湾特别是台湾北部地区的经济往来将更加热络。台湾北部的基隆港临近的台北市为台湾第一大城市,处于长江三角洲经济区的上海为大陆第一大经济城市、金融中心。上海港与基隆港仅相距419海里,依托两大港口,上海与台北的经济往来将日趋密切。上海与台北不仅地理相近,而且两城市经济发展水平相当,人民生活水准相近。当前在上海投资的台湾厂商超过50万人,这些厂商对上海的投资衍生出了两地之间大量的贸易货物。以上海为中心城市的长江三角洲经济区在大陆吸引台资方面一直遥遥领先。按照台湾“投审会”资料,台商对大陆投资较为集中的前五大省市中,便有三个位于长三角,分别为江苏省(2007年吸引台商投资38.42亿美元,占台商大陆总投资的38.57%)、上海市(同年利用台资14.40亿美元,占台商大陆总投资的14.46%)、浙江省(同年利用台资6.91亿美元,占台商大陆总投资的19.86%)。因此长江三角洲与台湾北部地区通道的打开,特别是建立上海—基隆航道,将节省台商巨额的运输成本,如以直航将降低货物运输成本的15%—30%计算,台商在这一过程的受益将十分巨大。

马英九上台后提出以两岸联结突破参与区域经济合作,从而整合大陆和全球商机,具体涉及推动“双黄金航圈”及“双营运中心”计划:利用台湾地理优势，推动东北亚及东南亚双航圈；利用台湾科技产业利基及经营大陆市场优势，建构高科技业的“双黄金三角”，以“硅谷—台北—上海”及“东京—台北—上海”的策略性联结，提升台湾在全球高科技发展的关键角色。毫无疑问，以基隆—上海为中心的长江三角洲经济区与台湾北部地区航道的开放，将促进这些政策目标的早日实现，特别是“双黄金三角”目标的实现。

（2）海峡西岸经济区与台湾中部地区对接的航道。福建为台商投资最早的区域之一，曾一度在吸引、利用台资方面走在大陆各省市的前列。按照《海峡两岸海运协议》，海峡西岸经济区的温州、福州、松下、宁德、泉州、肖厝、秀屿、漳州、厦门、汕头、潮州等海港将实现与台湾特别是台湾中部地区的对接。

海西区与台湾中部地区隔海相望，地理位置极为相近。海西区与台湾具有血缘相亲、地缘相近、文缘相承、商缘相连和法缘相循的“五缘”优势，两地语言相通、风俗相近，有着相同的信仰和文化，两地经贸、社会、文化往来极为密切。厦门港、福州港为海峡西岸经济区最重要的两个港口，在2007年中国港口综合竞争力排名中分获第七与第十七位。

台湾中部地区为近年来台湾经济较为活跃的地区之一，以台中市为中心，包括台中县、彰化县、南投县、云林县、苗栗县在内的大台中区域已逐渐成形。海峡西岸经济区中经济最活跃的厦门市与大台中地区经济最为活跃的台中市为海峡两岸距离最近的城市，从厦门港到台中港的直线距离只有135海里。基于这样的先天优势，厦门与台中的交流由来已久，可追溯到海峡两岸关系刚刚解冻之时，那时就有台中乡亲来厦门走亲访友。二十世纪八九十年代，来厦投资兴业的台中商人更是络绎不绝。市台商协会会长曾钦照，常务副会长沈辉雄、陈琰焜等知名在厦台商都是台中人。台中市为台湾第三大城市，从1997年开始，台中商界开始组团来厦参加投洽会。而台交会每年吸引超过200家台湾业者参展，中部厂商即占1/3。此外，厦门与台中两地政府的交流和沟通也走在前列。2005年8月，中国国民党台中市党部访问团一行来厦，开启两党基层交流；2008年7月台中市市长胡志强复又率领160多人包机直航厦门访问；2008年9月厦门市市长何立峰率团经“小三通”回访台中；厦门与台中之间的经贸联系日趋紧密，人员往来日趋频繁。

以厦门港与台中港的对接为中心，促进海峡西岸经济区众港口与台湾中部台中港及麦寮港的对接，将带动台湾中部地区企业赴海西区投资兴业，拉动两地贸易增长，从而带动海西区进一步发展。

（3）珠江三角洲经济区与台湾南部地区对接的航道。珠江三角洲经济区是台商投资集聚度较高的区域之一，按照台湾“投审会”统计，仅2007年一年，珠三角便吸引台资6.91亿美元，占台商大陆总投资的19.86%。珠江三角洲经济区的惠州、蛇口、盐田、赤湾、妈湾、虎门、广州、珠海、茂名、湛江等港口与台湾特别是台湾南部的对接，将活跃两地经济发展。

广州港仅次于上海港和深圳港，为中国大陆第三大港口，为大陆华南地区最大的国际贸易港之一，是珠江三角洲水网运输中心和水路运输枢纽。港口交通便利，铁路有京广、广九、广湛线与全国主干铁路相连，形成铁路运输网；公路与汕头、湛江、深圳等省内重要市县均有干线连通，公路网络沟通闽、赣、湘、桂等省区。广州白云国际机场已开辟国内、国际航线110多条左右，来往于全国主要大中城市及香港、曼谷、马尼拉、新加坡、悉尼、墨尔本、吉隆坡等地的航班，可完成客货航空运输。而高雄港为台湾第一大港，自然条件良好，且高雄交通便利，拥有四通八达的铁路、高速公路作为货物集运和疏运的通道。经济腹地范围广，为台湾最大的工业中心，并拥有100万吨级船坞的造船厂，主要工业有炼油、化工、机械制造及水泥等。

广州港与高雄港地理位置较近，便于开展业务。珠江三角洲经济区以广州港为中心与台湾南部港口顺利对接，建立通道。广州港和高雄港之间货运通道的打开，无疑会促进双方特别是对提振高雄经济、重铸其往日辉煌有重要影响作用。

（4）环渤海经济区与台湾北部地区对接的通道。环渤海经济区GDP总额占全国份额超过1/4。近年来，东南沿海地区由于劳工成本及原材料价格的上涨，台资企业外迁现象明显。而环渤海经济区凭借着四通八达的交通网络、低廉的生产要素成本、广阔的市场腹地以及优惠的倾斜政策成为台资企业的迁入地。台资企业在环渤海的集聚现象日趋明显，环渤海经济区正逐渐成为台商投资的热点区域。

环渤海经济区拥有众多实力强大的港口，按照2007年中国港口综合竞争力排名，青岛港、天津港、营口港和大连港分别挤进前十，分获第四、第五、第八和第十名，而烟台港、秦皇岛港、日照港也表现突出，分获第十一、第十二和第十六名。庞大的港口群使得环渤海经济区与台湾对接的通道极为便利。

天津位于环渤海湾的中心，是中国四个直辖市之一，也为北方最大的沿海开放城市，为环渤海经济区的中心城市。天津的交通网络极为发达，依靠立体交通和信息通信网络，可以很方便地与世界连通。天津港通达全球400多个港湾，服务华北、西北、东北12个省市；天津滨海国际机场，连接国内外30多个国际名城。新世纪初，国务院从大陆经济社会发展全局出发，作出了加快天津滨海新区开发开放的重大战略决策。党的十六届五中全会、十六届六中全会、十七大和十届全国人大四次会议、十一届全国人大一次会议都对加快滨海新区开发开放提出了殷切的期望和要求。国务院2006年对滨海新区开发开放作出了全面部署。现在的滨海新区聚集了国家级开发区、保税区、高新区、出口加工区、保税物流园区和中国面积最大、开放度最高的保税港区，是全国综合配套改革试验区。

台湾北部地区港口距环渤海经济区最为近便，同时台湾北部地区恰为台湾经济最为活跃的地区。实现台湾北部的基隆港和花莲港等与大陆环渤海地区港口的成功对接，特别是与天津港顺利对接，可以节省运输成本，方便两岸台商。此外，台湾想要打造东北亚黄金航圈，便不得不和大陆与东北亚经济往来最为密切的环渤海经济区建立直接连接。可以说，以天津—基隆为核心的环渤海经济区与台湾北部地区通道的建设，不仅对基隆、台湾北部地区经济发展有重要作用，而且对拉动台湾总体经济向前发展，也将大有裨益。

2. 福建建立对台航运新航道的对策

《海峡两岸海运协议》的签署，大陆63个港口（48个海港、15个河港）与台湾11个港口实现对接。但因为大陆开放各港口的自然条件不同、配套设施差别大、市场腹地大小不一，虽然同为开放港口，但其在两岸海运直航中所起的作用大小也不尽相同。大陆开放的63个港口中福州、松下、宁德、泉州、肖厝、秀屿、漳州、厦门8个港口位于福建，港口开放数量位居大陆各省市首位。福州港与厦门港为原来两岸试点直航港口，11年来积累了丰富的对台航运经验。福州港、厦门港应充分利用这一优势，把这一经验尽快推广至其他港口，并凭借自身丰富的经验，尽早与对岸港口建立稳定的联系，从而走在大陆各大港口前列。其他各港口当务之急则应为尽力完善自身硬件设施，瞄准自身优势，互相加以区隔，协同发展。

（1）发挥福建优势，在巩固既有航线基础上，积极建立新航道，打造以厦门港、福州港为枢纽港的大陆东南沿海对台港口群。按照签署的《海峡两岸海运协议》，福建有 8 个一类港口对台湾开放，这在大陆其他省份是没有的。比如江苏，虽然同时开放了 12 个港口，但是河港占了 10 个，河港主要是用于内贸运输，所以福建港口的优势仍然存在。今后福建省的港口可以增加航线密度，也就是充分发挥闽台地缘优势，开发新航线，开通和台湾各中小港口的直航。具体而言，就是在全省沿海港口布局规划的基础上，重点建设“两集两散”港口（所谓“两集”，就是在厦门港和福州港的江阴港区，形成两个 2000 万—3000 万标箱的主要集装箱干线港，从而培育开辟福建通往国际主航线的港口；所谓“两散”，就是在湄洲湾和罗源湾岸线，形成两个具有散货吞吐能力 2 亿—3 亿吨的散货转运中心），积极拓展货源，打造厦门港、福州港为对台海上运输枢纽港；同时因地制宜，积极完善其余开放港口的港航设施，将福建沿海建设成为大陆东南沿海对台港口群。

目前来看，福州港有意向与台北的基隆港建立对口港关系，而泉州、厦门、莆田等则属意台中港。就地缘关系来看，福建沿线港口距离台湾各大港口的直线距离都不超过 200 海里，具有大陆其他地区港口不具备的地缘优势。笔者认为，福建各港口没有必要自行割据，而应该在评估货源市场的基础上布建新航线。福建省政府有关部门及时搭建平台促进福建港口与台湾港口的对接，以举办论坛的形式，把闽台各大港口邀集到一起沟通交流，促进合作意向的达成。除了台北、台中沿线港口外，应巩固加强与高雄港的交流，拓展与高雄港的联系。

（2）吸引中西部货源，打造两岸货运黄金通道。这次两岸海运直航的大幅开放，对于福建而言机遇与挑战并存，能否抓住机遇，有赖于福建大力拓展内陆腹地，实施“海铁联运”，成为内陆腹地广阔的两岸货运黄金通道。从目前协议开放的 63 个大陆港口港区来看，江西开放的九江港、湖南开放的城陵矶港、湖北开放的武汉港、安徽开放的马鞍山和芜湖港，都属于河港，西南部的贵州、云南等内陆省份没有港口，如果货从广州、上海走，距离远、成本高，而这些省份靠近福建，可以把福建打造成两岸货运的一个大通道，吸引中西部省份的货从福建转往台湾。

（3）加强闽台港口合作，共建航运中转港。鉴于目前台湾没有20万吨级以上的大型码头泊位，福建要加大建设力度，尽快完成25万—30万吨的大型散货码头，为今后台湾的矿石等散货进口提供中转服务。这个概念可以再延伸到“两岸集装箱中转枢纽港”的定位：福州、泉州、厦门对基隆、台中、高雄等港口的交流紧密，可以与这些港口合作，成为两岸拼箱、拼船共建的航运中转港。

（4）建立闽台邮政航线。根据《海峡两岸邮政协议》，福州和厦门开放为对台邮件封发局，台湾方面为台北、高雄、基隆、金门、马祖。建立闽台邮政航线，一是充分利用福州、厦门开放为对台邮件封发局的契机，拓展两岸通邮工作，积极争取邮政集团公司将更多省份邮件从福建中转，并在条件成熟时推动“两门”、“两马”航线开通邮政专船，将福建打造为两岸邮件重要交换中心；二是力争福州、厦门成为第二批货运包机航点，积极推动邮政货运专机执行两岸航空邮件运输；三是大力拓展闽台区域如物流业务等特色邮政业务①。

（5）建立闽台旅游专线。福建应在持续提升服务质量、增加航班运力，创建“小三通”客运品牌优势、促进“小三通”成为大陆赴台旅游主通道的同时，开通澎湖—厦门、马祖—武夷山的直航包机，打造台湾—马祖—武夷山、台湾—澎湖—厦门的旅游线路。

五、整合福建港口群以及与邻近港口的协同功能

直航“三通”后，两岸实现真正的直接航运贸易，沿海各区域的竞争在很大程度上将直接体现为港口腹地和港口运力的竞争。因此如何提升港口运输能力、拓展港口腹地至关重要。

从福建港口近年来的发展情况看，尽管福建拥有良好的深水港资源，但港口资源尚未得到有效的开发，港口的基础设施薄弱，实际吞吐能力不足，

① “福建把握‘三通’机遇，打造两岸客货往来黄金通道”，http：//www. xinhuanet. com/chinanews/2008 - 11/08/content _ 14864746. htm。

运能严重滞后于运量的增长；港口结构性矛盾较突出，港口码头泊位少，大型专业化深水泊位不多，集疏运条件差，中转储存能力不高；港口在发展初期沿海泊位建设遍地开花，小而分散且功能模糊，多为综合性港口，专业化不突出。这些既不利于市场经济条件下的有序分工和合理竞争，也破坏了原本极为有利的建港资源。另一方面由于内陆交通条件制约，港铁等联运方式无法实现。福建港口经济腹地长期以来局限于本省境内，特别是福建东南沿海地区，其纵深腹地湖南、江西等省更是由于交通原因，被长三角和珠三角地区占了先机而无法覆盖，港口潜能没有得到充分的发挥。

直航“三通”对于福建而言，是机遇更是挑战。福建港口面临大陆沿海其他港口群的竞争压力，同时也面临闽台经贸交流的新形势新要求。这些都迫使福建港口必须在尽可能短的时间内迅速提高自身的竞争力，除了加强各个港口的软硬件设施建设之外，促进福建各个港口之间的协同发展显得尤为重要。协同发展可以在提升个体港口实力的同时发挥福建港口群的整体竞争力。

1. 促进福建内部港口间协同发展

促进福建港口群的协同发展，不仅要加强各个港口自身的基础建设，以现代化、信息化为基础发展各个港口的功能，而且要针对福建各个港口的不同特点，做好功能上的划分，从港口群协调发展的整体观念布局，做好各个港口的建设和功能定位。

福建港口可以分为三个层次：第一层次是厦门港、福州港，构成福建港口体系的核心；第二层次包括泉州港、莆田港、漳州港；第三层次为宁德港。目前，只有厦门港和福州港是多功能综合性港口，其他包括泉州、漳州、莆田、宁德港在内的主要是临海工业区（开发区）港口，其共同特点是专业货种较少，以地方建设所需的大宗货物运输为主。福建港口受制于行政区划的分割，港口体系空间结构呈现出明显的分散化。福建各港口发展的自成体系，缺乏区域与整体意识，使得条件都十分不错的福建港口管理各自为政，大大内耗了福建港口群的竞争力。因此，要提升福建港口的整合功能，就要具体从以下方面入手：

（1）以建设信息化标准平台为基础，解决福建港口管理各自为政的状态，从各港口经济腹地和功能布局的角度对各个港口的主要功能和次要功能，以及各港口之间的协同功能作出具体规划，实现福建港口群整体功能的提升。未来福建港口体系可以形成以厦门湾港和福州港为主枢纽港，大力发展“第三代”港口建设，使这两个港口朝着成为集物流、资金流、信息流于一身的国际贸易综合运输中心和后勤基地方向发展，并根据港口关联度与周边中小港口联动，带动一批中转站场和支线码头的发展，形成功能化、网络化的港口群子系统。

在提升自身港口服务功能同时，还要加强两个主枢纽港之间的协同联系。前者有赖于制度性的创新，比如实行“进出口货物直通放行制度”，在产地可直接办理报检、查验和放行手续等，提供迅速高效的港口运输服务。在提升效率的同时降低港口服务的费用，以加强与上海港等其他临海港口的业务竞争力。后者如加强福州港建设以大型干散货运输中转为特色、多功能的港口群子系统，加强厦门港以国际集装箱运输为特色、多功能的港口群子系统。两者互为补充，且各有侧重。

（2）推进漳州港、泉州港、莆田港和宁德港临港工业向专业化方向发展，并与两大主枢纽港形成垂直的功能分工。漳州港、泉州港、莆田港和宁德港等临港工业港口，一方面要大力发展临港工业，且临港工业的选择要有所区别，突出特色；另一方面这四个港口要与相临近的厦门湾港和福州港建立垂直的功能分工体系，加强之间的协同发展，促进福建港口群、厦门港口群与福州港口群子系统的形成。例如泉州港区目前已形成了以福建炼油厂为基础的临海工业区雏形，今后的发展方向一是以石油及其制品等大型液体散货中转运输为主的工业港；二是以内贸集装箱和杂货运输为主的主体港。漳州港区今后应以地方重点物资运输为主要服务对象，结合临海工业开发，成为沿海加工基地，发展方向一是本地区临海项目配套的工业港，二是以煤炭、粮食、非金属矿石等运输为主的港口。为了保证湄洲湾沿岸以石化和电力为主的工业基地发展，莆田港发展方向应该是海峡西岸经济区以天然气、煤炭矿石中转运输为主的工业港，成为福建地区液态运输的主体港。随着湄洲湾临海工业经济圈的构建，莆田港可与湄洲湾南岸的泉港港区通过港口的资源协同整合形成综合性工业港。

宁德港（包括三都澳、沙埕、三沙、赛江港区）的发展速度趋缓，低于全省的平均发展水平，是到目前为止全省唯一尚未开通集装箱业务的港口。其发展方向是以三都澳港区为主，壮大地方临港工业，且规模和功能与福州港口群子系统建设相匹配的主体港，同时可借助港口优越资源的优势成为国家战略储备资源进口基地港口，充分发挥后发优势，促进宁德港的快速发展。

总之，应继续集中力量推进福建港口群“两集两散”建设，依照经济腹地原则合理规划和发展福建各个港口，明确各个港口的主要功能区分和定位，形成功能上多层次互补、地域上多层次联合的福建港口群。

2. 推动福建港口群与大陆其他省份港口群之间的协同发展

福建港口群与大陆地区的其他三大港口群相比，较为落后。但如果能加强与其他省份港口群之间的联系，协同发展，找到自身发展的相对优势，找到特色发展的渠道，则可以拓展发展的空间，实现跨越式的发展。

从总体上来看，长三角地区港口群分属上海、浙江和江苏三个不同的行政区域，经济腹地的深度和广度，一度造成了长三角地区港口群货物吞吐能力的不足，形成了长三角地区新一轮建港热潮。这一轮建港热潮范围广，几乎所有的大中型港口都有宏伟的发展计划；投资大，港口建设的投资，动辄以亿计；目标高，每个港口都提出了相当高的发展目标。实际上，上海港在长江沿线“喂给港”的布局已经大体成型，参股重庆港 40%，武汉港 55%，与中远集团共同投资占南京港龙潭集装箱有限公司 45% 股份，使其对整个长江流域的箱源都可以实现“有效控制”。再辅以长沙港、芜湖港、南通港等地区性枢纽节点，上海港的市场触角已经伸到了广阔的内陆地区。据统计，上海的外贸集装箱箱源约 95% 来自长江流域，内贸集装箱流量近 60% 分布在长江流域港口。苏州港群和宁波港群，也依靠各自省份的经济腹地向周边省份进行扩张。特别是宁波港群，向南可以直接辐射到福建、江西等地，对福建港口群带来了直接的竞争压力。

目前珠三角地区港口群已经形成以广州、深圳、珠海、东莞等珠三角港口群为龙头、粤东粤西沿海港口和佛山、肇庆内河港口协调发展的港口布局。其重点是以深圳和广州港为主，相应发展汕头、珠海、中山等港的集装箱运输系统；以惠州、深圳、珠海等港的进口原油和成品油气接卸码头为主，相应发展广州、东莞等港的成品油气中转运输系统；以广州港为主的煤炭接卸系统。珠三角港口群中的一类口岸，担当了外贸货物进出口的主角。

二类口岸则凭借毗邻港澳的有利条件，充分发挥众多小船来往其间航程短、时间少、成本低、效率高、机动灵活的优势，一类、二类口岸既各显“神通”，又相互支持、互补。虽然两岸直接通航后香港的自由港地位有所降低，会对珠三角港口群产生一定的不利影响，但借助珠三角地区深而广的经济腹地，仍具有较强的实力。

福建港口群沿海向两侧面临着长三角和珠三角两大港口群的竞争压力，从经济腹地角度来看，沿长江线以南内陆地区被挤压，只剩江西省，且由于内陆交通不便利的限制，福建港口群向江西省境内的辐射能力也十分微弱，甚至有被长三角和珠三角地区蚕食的危机。所以，要注意福建省两翼地区的竞争压力，在建设好厦门和福州两大枢纽港的同时，加强对闽中地区湄洲湾港口及其临港工业的开发，做大临港工业，加深福建港口群的经济腹地，并借助闽东北地区交通基础设施的完善，沿内陆运输线产业群的做大，由福建中部向两侧做深做大经济腹地，向江西省地区拓展。这个过程中一定要做到有序发展，做到总体效果的最优。

珠三角地区港口群借助的是毗邻港澳和东南亚的地理优势以及自身的港口腹地；长三角地区港口群借助的是长江流域地区和自身的深厚经济腹地。福建在做大做强自身经济腹地的同时，应避免与长三角与珠三角港口群的同质竞争，牢牢把握“三通”后与台湾地区的合作契机，与台湾地区港口群展开紧密协同合作，长远规划，打造台湾海峡航运中心，在两岸经贸航运方面，拓展国际物流的配套服务和货物资源整合服务的商机，从而找到自身未来发展的空间，实现跨越式的发展。除此之外，在具体分析沿海各个港口的主要功能之后，还可以在当地临港工业发展基础上，进行市场细分，建设一批专业码头，实现福建港口群的长远发展。

3. 推动福建港口群与台湾地区港口群的协同发展

福建港口群与台湾地区港口群的协同合作最终是要打通台湾海峡地区与大陆内陆地区的联结，建设各种运输方式的集结、接转的综合型枢纽，港口作为国际贸易运输（海、陆、空）运输链中的一环，融合成为综合枢纽的一个重要组成部分，成为台湾海峡地区以航运为龙头的区域性、综合物流中心。

首先，两地初期可以加强沟通协调，制定有关规章，建立公开、平等、竞争、有序的运输市场；加强合作与技术互补，建立台湾海峡船舶交流服务系统，同时加强其他一些配套服务系统的建设。两地可以先在厦门港和福州港先试点建立海峡航运港口体系的海港电子数据交换网络服务系统，利用国际互联网技术加强两岸港口贸易企业和航运企业之间的交流与合作及相关信息资源共享，使台湾海峡地区的港口资源互补、互惠互利、共同发展，提高两岸港口的合作层级及港口群的工作效率，并在此基础上合作促进两岸集装箱多式联运港口群的协同发展。

其次，台湾港口在深水化方面存在着问题，比如基隆港虽然其地理位置良好，但由于港域狭小、水深不足等自然条件限制，不能充分发挥其港口优势，这也为两地港口群协同合作提供了良机。应对目前国际上船舶大型化的趋势，闽台两地港口群的合作，一方面可以借助福建港口群协同合作的发展，利用厦门港和福建港港口群子系统的整合和发展，提升这两港的辅助港建设，达到深水化的要求，实现两岸港口群的功能分工；另一方面，两地直接合作建设福建湄洲湾，宁德港三都澳等优良深水港区。

再次，福建与台湾地区的港口群在临港工业方面也应得到协同整合，在加强两地港口群网络紧密联系的同时，优化两地临港工业的产业结构，加强两地的临港工业合作，共同拓展台湾海峡地区的经济腹地，使得福建港口群能真正冲破福建地区的地域瓶颈，实现向大陆内陆地区其他纵深省份的辐射影响。

在客运方面，福建与台湾地区港口群合作也大有可为。例如，虽然包机直航的进展使得两岸将来更加便利，但通过航运来往两地仍然有着价格上的优势，对于两岸求学学生和经常往来于大陆东南沿海地区的台湾居民仍具有吸引力。福建省有着多年“小三通”的实际操作经验，相对其他大陆地区港口群在两岸人员往来航运操作方面仍有绝对优势。可以借助闽台两地便利的地理优势，建设好与台湾港口群之间便利的客运航线，打造两地“一日生活圈”的品牌，这不仅可以促进两地港口群之间的协同发展，促进福建主要港口客运功能和服务的提升，还可以加强两地港口航线之间的紧密联系。不仅如此，两地“一日生活圈”可以促使海西地区台商上班族、通勤族的出现，吸引更多台湾本岛的台资企业转移到福建投资，拓展福建港口经济腹地。

福建旅游业的发展及其与台湾地区观光业的合作所形成的两岸旅游圈，也能对福建港口群客运航线的繁荣起到重要的作用，若是在大陆东南沿海地区旅游的台湾居民能以福建的港口旅游城市为中转点，则福建港口旅游城市的客运潜力就能得到有效发挥。比如厦门、泉州有秀丽的风景和深厚的历史文化底蕴，莆田、湄洲有妈祖这个两地共同的信仰品牌，三都澳本身有景区，再加上附近有太姥山、雁荡山等景点，离武夷山风景区也是一日内的路程，等等。

第五节　本章小结

台湾第二次政党轮替为两岸关系增添了积极因素，两岸经贸关系发展环境发生了可喜变化，两岸“三通”前景明朗，并出现了前所未有的新突破——2008 年 11 月 4 日两会签署了《海峡两岸邮政协议》、《海峡两岸空运协议》、《海峡两岸食品安全协议》及《海峡两岸海运协议》，意味着两岸直接“三通”瓶颈的突破，标志着海峡两岸“大三通”时代的到来。“大三通”时代并不意味着两岸直接“三通”的全面实现，而是为两岸“三通”带来了新任务新课题。值此新形势下，如何利用各方面的积极因素推进两岸直接“三通”深化发展，应在新观察的基础上制定新的战略。作为与台湾具有“五缘”优势的福建，如何在发掘“试点直航”、“小三通”平台潜力基础上，构建新的“先试先行”优势，在新时期有更大作为，为推进两岸全面“三通”发挥更大作用，同时提升自身在两岸经贸合作领域的地位，值得深入研究。因此，本章在对两岸“三通”发展历程进行回顾的基础上，总结推动两岸“三通”的成效及经验，分析新形势下两岸“三通”的主要影响因素，进而探讨新形势下两岸“三通”发展走势及应对策略，最后集中探讨两岸“三通”新局势下，福建如何充分发挥既有优势，创造新优势，实现新作为，继续为推进两岸直接“三通”发挥独特作用。主要观点如下：

30 年来，两岸“三通”取得了一系列阶段性进展。通邮方面：两岸相继开办了电话、电报、数据通信、电子信箱、分组数字交换、综合业务数字网、异地电话和移动电话漫游等业务，实现了函件总包交换，以及互办平常函件和挂号函件业务。但由于未能直航“三通”，两岸航空函件总包经由香港或澳门邮政转运，水陆路函件总包经由香港邮政转运。通商方面：自1978年两岸开展小额间接贸易始，两岸贸易交流迅猛发展，至2007年底累计贸易总额已经达到7281亿美元，名义年均增长率超过30%；自1981年第一家台资企业登陆福建漳州至2007年底，台商赴大陆投资累计达到648.6亿美元。但两岸贸易长期以来须经由港澳等地三地中转运输。通航方面：两岸空中航运已由2003年以前单纯的中转港澳的间接通航模式，经由春节包机、节日包机到目前的周末包机，取得了较大进展。但是航行两岸的航班尚需经由香港飞行情报区；两岸货运包机有待启动。两岸海上通航自1986年开始至今，以两岸海上方便旗船舶经港澳或韩国、日本石垣岛等第三地中转运送两岸货物为主，但通航程序不断简化。另外，“试点直航”取得初步成效，沿海局部直航（即“小三通”）也已获得了可喜发展。但总体而言，两岸的海上直航迄今仍以间接航运为主，直接通航进展有限。

“3·20”台湾地区领导人选举实现了第二次政党轮替，为两岸关系增添了积极因素，两岸经贸关系发展环境发生了巨大变化，为两岸直接“三通”提供了新的发展契机。事实上，马英九“5·20”就职以来，不但两岸周末包机、开放“小三通”、大陆游客赴台旅游已经初见成效，并且在“海空直航”谈判部分也取得了历史性的新突破。2008年11月4日下午，海协会会长陈云林与海基会董事长江丙坤在台北签署了《海峡两岸空运协议》、《海峡两岸海运协议》、《海峡两岸邮政协议》和《海峡两岸食品安全协议》四项协议，宣告两岸同胞盼望已久的两岸直接通航、通邮即将变成现实，标志着两岸“大三通”时代的到来。

然而，将协议文本上的蓝图落实到实践活动中，把官方协议转化为业界的合作，即实现两岸“三通”常态化还需要一个过程。未来一段时期内，推进两岸直接“三通”的重点：一是落实第二次“陈江会”所签署的“四项协议”，并进一步协商解决两岸通航未尽事宜；二是推进两岸经贸正常化、机制化议题协商，包括陆资入岛、两岸金融合作、两岸互涉性经贸立法等方面。两岸“三通”迈出了一大步，但两岸经贸一体化还需要长期努力。

两岸“三通”是两岸经贸合作与发展的客观要求，然而，受两岸政治气候的影响特别是台湾当局限制性两岸经贸政策的制约，两岸直接“三通”

被添加了政治色彩，无法在市场推动下顺利达成。30年来，祖国大陆一贯坚持以促进两岸经贸交流与合作为主线，坚持平等协商原则，以灵活务实的策略建立多元化交流平台推动两岸“三通”，使两岸“三通”不断取得进展。

两岸“三通”协商经历了以两会作为桥梁和纽带时期（1990—1999年）、民间机构持续发挥作用时期（1999—2005年）、以政党交流为平台时期（2005—2007年），目前进入了以两会为主的多元化时期。福建与台湾地缘关系最为紧密，一度是两岸“三通”政策“先行”的地区；具有“试点直航”和“小三通”运作的经验；在直航“三通”的开放蓝图中福建的海、空港居于重要位置，基于地利之便，未来应在两岸“三通”协商新格局中继续发挥重要作用，如建立两岸事务谈判基地；加强闽台民间协商合作机制建设；加强两岸基层政党交流，继续发挥“国共平台”在“三通”协商中的独特作用；推进闽台对口城市交流合作，等等。

福建作为两岸“三通”的先行者及“前沿”，在两岸“三通”新局势下应该扮演新角色，发挥新作用，具体而言可以在以下几方面有所作为：

1. 推进“试点直航”口岸向直航口岸转型，发挥示范作用

（1）全面开通两岸海上直航航线。在两会协议生效的第一时间（12月13日），将现有经日本、香港中转的弯靠集装箱班轮航线直接开通进入台湾本岛；将现在福建沿海经日本、香港中转的不定期散杂货航线直接开通进入台湾本岛；将现在福州、厦门与高雄港的集装箱试点直航航线装载两岸贸易货物，直接通关入岛。

（2）借重既有的港际及业界联系。厦门、福州两港应积极与高雄港就相关事宜进行沟通协商，拓展合作范围，与相关航商、物流业者及其他外围服务机构建立新的紧密合作关系，以招徕“两岸货源”。

（3）总结经验，示范推广。组织专家、相关业者、管理部门对“试点直航”及“小三通”的“福建模式”进行检讨，总结经验，补充完善，使之能够很好地指导即将到来的直航（12月中旬左右）运作，并更好地为其他兄弟港口发挥示范作用。

（4）积极与台湾当局有关部门磋商开放中国大陆船公司赴台湾设立分支机构。在当前中国大陆船公司赴台设立分支机构并未开放的情况下，中国

大陆船公司运载试点直航货物至台湾相应港口后，只能求助于当地代理公司，这期间一旦发生风险或稍有疏漏，则中国大陆船公司便有可能因无法及时处理而蒙受额外的损失。因此，与台湾有关部门协商开放中国大陆船公司赴台设立分支机构显得十分必要。

（5）加快港口和保税港区建设。为迎接试点直航开放及两岸海运直航，在硬件基础设施方面，要对厦门港和福州港进行扩容扩建工程。特别是重点推进厦门港和福州港江阴港区为主的两个集装箱运输中心的建设。到 2012 年力争形成厦门、福州和泉州 3 个亿吨大港。此外应进一步完善港口通关、检验检疫环境及服务水平，简化程序，缩短时间；增加港口配套措施，如餐饮服务、超市商场、公用电话的设计等；以期提高服务意识，在软件设施方面进行大幅调整和改善。

福建保税港区的建立对于拓展海西效应，推进两岸试点直航范围的扩大及海运直航的早日实现，扩大两岸经贸合作与交流将产生直接影响。

2. 继续发掘“小三通”的潜力与作用

（1）把握先机，推进“小三通”运作模式优化，铸造“小三通”航线核心竞争力，全面提升“小三通”功能。“小三通”的功能提升，除政策支撑外，尚需航线软硬件设施的改善。硬件方面：包括港口、码头、公路等设施建设；软件包括通关入境、检疫检验等管理方面。在两岸相关地区各自努力提升“小三通”配套服务的同时，需要两岸双方通力合作，共同推进“小三通”运作模式的优化，以全面提升“小三通”核心竞争力，使其有能力应对“大三通”的可能冲击。

（2）推进“小三通”沿线旅游开发合作，打造“小三通”特色旅游线。“小三通”沿线特色旅游产品的开发能够繁荣“小三通”航线，为“小三通”注入持久活力。因此，要做大“小三通”，两岸旅游界的合作联盟具有重要意义。目前，大陆游客赴台旅游业已启动，两岸有关行政部门相继宣布允许开放大陆游客经由金门、马祖“小三通”渠道中转台湾本岛；使“小三通”有机会成为两岸双向旅游的便捷通道。“小三通”沿线旅游资源丰富，两岸联手打造特色旅游产品，对于抵减“大三通”对其人员分流的负面影响具有重要意义。市场商机存在，急需的是行动起来，磋商合作。

（3）推进闽台全方位经济合作，拓展两岸物流市场需求。依据地缘经济原理，闽台经济合作具有先天优势，其深化发展能够有效扩充“小三通”的物流市场，是“小三通”赖以持久繁荣的物质基础。推进闽台全方位经济合作，包括港口、产业、交通物流等诸方面。闽台经贸合作的深化必然导致闽台之间经贸交流规模的扩张，包括人流、物流方面。

（4）推进海西物流体系建设，推进区域经济合作，有效扩展“小三通”物流腹地。“小三通”的优势在于方便快捷，包括自身的运作及其与之对接的交通网络的集疏运的高效率。海西北有长三角经济区，南有珠三角经济区，西有大京九经济腹地，打通海西与上述经济区之间的交通通道，将有效拓展“小三通”的物流腹地，有效增加“小三通”的流通量。因此，在推动海西内部区域经济整合的同时，还要着力推进海西与周边区域的合作，在市场经济规律导引下，辅以政府的行政推动，建立以企业跨区域合作为主体，以产业合作为脉络的区域经济合作，是有效活跃海西物流、扩展“小三通”物流腹地的重要途径。

（5）推进海西对台经济合作模式创新，争取新政策空间支持。“大三通”意味着“小三通”既有政策空间的消失。因此，使“小三通”继续受惠于政策倾斜，也是保证“小三通”繁荣发展的有效途径。目前福建正在研议争取中央政府的政策支持，批准建设“对台合作先行区”，规划在厦金合作方面有所作为。

3. 建立与台湾新对口港的航运通道

（1）发挥福建优势，在巩固既有航线基础上，积极建立新航道，打造以厦门港、福州港为枢纽港的大陆东南沿海对台港口群。

（2）吸引中西部货源，打造两岸货运黄金通道。

（3）加强闽台港口合作，共建航运中转港。

（4）建立闽台邮政航线。

（5）建立闽台旅游专线。

4. 整合福建港口群以及与邻近港口的协同功能

直航“三通”对于福建而言，是机遇更是挑战。福建港口面临大陆沿海其他港口群的竞争压力，同时也面临闽台经贸交流的新形势新要求。这些都迫使福建港口在尽可能短的时间内迅速提高自身的竞争力，除了加强各个港口的软硬件设施建设之外，促进福建各个港口之间的协同发展显得尤为重要。协同发展可以在提升个体港口实力的同时发挥福建港口群的整体竞争力。

（1）促进福建内部港口间协同发展。以信息化标准平台为基础，解决福建港口管理各自为政的状态，从各港口经济腹地和功能布局的角度对各个港口的主要功能和次要功能，以及各港口之间的协同功能作出具体规划，实现福建港口群整体功能的提升。推进漳州港、泉州港、莆田港和宁德港临港工业向专业化方向发展，并与两大主枢纽港形成垂直的功能分工。

（2）推动福建港口群与大陆其他省份港口群之间的协同发展。福建港口群与长三角、珠三角等邻近地区港口群相比，较为落后。但如果能加强与这些港口群之间的联系，协同发展，找到自身发展的相对优势，找到相对发展的渠道，则可以找到发展的空间，实现跨越式的发展。

（3）推动福建港口群与台湾地区港口群的协同发展。福建港口群与台湾地区港口群的协同合作最终是要打通台湾海峡地区与大陆内陆地区的联结，建设各种运输方式的集结、接转的综合型枢纽，港口作为国际贸易运输（海、陆、空）运输链中的一环，融合成为综合枢纽的一个重要组成部分，成为台湾海峡地区以航运为龙头的区域性、综合物流中心。

第三章　拓展闽台农业全面合作新作为研究

赵玉榕*

两岸农业交流与合作，不论是在深度上还是广度上都已取得很大的发展，农业合作带给双方的经济实效令人鼓舞。福建长期以来一直是两岸农业交流与合作的重镇，在对台农业科技交流、农业经贸合作以及两岸农业学术交流和人员互访等方面，取得了显著成效，其规模、层次、水平都处于全国领先地位。福建省委、省政府认真贯彻党中央的方针政策，积极推进建设对外开放、协调发展、全面繁荣的海峡西岸的发展战略，提出依托闽台“五缘”独特优势，积极拓展“六求”作为，“努力把海峡西岸经济区建设成为科学发展的先行区、两岸人民交流合作的先行区”的新思路，也对闽台农业交流合作提出了更新、更高的要求。随着台湾“大选”的结束，两岸关系进入一个新的发展时期，在两岸的共同努力下，两岸关系取得了许多突破性的进展，为两岸关系的和平发展局面奠定了重要的基础，但“台独”势力仍然是一支不可忽视的政治力量；因此，马英九的决策必然会受到“台独”势力的牵制，两岸经贸关系正常化不可能一步到位。在这样的形势下，我们对台工作的重心应该更有针对性，包括对对台农业政策的效果进行梳理，发现不足，进一步探讨拓展合作交流的领域，以及更加务实和有效的合作途径，通过经济和社会的进一步融合，来做台湾人民的工作。

---

* 赵玉榕：厦门大学台湾研究院经济研究所副教授。

第一节　闽台农业交流合作发展的历程与现状总结

一、闽台农业合作的发展历程

闽台两地习俗相近、语言相通、血缘相亲，且地理位置、自然条件、作物品种、耕作制度基本相同。早在明清时代，福建人三次大规模移民到台湾地区，把福建比较进步的水利、粮食、茶叶、蔗糖等农业生产技术引入台湾，推动了台湾早期农业的开发与发展。20世纪40年代后期，福建先后从台湾引进香蕉、菠萝、杧果、柚子等农作物品种；同期，福建省立农学院有300多名教师、毕业生和农业科技人员赴台参加农业建设，后来成为台湾农业界的中坚力量，为沟通闽台农业交流渠道发挥了重要作用。闽台之间现代农业合作开始于20世纪70年代末、80年代初，随着两岸关系的缓和及大陆改革开放的不断深化，闽台农业交流合作得到了迅速的恢复和发展。闽台农业合作的发展大致经历了四个发展阶段。

第一是起步阶段（1979—1987年）。这一阶段两岸经贸关系处在恢复过程，台湾方面的政策管制严格，闽台之间的农业交流主要以亲情乡情为纽带，通过探亲访友、旅游观光、参观访问、增进了解为主要渠道；贸易方面基本上以农产品民间小额贸易为主；在投资方面或以迂回的方式进行“投石问路”，或以“五带”（带良种、带工艺、带技术、带资金、带市场）进行一些试探性的投资，1981年第一家注册的台资农业企业在漳州落户。这一时期台商投资以种植业为主，规模较小，多集中在沿海地区，表现出隐蔽、零星、分散等特征，投资的数量和规模都有限，但为闽台农业交流打下了良好的基础。

第二是发展阶段（1987—1996年）。1987年台湾开放民众赴大陆探亲，为两岸交往提供了机遇，台湾当局认识到两岸农业交流对台湾农业发展的重要性，对台商投资大陆农业及农产品加工业的限制有所放宽，1994年，大陆方面颁布《中华人民共和国台湾同胞投资保护法》，在这样的背景条件下，闽台农业交流逐步由暗转明，形成了由民间到半官方的较稳定的交流合作关系，较大规模地引进台湾良种和吸引台资创办农产品加工业，出现了台胞在福建投资农业成片开发的好势头，科学技术交流也日益频繁。

第三是全面发展阶段（1997—2004 年）。1997 年起，福州市和漳州市获准建立“海峡两岸农业合作试验区”，并且创办了福清、漳浦和漳平台湾农民创业园，通过提供土地、租税、融资等优惠政策，吸引和鼓励台商投资农业，以此为契机，闽台农业合作以引进资金、品种、技术为重点，逐步形成了多领域、高层次、双向交流的良好格局，呈现出稳步发展的态势。

第四是紧密合作阶段（2005 年至今）。2005 年以来台湾国民党、亲民党和新党领导人先后来访，两岸关系出现良性互动新格局，中央出台了一系列有利于台湾农产品在大陆销售以及台商投资大陆农业的政策措施，福建省委、省政府认真贯彻中央工作的方针政策，提出依托闽台“五缘”独特优势，积极拓展“六求”作为和“努力把海峡西岸经济区建设成为科学发展的先行区、两岸人民交流合作的先行区”的新思路，闽台农业合作出现持续升温、纵深发展的态势。2005 年 7 月中央批准海峡两岸农业合作实验区扩大到福建全省，漳浦和漳平永福两个台湾农民创业园升格为国家级，福建先后成立了霞浦台湾水产品集散中心、厦门台湾水果销售集散中心、厦门闽台中心渔港、两岸水产品加工集散基地、两岸（三明）林业合作实验区、泉州南安闽台农产品市场等，形成了一批台资农业相对集中区和投资贸易平台，进一步突出了福建对台农业合作的区位优势，为两地农业合作向更高层次、更大规模方向发展带来了新的机遇和动力，展示了更为广阔的前景。

总之，经过近 30 年的发展，闽台农业合作呈现出鲜明的特色：合作领域不断拓宽，合作层次由低到高；合作范围从沿海向内陆山区推进，区域特色更加明显；台资农业企业在农业产业化中进程扮演着日趋重要的角色；农业科技实现双向交流。此外，台湾农业产销班在福建的试点初见成效；两地合作发展旅游观光农业等阶段性特征日益显著；《福建省促进闽台农业合作条例》正在制定之中，充分说明闽台农业合作进入了新的快速发展时期。

二、闽台农业合作的成效分析

伴随着两岸关系缓和，台湾的大陆经贸政策逐步放宽，福建抓住中央赋予的“同等优先，适当放宽”的政策，凭借着特殊的地理区位、自然生态和人文环境，大力发展闽台农业交流与合作，尤其是确定了“以实验区为中心，沿海为主线，山海协作互补，全方位推进”的对台农业合作策略后，闽台农业合作进入快速发展时期。目前福建已成为全国对台农业合作平台最大、项目最多、投资最密集的省份，在海峡两岸农业合作格局中占据重要的地位，与福建海峡西岸经济区建设构成一个有机的整体。闽台农业合作作为海峡西岸经济区建设的重要组成部分，是海峡西岸现代农业发展，农民增收和农村繁荣的主要推动力量，对福建外向型农业发展、农业技术进步、农业产业布局的调整、产业化经营格局等现代农业的发展产生重要的促进作用，对福建省经济建设产生全方位、多层面的积极影响，同时也为两岸农业交流起到了重要的示范和推动作用。

1. 推动福建农业现代化建设

福建对台农业合作30年来始终保持良好的发展态势，促进了外向型农业发展、农业品种的更新换代和农业技术的进步，推动了当地传统农业向高技术含量、高商品率、高出口率、高效益的现代化和多功能外向型农业生产经营体系发展，较快地转变了一些地区农村经济落后的状况，加快了现代农业建设步伐。

（1）外向型农业发展效应。发展外向型农业是提高农业产业化水平，增强农业竞争力，实现农业现代化的内在要求。近年福建外向型农业有了长足的发展，其中台商投资的效应显著。台资在福建建立了一批食用菌、蔬菜、水果、茶叶、水产品企业和生产基地，不仅提升了农产品品质，带动农产品加工业向精深方向发展，台资农业企业还利用他们稳定的海外市场和完善的国际营销网络，帮助福建省农产品走向国际市场，促进了福建外向型农业发展。全省形成了六大出口创汇农产品系列：一是以鳗鱼为主的养殖业和远洋捕捞的出口系列；二是以芦笋和豆类为主的蔬菜出口加工系列；三是以蘑菇、香菇为主的食用菌出口系列；四是以柑橘为主的水果及其加工品出口系列；五是茶叶出口创汇系列；六是以笋和松香为主的竹林及林产化工产品创汇系列。福建省农产品出口持续较快增长，2007年农产品出口27.49亿美元，增长14%，居全国第五位，出口超千万美元的品种达到30个，其中食用菌罐头、柑橘属水果、香菇出口金额居全国第一位，茶叶和大葱等居全国第二位。

（2）技术进步效应。闽台农业科技交流包括相互引进农业良种、开展技术合作以及农业科技人才交流，是闽台农业合作的重要组成部分。优良品种引进加速了农业品种的更新换代。目前，福建引进的农业优良品种中，有60%以上是从台湾引进的，有150多个品种实现了大规模推广，其中1/3的推广面积超过600公顷，其中“台中Ⅱ号”豌豆、菠菜、包心芥菜、莲雾、芦笋、毛豆、荷兰豆、长茄、高雄白菜、罗非鱼、鲍鱼等150多个品种已经大面积示范推广。

引进台湾先进农业技术，使福建省农业技术水平快速提高，有效地保证农业产业化的顺利进行。从台湾引进的先进农业实用涵盖了种植业、水产养殖、畜禽饲养、农产品加工、农业机械、农田水利、土壤改良等各个方面，其中台湾落叶果树品种（蜜雪梨、水晶梨、甜柿）和茶叶加工技术；芦柑和香蕉种植综合技术；果蔬产期调节技术；吴郭鱼、银鲈、美国红鱼、点带石斑鱼、鲍鱼工厂化养殖技术；蝴蝶兰栽培技术、植物组培脱毒技术、无土栽培和设施栽培技术；农产品加工的流态单体速冻技术等，对优化福建农业产业结构，促进外向型农业的发展都产生了明显的推动作用。

农业学术交流有效促进了农业合作向纵深发展。90年代以来，闽台双方的农业行政人员、技术人员、专家以及企业家进行频繁的互访和交流，涉及的领域和探讨的内容日益广泛和深入，包括农作物改良、昆虫学、亚热带水果产销、气象、水土保持、市场营销、农民组织等，在农作物品种方面已经实现了双向交流。

（3）产业结构优化效应。台商投资带来的资本、技术、管理方式等要素投入，加快了福建传统农业的改造步伐，提高了传统农产品的科技含量和国际竞争力，为福建农业从劳动密集型农业向现代的劳动密集兼科技密集型农业转化带来了实质性的促进作用。通过引进台湾的优良品种以及具有国际先进水平的农产品加工业，福建高优农业迅速发展，高附加价值和高技术含量的农产品及其加工品在农业产值结构中的比例增大，农业生产结构逐渐趋于优化，农林牧渔总产值各业比由1990年的52.09∶9.48∶22.86∶15.56调整为2007年的40.50∶7.13∶20.11∶28.03，种植业产值比下降，林牧渔业产值比明显提升，农业内部产业结构逐步趋向合理，呈现出自然资源和社会经济资源配置趋于合理，农林牧渔业全面、协调发展的良好态势。

（4）就业效应。大陆丰富、廉价的劳动力资源是吸引台商投资大陆的主要原因之一，而投资福建农业的台资企业主要以劳力密集型为主，吸纳了当地大量的劳动力，而且带动了很多农民从事台资企业原料基地的生产，既缓解了福建农业劳动力过剩的压力，同时增加了农民的务工收入。据不完全统计，全省台资水产企业直接吸纳大陆员工近7万名，培养出一批懂技术、会管理的人才；漳州市约有1/3以上的农村劳动力，围绕漳台农业合作从事农业生产、加工和经营活动，仅蔬菜速冻企业就解决了3万余人的就业问题，还不包括随着“订单农业”面积的扩大，在农业内部转移的劳动力。2007年漳州市农民人均纯收入5696元，比增12.3%。

2. 促进产业布局调整，优势产业集群效应初步显现

闽台农业合作的蓬勃发展，既为台商来闽再创业提供了新天地，拓展了台湾农业的发展空间，也加快了福建农业产业布局调整的速度。台湾的优良品种、资金以及先进农业技术与福建传统农业资源、产品品种和基础优势相结合，造就了蔬菜、水果、花卉、食用菌、茶叶、水产品等一大批具有较强竞争力的区域性特色优势产业，并且逐渐形成专业化、规模化、区域化生产格局，其中畜禽、水产品、茶叶等9个重点特色农产品实现产值已占全省农业产值的84%。随着各有关生产要素向主导产业优势区域集聚，优势农业产业集群效应初步显现，基本形成了沿海以蔬果、水产、花卉、食用菌为主，内陆以茶果、药材、畜牧、食用菌、木竹制品为主的优势特色产业和基地，而且布局更加合理，规模不断扩大。例如龙海市的农产品加工产业群、漳州市的花卉产业区、漳平市永福镇的茶叶生产专业区、东山湾和宁德的渔业合作密集区、三明市的现代林业合作实验区、厦门市和南安市的台湾农产品集散地、仙游的甜柿种植基地等，这些主导产业朝着“五化”即区域化布局、标准化生产、规模化种植、产业化经营、品牌化的方向发展，成为当地农村经济的重要支柱。

3. 促进产业化经营格局形成和利益联结机制的完善

农业产业化是我国农村经济发展的一个重大课题。福建是较早出现农业产业化经营的省份之一，已涌现了一些农工贸、产加销一体化的产业经营，其中不少是以台资企业为“龙头”形成的农民发展专业化生产的产业链。此种“企业+基地+农户”的产业化经营模式，是闽台农业合作模式中最

主要、产生效益最明显的模式；其以经济实力比较雄厚、辐射面广、带动力强的台资农产品加工企业为龙头，通过合同订单收购农产品、雇用当地农民工、租用农民承包地或入股等和约形式和利益连接机制，上联市场，下联农户，把生产、加工、销售结为一体，农业产业化龙头企业与农户之间结成较为紧密的利益共同体，以多种利益联结方式带动基地和农户发展，改变了农户游离在农业产业化组织之外，处于分散经营、自找市场的状态。通过逐步建立和完善产销对接利益机制和产品收购合同和契约关系，增强了农民的市场主体意识、市场参与能力和市场竞争力，带动了更多的农户进入产业化经营领域，既为农户增收提供了保障，更对农业产业化的发展起到了积极的推动作用。如：漳州市加入台资“龙头”体系的农户达 30 多万户，种养基地 50 多万亩，提供出口货源 20 多亿元，台资企业对促进福建农业产业化发展作用可见一斑。

4. 构筑了对台工作的重要平台

台湾人口有 80% 祖籍在福建，闽台之间有着深厚的同胞情意。闽台农业之间逐渐形成规模的产业合作和人员往来，不仅使福建与台湾的经济和社会逐渐融合，而且形成了你中有我，我中有你的紧密联系纽带，拉近了两岸人民的情感距离，缩小了两岸的经济和社会发展落差，使双方在情感、心灵上逐渐趋向默契和交融，增加台湾同胞对祖国大陆的向心力、认同感。从此意义上看，闽台农业合作是两岸经济互补互利的格局中的重要一环，是党中央提出的“建立互信、搁置争议、求同存异、共创双赢”方针的重要前沿平台。

三、闽台农业交流合作面临的现实挑战

1. 福建经济竞争力水平的制约

目前福建经济综合竞争力在沿海 7 个省市中位居第六，与相邻的珠三角、长三角相比具有比较明显的劣势。影响经济发展的主要约束表现在：山地多、交通落后；城市化水平低，缺少在全国有影响力的大城市；经济腹地狭小，难以形成以特大城市和大城市为龙头，通过城市圈的密集度，形成若干产业群集中、就业量大、要素集聚能力强、人口分布合理的大城市群；产业多属横向产业集群，外向型、劳动密集型为主，技术含量低，与集群内的

其他企业联系较少；分工和专业化不明显，产业基础比较薄弱，可持续发展后劲不足。农业是福建经济的重要组成部分，改革开放以来福建农业发展取得了很大的成就，农产品产量改变了长期短缺的状况，2007 年农林牧渔业总产值 1749. 81 亿元，按可比价格计算，比 1978 年增长 4. 8 倍，年均增长 6. 2%，粮食产量 702. 05 万吨，比上年增加 0. 52 万吨，增长 0. 1%；肉蛋奶总产量 234. 68 万吨，比上年增长 1. 7%；肉类总产量 171. 38 万吨，比上年增长 1. 8%；水产品产量 609. 66 万吨，增长 1. 3%；150 家省级重点龙头企业销售收入 433. 97 亿元，增长 17. 1%。但农业发展相对落后的局面尚未根本改变，农业发展的基础并不坚实，存在农产品加工业发展滞后，农业产业结构升级缓慢，农业资源的利用能力相对薄弱以及农业市场化手段相对落后等问题，进一步的发展还存在客观的制约因素。

农业资源约束——福建耕地缺乏，质量较差，硬件不足，削弱了对台资的吸引力。近几年，福建的耕地面积呈减少的趋势，目前耕地总面积 135. 40 万公顷，人均 0. 038 公顷，不及全国平均水平的 50%，其中一等地只占 21. 93%，中低产田面积仍有 93 万公顷；高产出林地减少，适合养殖的水面也在缩小。随着城市化、工业化进程加快和山区县域经济的发展，农业资源进一步退化，建设用地需求与耕地后备资源不足的矛盾成为比较突出的问题。

农业生产手段落后——按现代农业的标准，福建农业机械装备水平偏低，目前全省大中型拖拉机 6136 台，按 9 个市平均，每个市仅 680 台；在耕地总面积中，机耕面积仅占 21. 7%，机电灌溉和喷灌面积的比重更低，分别为 4. 2% 和 0. 6%；机播面积和机收面积分别占播种面积的 0. 3% 和 3. 9%，只比 1996 年提高 0. 2 个百分点和 3. 8 个百分点，显示福建农业生产的机械化发展缓慢且程度偏低，农业要实现由传统农业向现代农业的转变，还有相当长一段路要走。

农产品加工业发展滞后——20 世纪 90 年代以来，福建省农产品加工业保持比较快的增长速度，但相对于经济发展的要求以及资源优势，农产品加工业发展总体看还处于起步阶段。2007 年福建省规模以上农产品加工业产值 3877. 55 亿元，与农林渔牧业总产值的比例不到 2. 1∶1，与发达国家 5∶1 的比例相差甚远。农产品加工业发展滞后主要表现在：农产品加工企业规模偏小，生产经营成本高，产品质量不稳定，难以形成竞争优势；加工技术与设备落后，产品以中低档为主，不能适应快速发展的市场需求；分散生产与集中加工矛盾突出，专用加工的原料基地建设相对滞后，影响产业总体竞争力的提高；标准化程度低，质量安全问题突出。农产品加工业发展滞后，制约了福建农业增效和农业产业化进程。

农业比较效益偏低——劳动生产率反映现代农业的生产能力和水平，高水平的劳动生产率是现代农业的最重要的特征。从福建目前三次产业之间的劳动生产率比较来看，第二产业和第三产业的劳动生产率分别是农业的10倍和4倍以上，可见农业总体效益仍然偏低。

农业对农民收入增长的贡献能力下降——近30年福建农民的人均纯收入持续增长，但在农民的纯收入中，工资性收入所占的比重逐年增加，2007年农民人均纯收入5467元，其中人均工资性收入占38.4%，比1990年增加了近18个百分点，家庭经营收入尽管还是福建农民人均纯收入的主要来源，但总体有下降的趋势，2007年占人均纯收入的51.5%，比1990年下降了19.4个百分点。说明农业收入对农民收入增长的贡献能力下降。

农民经济组织不发达——发展农村专业合作组织、股份合作组织、行业协会是建设海峡西岸经济区的主要任务之一。目前福建拥有各类农民专业合作组织1700多个，农产品行业协会1010个，运行态势良好，且收到了比较明显的经济效益。但综合考察，福建农民经济合作组织不论在合作领域、合作数量、发展机制、制度建设上都远不能满足农村经济发展的需要，专业合作社、专业协会、农民运销联合体等新兴的农民生产组织和为农民服务的组织，还没有成为具有实力的市场主体，在应对农产品市场竞争，保护农民的自身利益方面发挥的效力也还有限。

福建总体经济竞争力和农业经济发展水平相对落后，在一定程度上反映了福建吸引台资的环境条件欠缺以及闽台产业对接能力的不足。

2. 区域之间吸引台资竞争加剧

随着大陆改革开放的深入发展，中央原先赋予福建的“特殊政策、灵活措施”逐渐淡化，政策优势不再明显，同时，随着两岸农业合作交流不断深入，出于对经济腹地大小、市场辐射能力、产业结构的配套等因素的考虑，台商逐渐将投资的重心由福建沿海转向资源丰富、市场潜力大、经济腹地广阔、产业配套能力强的华北地区、西南地区、北方大城市郊区。台商在大陆农业投资逐步形成全方位开放格局，两岸农业合作实验区和台湾农民创业园遍及福建、海南、广东、浙江、江西、上海、山东、天津、湖北、四川、黑龙江等省市。台湾近年培育的良种中，90%已被引入海南，种植面积超过60万亩，最大的台资农业企业租地已超过万亩。黑龙江与台湾地理位置相距遥远，又属于不同气候带，在农产品上存在很大的互补，可向台湾供给的有玉米、马铃薯、大豆、黄豆油、猪肉、牛肉等，已将农工贸一体化作为与台湾开展进一步合作的切入点，利用当地2400万亩未开垦的荒地，建立农副产品加工园区。山东平度有丰富的农产品资源，有极大的开发潜力，台资在用地、税收方面享有优惠，投资企业可以通过出让、租赁、承包或大陆方投资者以土地使用权作资入股等方式取得土地使用权，并给投资期长的企业以资金上的扶持，将经营期在10年以上的企业前2年交纳的增值税地方留成部分和第3—5年交纳增值税的地方留成部分的50%用于支持企业发展。成立仅两年的广西玉林两岸农业合作实验区已引进台湾品种40多个，全部获得成功，吸引台资达7亿美元，逐渐成为台商投资大陆农业领域的新平台。以上省市对台农业合作的成效表明，这几个农业合作实验区各具特色，对台合作的发展重点不相同，重叠性不高，其发展的优势和潜力不可低估，区域之间吸引台资的态势已经逐渐明朗化，福建的区位优势正在逐渐淡化，面临潜在的竞争压力。

3. 两岸关系中非经济因素的制约

从两岸农业自然资源、生产比较优势及发展阶段的互补性和两岸加入世界贸易组织提升全球竞争力的角度看，两岸更深层次的合作应该是发挥海峡两岸各自的优势，进行产业融合，形成新的产业链条上的产品竞争力，在国际市场上竞争，相得益彰。一直以来，出于政治利益的考量，台湾当局对两岸农业之间的投资、贸易、科技和人员往来都有诸多限制，对台商赴大陆投资农业采取严格的分类管理和审查报备制度；对大陆农产品进口采取“正面表列”的管理方式，有近40%（830项）的农产品限制从大陆进口；将两岸农业技术的合作看做是“零和游戏”，而不是“双赢”，两岸共同参与的农业技术合作几乎没有开展，对大陆地区科技人士赴台的时间和人数进行限制。这些人为的限制阻碍了两岸农业高新技术的充分交流，农产品生产和贸易不能有效地按比较利益原则进行分工，导致两岸农业无法形成常态化的合作交流机制，阻碍了闽台农业交流与合作的深化发展。自 2005 年以来，两岸经贸关系的政治环境有了明显的改善，和平发展成为两岸同胞的主流民意，两岸关系发展面临难得的历史机遇，但是“台独”势力依旧利用一切可乘之机，采取一切方式进行分裂活动，成为对台海地区和平稳定的最大现实威胁和两岸关系发展的最大障碍，台湾的大陆经贸政策不可能在短期内发生实质性的改变，这是两岸农业合作面临的主要风险之一。

第二节　新形势下闽台农业全面合作的必要性与可行性

农业是国民经济的基础，发展农业和农村经济是海峡西岸经济区建设的重要任务之一。闽台农业交流合作是福建省农业经济发展的重要组成部分，也是一大优势和特色，在海峡西岸经济区建设中具有特殊和重要的作用。在新形势下，进一步深化闽台农业合作，符合海峡西岸经济区建设的要求，是促进福建新农村建设更快向前推进的重要条件，同时通过两岸的交流融合，有利于强化台湾民众对大陆的政治认同，具有重要的经济意义和政治意义。当前两岸关系新形势为实现闽台农业全面合作提供了机遇，福建具有中央政策支持和“五缘”的独特优势，有对台农业合作和交流的坚实基础，拓展闽台农业更全面的交流与合作具有现实的可行性。

一、拓展闽台农业全面合作的必要性

1. 是继续做好台湾人民工作的需要

随着台湾地区新领导人当选，两岸关系将由高危期转向和平稳定期，进入一个新的阶段，给两岸经贸合作带来了重要的发展机遇，但由台湾岛内政治斗争复杂等原因所决定，两岸关系的发展将是个长期而曲折的过程，不容我们盲目乐观。根据 2008 年 3 月选举后的台湾“陆委会”的一项民意调查，主张广义维持现状的民众仍占绝大多数（91.1%）。另外，2005 年专门针对两岸农业交流的民意调查显示，有 32.8% 的受访者不赞成两岸进行农业合作，有 24.2% 的受访者认为两岸农业交流不能够改善台湾农民生活，

认为大陆能给台湾农民带来实质性帮助的仅22.5%，63.7%的受访者认为零关税对台湾农民收入没帮助，有89.5%的受访者认为台湾不会将大陆作为水果的主要市场。可见，两岸经济、社会文化等各领域交流虽然日趋频繁，但是仍然存在许多差距和隔阂，未能达到有机的融合，还有一部分台湾民众对大陆的状况和政策不理解或者持怀疑的态度，甚至还存在敌意，和平发展还存在隐患，做台湾人民的工作任重道远。当前我们除了要对相关政策的效果进行梳理，适时推出惠台措施外，还需要进一步拓展合作交流的领域，寻求经济和社会全面融合的更加务实和有效的途径，把台湾中南部民众特别是农村民众纳入大陆的经济发展和民主政治建设中，增强他们对国家和民族的认同，把做台湾人民，尤其是中南部民众的工作提到更高的层次。

2. 是贯彻党中央建设和谐社会和社会主义新农村决策的具体体现

闽台农业合作已经有了坚实的基础，也形成了一定的依存关系，但两岸合作不仅是搭建农业交流的平台，为做好台湾农民工作奠定坚实的经济基础和感情基础，终极目标是要结合对台农业合作来提升大陆农业现代化水平，推动社会主义新农村建设，解决“三农”问题。社会主义新农村是一个全面、综合、和谐和科学的范畴，其所具有的基本特征全面反映了农村经济发展和社会文明进步的程度，因此，新农村建设不是单纯的经济建设，而且是包括社会、政治、经济、教育、文化等方方面面的有机统一，是社会综合发展程度的重要标志。十六届六中全会通过的《关于构建社会主义和谐社会若干问题的决议》提出了积极开展农村社区建设的要求和任务：“整合社区资源，逐步建立与社会主义市场经济体制相适应的农村基层管理体制、运行机制和服务体系，全面提升农村社区功能，努力建设富裕、民主、文明、和谐的新型农村社区”。最近，中央发布《中共中央关于推进农村改革发展若干重大问题的决定》，进一步明确了今后我国农村改革发展的指导思想、目标任务和重大原则，指出推动农村经济社会又好又快发展，不仅要加快农业发展、改善农民生活、加强农业和农村基础设施建设，还需要建立新型农业社会化服务体系、创新体制机制，并提出了农村改革发展的时间表，显示了国家在加强农业基础、增加农民收入、保障农民权益、促进农村和谐方面的决心。因此，福建社会主义新农村建设除了发展农村长期、稳定的产业支撑外，同时要推进文化和民主政治建设，通过推进改革创新农村基层管理体制和运行机制，使工农矛盾和城乡矛盾得到疏解，实现农业的现代化，为构建和谐海峡西岸经济区，为争取台湾民心奠定牢固的经济基础。因此，在新形势下拓展闽台农业合作是贯彻党中央建设和谐社会和社会主义新农村决策的具体体现。

3. 符合建设两岸人民交流合作先行区的要求

两岸人民交流合作先行区建设是对全面推进海峡西岸经济区建设提出的新的和更高的要求，也是当前和今后一个时期福建对台工作的新方向。两岸人民交流合作先行区的总体目标是：从全国区域发展布局和和平统一祖国大局出发，在中央对台方针政策的指引下，发挥福建的独特优势，全面加快社会经济发展，推进闽台经济文化交流，拓展合作领域，把福建建成格局更开放、功能更齐全、作用更突出的和平统一祖国的前沿平台。闽台农业合作是福建对台经贸合作的亮点，也是两岸人民交流合作先行区的重要组成部分。进一步发挥福建农业的资源和潜力优势，实施更加开放的政策、措施，继续扮演好先行的角色，是两岸人民交流合作先行区建设的要求。

4. 有利于提高闽台农业合作交流的层次

长期以来，福建在对台农业科技交流、经贸合作以及学术交流和人员互访等方面，无论是规模、层次、水平都始终走在全国前列，合作的模式也在不断地完善和创新之中，为闽台农业往来提供了良好的载体和平台。现行的合作模式可以分为传统模式和创新模式。传统模式包括贸易合作、投资合作、人才交流以及农业科技交流，其中以资源要素的流动和整合为主要模式，即台湾的资本、技术、市场、管理、销售网络等现代农业生产要素与福建的土地、劳动力、生态环境等传统农业生产要素，在生产、加工、销售等各个环节的整合。两岸农业合作实验区和台湾农民创业园是闽台农业交流和合作的创新模式，是实现闽台农业资源整合与优化配置的主要平台。但现行的两岸农业合作模式主要以贸易、投资、人才和技术等传统模式为主，制度和组织层面的合作有待深入。台湾在农村建设方面的理念和策略模式有值得借鉴的经验，拓展闽台农业合作，在包含农村、农业、农民在内的农村建设这一更大的领域，探索新的合作途径，通过在农民组织交流和合作建设农村社区等方面先行先试，以点带面，探索建立相关的体制模式和运行机制，有助于提高两岸农业合作交流的层次，保证福建对台农业合作继续走在全国前列，建立一种覆盖农村全体群众的新的管理和服务体系，推动福建传统农村向现代农村新社区转变。

二、新形势下拓展闽台农业全面合作的基础条件与可行性分析

1. 福建具有发展两岸农业交流合作先行的有利条件

改革开放以来，福建的经济社会发生了翻天覆地的变化。近几年来，随着海峡西岸经济区发展战略的实施，全省人民进一步确立了共同努力的奋斗目标，激发了创新、创造和创业的热情，形成了凝聚人心、推动发展的显著效应，经济政治、文化、社会建设和党的建设取得可喜的成效，闽台经济文化交流不断取得突破。福建具有独特的“五缘”优势、突出的生态优势和资源禀赋、优越的港口资源、坚实的经济基础，有能力也有条件在推进两岸人民交流合作方面走在全国前列。福建在对台农业合作方面已经有成功的先行举措。在合作平台方面，率先成立海峡两岸农业合作试验区、台湾农民创业园以及两岸林业合作实验区；在建立台湾农产品批发市场体系方面，2005年首次组织台湾水果零关税进入大陆展销、率先建成台湾水果销售集散中心、两岸水产品集散中心、海峡两岸（福建东山）水产品加工集散基地、泉州闽台农产品市场、福建海峡农产品批发市场，已形成一个涵盖福建对台主要口岸的海峡两岸（福建）农产品批发交易市场体系；率先恢复对台渔工合作业务，率先实施台湾居民在大陆申办个体工商户；在落实对台湾农民的优惠政策措施方面，福建率先进口台湾水果，率先扩大台湾农产品准入及零关税的实施，率先启动对台湾农产品紧急采购，全国第一部两岸农业合作条例《福建省促进闽台农业合作条例》（草案）已进入论证阶段。这些先行的举措和实践，不仅有力地促进了两地农业交流的进一步升级，在实践的过程中积累了丰富的经验，为在新形势下拓展闽台农业合作打下了良好的基础条件，同时也说明闽台农业合作有先行的基础、先行的优势和先行的成效，完全有条件拓展闽台农业的更全面合作，进行两岸农业或农村建设合作模式的创新尝试。

2. 闽台农业交流合作已有的坚实基础为闽台农业更全面合作提供必要的条件

植根于双方相似的农业地理与自然条件的相似性，发展资源、发展水平

与结构的互补性，闽台农业合作得以迅速地发展，成为福建农村经济最具特色的一环，也是两岸农业合作最重要的组成部分。在福建投资的台资农业项目约占全国台资农业项目的1/4，全省累计批办农业台资项目2048项，合同利用台资25.8亿美元，实际到资14.8亿美元，累计引进台湾优良品种2500多个，其中有150多个得到规模化推广，引进台湾农产品生产、加工设备5000多套，先进种养技术800多项；合作领域从产业拓展到科教、农业经营管理、水土保持和渔工劳务合作；合作区域也从沿海向内陆山区延伸；建成了一批台湾农民创业园区和台湾农产品集散中心。2005年以来，在大陆对台湾地区出台一系列惠及台湾农民和促进两岸农业交流合作的政策措施的带动下，福建对台农业合作交流成效更为显著，截至2008年2月底，已有38户台湾农民以个体工商户身份来到福建，投资从事农业生产，总投资额约2850万元人民币，户均投资89万元人民币。福建省在两岸农产品贸易中的集散地和中转地作用日益凸显，2007年闽台农产品贸易额达6164.4万美元，增长32.3%，其中自台湾进口2288.3万美元，增长26.16%，对台出口3876.1万美元，增长36.28%，是大陆对台农产品贸易最大出口和第二大进口省份。自2005年5月首批台湾水果登陆，到2007年4月，福建累计进口台湾水果2007.8吨、价值245.2万美元，2008年上半年仅厦门关区就进口11种零关税台湾水果，计556.7吨，价值75.3万美元，进口量增幅高达1.6倍，远高于同期全国3.3%的增幅，所占比重由去年同期的19.7%迅速上升至50.1%，超过深圳关区成为全国最大的台湾零关税水果进口集散地。

闽台农业合作已经形成了宽领域、高层次的良好格局，无论引资数、大项目数、集散中心建设、农业园区建设都走在全国前列。海峡两岸（福建）农业合作试验区设立，以及台湾农民创业园升格为国家级，为进一步扩大两岸农业合作提供了更为广阔的平台，使闽台农业合作进入了新的阶段。

3. 中央赋予的特殊政策是实现闽台两地农业交流合作紧密互动的重要支撑

十届全国人大四次会议正式把“支持海峡西岸和其他台商投资相对集中地区的经济发展”写入国家“十一五”规划，对福建经济发展提供了有利的政策空间和政策支撑。近年来中央连续、集中出台了推动两岸农业经贸合作发展利好政策措施：扩大台湾农产品进口，对其中15种水果和11种台湾产主要蔬菜给予零关税准入；对台湾籍渔船打捞的部分远洋、近海水产品和在台湾地区养殖的部分水产品，实行零关税；全面恢复对台渔工劳务合作；在部分对台小额贸易点施行更开放管理措施，如取消船舶吨位和交易金额限制等和做好相应检验检疫工作；促进海峡两岸农业合作试验区和台湾农民创业园建设，增设广东佛山、湛江，广西桂林，上海郊区，江苏昆山等4个海峡两岸农业合作试验区，福建省漳浦县、山东省栖霞市两个农民创业园；实施对台玉米出口，帮助稳定了岛内养殖业饲料价格；保护台湾农产品知识产权，维护台湾农民正当权益等。这些灵活、务实的措施受到台湾岛内农业组织和农民同胞的认可和欢迎，也是福建继续深化两岸经贸交流与合作的推动力。

福建具有的“五缘”优势，为闽台农业产业的合作与发展提供了先天的条件，并且得到中央的肯定，赢得了中央赋予的特殊的政策支持。2005年福建两岸合作实验区扩大到全省，随后，漳浦县台湾农民创业园、厦门市台湾水果销售集散中心、霞浦县台湾水产品集散中心、海峡两岸（福建东山）水产品加工集散基地、漳平永福台湾农民创业园等相继建立。中央对海峡西岸现代农业的支持力度明显加大，农业部与福建省政府共同签订了《关于共同推进海峡西岸现代农业建设的若干意见》，从海峡两岸（福建）农业合作试验区建设、农业优势产业和特色产品发展、外向型农业、现代农业发展的政策和机制保障等方面进一步加大了对福建的支持力度；在农业项目资金配套、购买农业机械补贴政策等方面给予政策倾斜；农业部闽台农作物种质资源利用重点开放实验室在福州揭牌，为海峡西岸农作物遗传育种研究提供良好的科研平台。中央赋予福建的特殊政策，是实现闽台两地更紧密、更直接、更深入、更全面良性互动的重要支撑。

4. 两岸关系新形势为深化闽台农业合作交流提供了现实的发展机遇

2008年以来，随着大环境的变化，两岸关系进入一个相对平稳的新时期，在两岸关系和平发展的主题之下，曾经制约两岸人民交流合作的政治障碍正在一一破除，有利于两岸关系良性互动的因素在增长，重新执政后的国民党，采取积极开放的大陆经贸政策，对两岸关系的“设限”实施逐步“解禁”，两岸周末包机启动、“小三通”进一步扩大、开放大陆居民赴台旅游、开放在台人民币兑换业务、开放大陆5家媒体在台驻点、台商在大陆投资上限放宽至60%、提出两岸直航时间表、两会协商重启，等等。年底以前还有多项政策有可能大幅度松绑，包括开放陆资赴台投资生产事业；开放台湾的投信、银行、证券、期货业到大陆投资；放宽台湾县、市长赴大陆参加县、市政务交流的限制等。在农业合作和交流方面，台湾“农委会”对两岸农业交流的政策导向也发生了较明显的转变，对农产品销往大陆由消极转为积极，决定将提供1600万元新台币，对台南县等八个县的农产品销售到大陆进行补助，并首次将向大陆营销台湾水果列入“农委会”2009年度计划；台湾精致农业的对大陆交流也在酝酿之中。两岸两会负责人近日完成历史上首次在台北的会谈，并签署了《海峡两岸空运协议》、《海峡两岸海运协议》、《海峡两岸邮政协议》和《海峡两岸食品安全协议》四项协议，两岸同胞翘首以盼近30年的“三通”梦想成为现实，使两岸关系发展迈出历史性一步。根据台湾“陆委会”的一项民意调查显示，超过七成民众支持两岸制度化的协商机制，并对两岸协商签署的四项协议感到满意，超过六成民众认为这些具体成果对台湾经济发展有好的影响，对于两岸包机建立“截弯取直”的新航路、海运直航及两岸“邮务合作”的满意度更超过八成。未来随着两岸总体关系的不断改善，全面开放交流成为难以逆转的发展趋势，两岸经贸关系将更加紧密，并趋于制度化，两岸经济交流、民间往来将会有更为宽松的环境，两岸经济、社会、文化和人民生活等全面的交流合作将从两岸人民的期待有望成为现实的可能，两岸“三通”的实现降低了两岸交往的成本，促进了物流、人流的通畅，福建的地缘优势仍然具有一定的生命力，两岸关系的新形势为福建省带来了大有可为的历史性机遇。

5. 加强两岸农业合作是台湾农业发展的内在需求

经过几十年的发展，台湾农业基本实现了现代化，农业集约化水平、外向度较高，但受自然资源和气候条件的限制，农业生态脆弱，家庭农场式的小规模经营导致生产成本持续走高，规模不经济，农产品在价格上无法与发达国家和发展中国家竞争，产品出口竞争优势减弱，农业发展空间受到限制。最近6年（2002—2007年）农产品贸易逆差从39亿美元增加到70亿美元，2008年上半年44.8亿美元，比上年同期增加10亿美元（29.1%），近五年（2003—2007年），农业生产年增加率基本为负增长，

分别为 -0.06%、-4.09%、-8.07%、6.09%和 -2.91%，不仅大大低于同期整体经济增长率，在国民经济三大产业中也是唯一负增长的产业。2007年农业在 GDP 中的比重为 1.45%，农产品出口在总出口中的比重为1.46%，耕地面积82.6万公顷，农业就业人口54.3万，均为历史最低点。在总体经济发展中，农业发展明显滞后。为了适应新的经贸形势，台湾加速推动农业的转型，强调“三农”一体，发展“三生农业”，发挥农业的生产、生态、生活的多元功能，以“永续经营”作为目标发展，调整农业生产结构，把重点放在发展优势产业上，缩减岛内已经丧失竞争优势的土地密集和劳动密集型产品的生产。从台湾农业经济发展趋势看，开拓岛外市场，靠资本和技术的外移来继续保持在生产成本上的竞争优势，依旧是未来解决农业发展困境的必然选择。闽台两地农业资源条件相似，资源要素互补性强，已经形成了地域经济的分工与合作，福建仍会是台湾农业转移产业、分散市场风险和实现农业产业升级的首选地。

第三节　新形势下闽台农业全面合作模式创新探讨

两岸之间未来的走向是社会的全面融合，以福建为主的海峡西岸经济区未来也将向两岸社会融合试验区发展，以求在经济、政治、文化、教育、生活和社会管理制度上进一步融合。基于大陆三农建设以及进一步深化闽台农业合作，做台湾人民工作的需要，福建有必要，也有条件在包含农村、农业、农民在内的农村建设这一更大的领域，进行两岸合作模式的创新尝试，在此基础上，我们提出建立福建两岸农村建设合作示范区的设想。

一、两岸农村建设合作示范区的基本内涵

两岸农村建设合作示范区是两岸社会融合试验区的重要组成部分，是一个经济和社会的融合体，两岸农村建设合作示范区建设的基本思路是：在两岸的农民组织交流合作、两岸农业经营管理模式以及乡村治理等方面先行先试，为实现双方经济和社会的进一步融合奠定基础。在示范区内选择产业对接、组织合作模式创新、农村社区建设合作等新途径，通过施行更加开放的

政策和措施，促进两岸农业、农村和农民更紧密地结合，将两岸农村建设合作示范区建设成融合两岸农业、农村和农民的连接点和大陆农村建设的新的经济增长点，并对深化两岸农业合作发挥积极的效应。

二、两岸农村建设合作示范区的总体构想

1. 延伸闽台农业产业链，在两岸“大农业”产业对接上先行示范

在经济全球化和区域经济一体化的大趋势下，农业呈现出区域化、国际化、集团化趋势，不仅表现为农产品的进出口，而且表现为生产要素的流动。闽台之间的经济联系和要素流动日益密切，但由于有效的合作机制尚在完善之中，难以全面发挥区域合作的竞争优势。进一步建立闽台农业产业互补和分工体系，深化双方的合作，在更大范围内进行闽台农业产业链的整合，将有助于将更多的资源纳入合作区域，加快生产要素在更大范围内的流动，拓宽合作领域，推动合作向纵深方向发展，对两岸农业合作和经贸发展都有现实的意义。

（1）从大农业的角度延伸闽台农业合作产业链。农业产业链是指与农业初级产品生产关联密切的产业群所形成的网络结构。这些产业群依其关联顺序依次为：为农业生产准备的科研，农资等前期产业部门，农作物种植、畜禽养殖等中间产业部门和以农产品为原料的加工、储存、运输、销售等后期产业部门，通称为农业产前、产中及产后部门。我国的传统体制把农业产前的物质生产资料的投入和产后的生产加工界定给工业部门，把农产品经营流通界定给商业部门，使得农业再生产各环节的内在联系被阻断。虽然改革开放以来，农业进入产前、产后环节的状况有所改善，但迄今为止，农民充分参与的一体化经营的农业产业链仍然薄弱，尤其是农用生产资料与农民的需求脱节的问题仍然突出。

闽台农业合作走过了“狭义的大田农业”和“广义农业”阶段，在“狭义的大田农业”合作阶段，以动植物优良品种的引进为主，在“广义农业”阶段，合作内容扩展到以台湾的资金、技术与福建的劳动力、土地资源的整合，以及以农产品加工业为龙头带动农林渔牧全面发展，闽台农业间产业链构建已经初见成效，即产中和产后的合作发展已经有了一定的基础。目前闽台农业合作绝大多数集中于农产品加工业和种养业的基本环节，在机

械、肥料、种子、饲料、农药、农膜、电力及其他物资等产前产业的合作方面几乎还是空白。《海峡两岸（福建）农业合作试验区发展规划》指出，今后一段时间，闽台农业合作的总体目标是：在台湾农业资金、良种、技术及管理经验尤其是台湾“五新”（新品种、新技术、新农药、新化肥、新机具）的引进、创新和推广方面取得明显成效，使双方的交流与合作向更高层次、更大规模发展。两岸农村建设合作示范区应该在闽台农业产业对接方面寻求突破点，先行示范，将闽台农业合作的领域拓宽到包括农业产前、产中与产后三大部门的“大农业”，着重发展农业产前领域的合作，以引进农产品加工先进技术和设备为重点，合作生产和开发高质量的农业机械、化肥、有机肥、生物肥、高效安全的农药、薄膜产品、饲料添加剂及饲料蛋白等，通过延伸闽台农业合作的产业链来推进闽台农业资源要素的进一步整合。

（2）加强对台合作，发展新型农用工业。以肥料、农药等为代表的农用工业为我国数量型农业的发展起了重要作用。在现代农业发展时期，耕地越来越少、人口越来越多，实现农产品质量与数量的同步提升显得尤为重要。随着生物技术的广泛应用，良种潜力的不断发挥，对肥料、农药、地膜等农用工业产品的技术要求也越来越高。农产品实现标准化，减少对生态、环境的污染，提高耕作效率，实现农业整体水平的提升，均有赖于农用新型工业的创新与发展作为支撑。

新型农用工业是增强农业物质装备的重要依托，它是一个涵盖新型肥料、低毒农药、先进机械、植保药械、加工设备等众多内容的系统工程，是在化肥、农药、农机、农膜为代表的农用工业基础上发展起来的，适应现代农业优质高产、环保低耗、安全高效需要的高科技集成技术产业，包括新型肥料、新型低毒高效农药、新型多功能农机、农产品加工机械、可降解农膜及生物制种等。2007 年颁布的“中共中央国务院关于积极发展现代农业扎实推进社会主义新农村建设的若干意见”第二部分第 5 条明确指出，“发展现代农业是社会主义新农村建设的首要任务，要用现代物质条件装备农业，提高农业水利化、机械化和信息化水平”，“发展新型农用工业”，优化肥料结构，加快发展适合不同土壤、不同作物特点的专用肥、缓释肥；加大对新农药研制的支持力度，推进农药产品更新换代；加快农机行业技术创新和结构调整，重点发展大中型拖拉机、多功能通用型高效联合收割机及各种专用农机产品。可见，发展新型农用工业已成为我国现代农业发展中的一项重要任务。

台湾具有较为发达的农用工业，但由于市场容量小，易饱和，本地需求不足，使以中小型企业为主的农用工业难以支撑产业规模。面对国际化的市场竞争，台湾农用工业的继续发展有赖于寻找低生产成本的合作对象。福建的气候与地理条件与台湾相似，有丰富的物质资源和劳动力，不仅可为台湾农用工业提供广阔的市场，同时也具有与台湾农用工业开展合作的有利条件。因此，两岸（福建）农村建设合作示范区应该作为一个新的平台，在农用工业领域的交流合作方面进行拓展。

例如，在农业机械引进和合作生产方面探索与台湾对接的途径。福建的农业机械化总体水平还处于初级阶段，耕、种、收三项综合水平在全国处于落后位置。2005 年全国耕作机械化水平平均为 50.15%，福建省为 36.98%；耕种机械化水平全国平均 30.26%，福建省为 0.09%；全国收获机械化水平平均为 22.63%，福建省为 6.52%；耕、种、收机械化全国平均水平为 35.93%，福建省仅为 16.77%。福建的农机产品生产以中低档产品为主，技术水平含量低，企业设备陈旧，制造技术落后，无法满足农业生产的需要，与建设社会主义新农村的要求还有较大差距。农业机械化程度的高低取决于是否具备合适的耕地条件、一定的资金投入和较为完善的社会化服务推广体系，但是否具有能够生产出品种多、质量高、适应性强的先进的农业装备制造业更是关键的因素。我国是农业机械生产大国，农机工业体系也已基本形成，但迫切需要的农机产品有效供给不足的问题却日益突出。农机的品种、质量、性能和作业项目与农业结构调整需要不相适应，低端产品生产能力过剩和中高端产品生产能力不足的结构性矛盾凸显，农机工业面临改变传统的靠扩大规模和速度求发展的模式，由靠资源和劳动投入转为主要靠科技投入，加速利用现代制造技术，改造传统制造技术，来实现经济增长方式的变革。

台湾自 20 世纪 80 年代起就基本实现了农业机械化，目前农业机械化的重点已从稻谷生产过程中的耕、种、收、烘干、加工环节转向杂粮、园艺作物及特用作物，由农产品生产机械化转向农产品增值处理加工及废弃物处理、改善环境的机械化，目前稻作栽培、粮作物整地、播种、防治及收获和蔬菜播种育苗机械化程度分别达98%、95%和85%。台湾农业耕作面积小，农机市场基本饱和，台湾农机产业的继续发展有赖于寻找低生产成本的合作对象。

当前国家加大对农业的扶持力度，新农村建设也为农业机械化发展提出了更高的要求，海峡西岸经济区建设和闽台农业合作的深入为闽台开展农业机械方面的合作提供了机遇，给双方带来了更多的合作发展空间。福建可借助两岸农村建设合作示范区这一平台，与台湾农机界开展广泛的交流和合作，组织不同层次和类型的考察团赴台湾，学习借鉴台湾发展农机化的经验；农机科研机构和生产企业加强与台湾农机科研机构和生产企业多方位的接触，引进台湾先进的农机具进行试验和示范，吸引台湾农机生产厂家来福建投资办厂。通过闽台之间的合作，使台湾农业机械技术、经营管理经验和外向型的市场开拓经验与福建丰富的资源、较为完善的基础设施和较为稳定的宏观经济环境相结合，带动福建农机制造业向优质、高性能方向发展，加快发展农业机械化，为推进社会主义新农村建设，全面建设小康社会的宏伟目标作出应有的贡献。

2. 借鉴台湾“富丽农村”建设的策略模式，进行两岸农村发展理念的交流

台湾“富丽农村”建设开始于20世纪90年代，其核心是把现代农业建设从农业延伸到农业、农民、农村“三位一体”，将农村文化和农民生活纳入建设规划，协调农村建设与自然生态环境的关系，营造井然有序的乡村生态景观、优雅的人文环境和舒适的生活环境，最终达到增加农民所得，提高农民的生活质量的目的。主要内容是结合农村景观生态、产业布局、社区文化和环境建设，进行农宅整建改建、社区环境绿化、道路拓宽、设置公共设施，建设商业文化中心及公共休闲设施等农村社区更新和新市镇建设。台湾在建设“富丽农村”的过程中，采取缜密规划、政策引导和资金扶持的策略：以经济发展的阶段性水平为基础，制订农村纲要规划和农村细部建设计划，根据各区域的住宅分布、人口密度、交通及通信网络设施、水资源、环境景观等特点，因地制宜，对社区整体布局、农宅新建或修缮、农户环境卫生、社区公共设施、生态保护、园林绿化、垃圾及污水处理等进行规划和

建设，配合宏观的有针对性的政策引导，提供较为充足的资金支持，并具有一套行之有效的管理模式。经过十余年的发展，农民的生产条件和居家环境明显改善，生活品质也有明显提高，呈现出产业、休闲、生态和人文兼备，“健康、有活力的乡村新风貌”。

“富丽农村”建设是社会经济发展到一定阶段的客观产物，体现了农业发展理念的阶段性特征，是对农村建设理念的深化，是农业发展空间的延伸，是当前缓解三农问题、平衡城乡发展的一条新的途径。当前，城乡一体化、农村城市化、农业现代化和农民市民化是中国城乡协同发展的总体目标，由中国经济区域的多样性所决定，单一的以提高生产力为目标的农村发展模式不足以满足各区域发展的需要，需要从“富丽农村”概念入手来丰富新农村建设的内涵。台湾“富丽农村”建设的做法和经验与我国农村建设发展的需要是相吻合的，值得我们借鉴。借鉴台湾“富丽农村”建设的理念、运作方法和管理措施，可通过民间或其他途径，与台湾农村建设较为成功的典型乡镇定期联系与交流，学习其发展思路和模式，在试点乡村进行实践；聘请台湾专家、学者、乡村基层工作人员为乡、镇、街道领导干部授课，传授农村建设理念和管理方式，聘请台湾专家参加新农村建设专家咨询，为试点村做长期、具体的技术指导。

3. 在两岸农村组织经营管理模式合作上先行探索

以农业合作经济组织为载体，有针对性地借鉴台湾农村组织行之有效的发展机制、经营模式和管理经验，开展与台湾中南部农会、农协、产销班等农村经济组织全方位的交流与合作，在两岸农村建设合作示范区进行探索。重点是结合贯彻《农民专业合作社法》，扶持一批农民合作经济组织开展试点，探索有效的组织运作机制，总结推广好的做法和经验，力争有新的突破。

（1）借鉴台湾经验发展农民经济合作组织。农民专业合作经济组织是农民自愿参加的，以农户经营为基础，以某一产业或产品为纽带，以增加成员收入为目的，实行资金、技术、生产、购销、加工等互助合作经济组织，是实施农业产业化经营的一支新生的组织资源。发达的农民合作组织是农业现代化的特征之一，是一种人力资源和人力资本的整合与优化配置，有利于提高农业经济效益。新近颁布的《农民专业合作社法》明确了农民专业合作社的市场主体地位，体现了国家高度重视发挥农民专业组织在促进农民增收、发展农业生产和农村经济中的作用。福建农民合作组织发展还处于起步阶段，目前参加专业组织的农户仅占总农户数的8.6%，存在内部管理不规范，市场组织化程度较低、资金短缺以及合作紧密程度不足等一些比较共性的问题，致使其无法充分发挥引导农民生产、保护农民权益等应有的作用。台湾发达的农民合作组织是实现农业现代化过程中的重要环节，台湾的产销班、农会和农业合作社等农民合作组织，在引导农民生产、降低农民在市场竞争中的风险、促进规模经济发展、提高农产品营销效率、保护小农利益、增加农民收入等方面发挥了重大的作用。台湾发展农民专业组织的成功经验使我们看到了大陆在农民专业合作组织建立中存在的差距，同时对大陆农业也有很大的借鉴意义。两岸农村建设合作示范区要在两岸农业的组织合作方面有所突破，选择基础较好、群众积极性高的地方的农民合作经济组织，依托台农、台商和台胞协会的作用，发展类似台湾产销班功能的农民合作经济组织，借鉴台湾的经验开展试点。首先，将农民专业合作组织定位为经济、教育和社会组织，而不是政治组织；其次，从实际出发循序渐进，尊重农民的意愿和选择，有助于增强组织的活力和发展后劲；再次，以服务农民为宗旨，不以赢利为目的，成员在买卖和盈余的处理上有自主权和分配权，合作组织与主管部门、社会团体以及其他企业享有平等的市场主体待遇；最后，管理部门在发展农民专业合作组织过程中给予税收、财政、金融等经济方面的支持和其他政策的扶持。

（2）以农业合作经济组织为载体，进行两岸农民组织之间的交流与合作。两岸农民行业协会的跨地区合作，是两岸农民在农业生产和经营中整合资源，获得规模效应的有效途径。其不仅能够借鉴台湾发展农民合作经济组织的经验，同时能够通过组建闽台农民经济合作组织，更直接地让两岸农民充分享受到农民合作组织给两岸农业发展、农民富裕和农村繁荣带来的促进作用。两岸农村建设合作示范区既然是两岸农业合作的先行区域，有必要进行两岸农业合作模式的创新尝试，寻求提升闽台农业合作层次的突破口，通过两岸的农业组织合作方面“先行先试”，为深化两岸的农业交流与合作，为全国的新农村建设起到积极的示范和推动作用，并且稳固福建在全国对台农业交流中的地位。

其一，开展两岸农民合作组织和学界之间的互访，进行理念和实务的沟通与交流。每年定期或不定期地进行农民合作组织代表之间的访问、考察和培训，进行沟通并接受指导；开展学术研究，探讨福建农民合作经济组织的发展问题，探索台湾农民合作组织的管理方式、运作模式以及发展趋势等；邀请台湾专家农民来进行指导、创建农民合作经济组织；选派或组织村镇干部、种植大户或经营能手赴台学习台湾的相关制度与经验；通过台湾的农民合作经济组织在福建设立办事处，台商或台农参与本省的各类合作经济组织等方式进行两岸间多种渠道和不同方式的沟通。

其二，开展两岸农民合作组织之间的交流与合作。台湾农民合作经济组织拥有农会健全的功能作为支撑，这一点是大陆农民合作经济组织所缺乏的，面对这样的现实，可在两岸从事同类或不同类产品生产的农业行业协会或经济组织之间展开多种形式的交流与合作，例如生产技术合作形式，可包括引进台湾新品种、邀请台湾专家开展农业指导讲座，对农民进行新技能、新技术、新方法和新理念方面的培训；组成跨区域的联合社的形式，带动专业化生产，降低生产成本和运销成本，创立品牌，依靠台湾农民合作组织的渠道，共同开拓国际市场；由台湾水果、蔬菜等产销班到福建设立分社的形式，组建类似联合社的供应链联盟，联合从事农产品运销事业，等等。

根据经济发展水平的差异性，当地农民合作组织发育的程度以及农民参与意愿的高低，建立不同方式的对接试验点，进行闽台农业合作组织交流与合作的尝试，而后总结经验，进行推广。当然，两岸农民合作组织的交流与合作如同大陆农民合作组织的建立发展一样，不仅取决于自身内部制度的安排，同时也取决于外部制度环境的影响，因此此项交流效果如何，还有赖于农产品市场体系的不断完善和政策的支撑。

4. 在基层民主建设和乡村治理方面求闽台农业更全面合作

农村基层民主，是我国社会主义民主法制建设和政治体制改革的一项重要内容，也是当今中国提高农村治理水平的一种有效方式，其本质是以市场经济为基础，以整合新时期农村利益结构和权威结构为目标，按民主理念设计的具有现代意义的乡村民主制度，其核心在于能有效地保证人民群众直接参加国家和社会事务的管理。扩大基层民主，是完善发展中国特色社会主义民主政治的必然趋势和重要基础，加强农村民主法治建设，完善乡村治理机制创造良好的微观环境是当前新农村建设的重要保障。目前中国的乡村治理体制具有乡镇政府机构臃肿，功能低下；基层民主不规范，农民的基本民主权利得不到保障；乡村治理采用“压力型”体制，村级自治组织受乡镇政府控制和干预等弊端。现行的乡村治理体制落伍，已难以适应经济社会发展的要求。借鉴台湾乡村治理方面的理念和策略模式，进行福建乡村治理体制变革的尝试，有助于融合两岸的优越要素，缩小双方的体制差距，吸纳台湾同胞参与到祖国大陆民主政治建设中，使他们与大陆同胞一道行使人民当家做主的权利，一道推进民主法治的健全和完善，让台湾同胞尤其是中南部民众了解大陆，真切体会到大陆政治文明的优越，真正享有国家主人翁地位的尊严和荣耀，从而逐渐构建其对祖国的政治认同。

5. 进行两岸农村建设合作示范区的试点

两岸农村建设合作示范区建设应进行分步实施、重点推进的部署，在区内选择更具先行条件的地区作为核心区，率先试行某些更开放的政策与措施，在建立农村组织试点以及乡村治理方面进行尝试，取得突破后，再逐步向更大范围延伸和拓展。让台湾人参与农村经济、社会事务管理，促进两岸民心进一步融合。

（1）建立农村组织试点。台湾的农会等农村组织在农业生产、农民生存环境改善和农村社会发展等方面扮演了极为重要的角色。台湾农会组织的经验对大陆新农村建设具有实际性的借鉴意义，目前在大陆由于具有政治敏感性的原因，短期内尚不可能恢复农会组织的情况下，可在小范围进行农村乡镇管理体制改革的试点，选择较具条件的乡村建立具有经济、社会和文化功能，以农民为主体，体现农民意志的农会组织，聘请台湾地区农会的理事、监事、总干事等指导或参与农会的组建和运作。

（2）借鉴台湾模式进行乡村治理的试点。以推进农村的民主化进程，完善村民自治机制为目的，在试点村尝试构建以农民为主体，让农民得实惠的乡村治理机制，明确政府、政党和社会的分工，让农民群众对村务大事和村务管理真正享有知情权、参与权、管理权、监督权；遵循以农民为主，政府的支持为辅的原则；淡化“官办”的色彩；以经济职能为主，政治职能为辅；按现代化企业管理方式进行运作。邀请台湾农村社会基层领导人前来进行乡村治理方法的指导，有条件时，甚至可聘请台湾对农村乡镇的管理有丰富经验的区长、乡长、里长或村长到当地乡镇兼职或介入农村管理层，成为领导成员之一，直接参与农村社会事务的管理，一方面增加台湾基层人物与当地农民接触的机会，增进其对大陆农村经济社会以及基层民主政治建设进程的了解，另一方面争取台湾农村社会基层更多中华民族的认同感。

三、建立两岸农村建设合作示范区的对策和建议

建立两岸农村建设合作示范区的终极目标不仅是搭建两岸农业合作交流的平台，把两岸农业合作与大陆发展现代农业、解决三农问题相结合，提升大陆农业现代化水平，推动社会主义新农村建设，更在于通过在农村建设这一大范围内与台湾的民众实现融合，为做好台湾民众的工作奠定坚实的经济基础和感情基础。因此，两岸农村建设合作示范区应该发挥有针对性地做台湾中南部民众工作的作用，同时需要赋予相应的政策以及与涉台法律及法规相配套的实施细则予以规范，营造良好的政治和政策环境。

1. 对闽台农业合作进行客观评估，发现存在的问题

落实已有的中央和省市出台的有关实验区、农民创业园建设的优惠政策，制定相应的、可操作性的政策和措施；对实验区、农民创业园进行全面、客观、科学的评估，对存在的问题进行分析和总结，以便于在制定实验区的发展规划时参考。

2. 建立政府宏观调控机制及协调机制

两岸农村建设合作示范区建设涉及大量的对台方针政策和相关职能部门的具体操作，需要在福建省委和省政府的指导下，发挥政府宏观调控和行政部门的职能作用，加强对各部门执行闽台农业合作条例、法规、政策的监管，提升政府指导、协调和服务的职能，建立政府和实际部门的协调机制，协调处理相关的重大事宜。

3. 创造良好的法律环境

根据国家有关法律、法规，结合福建实际，加紧《促进闽台农业合作条例》等相关法律条例的制定工作，遵循优势互补、全面合作、互利共赢、沟通发展的原则，以法律的形式规范台湾台胞在福建从事农业生产经营、涉农产业开发和农业经济活动的行为。《条例》顺应两岸关系的发展和国家有关两岸农业交流合作的政策取向，体现福建先行先试的发展战略思想，坚持公平、共赢的原则，制定具有前瞻性的、有针对性的法律条例，以注重产业

集群的培育、促进农产品的物流和交易平台的建设、注重农业科技的创新能力建设、体制创新以及把台湾农民创业园办成闽台农业合作先行先试点等作为立法重点，在合作的内容及政策、政府服务和社会支持以及法律保障等几方面制定详细的法规条文进行规范，创造优良的法制环境，促进闽台农业交流与合作持续、快速发展。

4. 赋予实验区综合配套改革政策，增强对台湾的吸引力和对接能力

（1）完善投资机制，加大资金扶持力度，给予专项的资金扶持。第一，加大基础设施建设的扶持力度，如在国家农业开发办设立海峡两岸农业合作发展基金，增设开发项目，逐年下达示范区建设任务和配套资金，完善基础设施建设，由地方政府申报并组织实施，提高示范区承接台湾农业外移的能力。将重点合作项目列入国家计划、设立实验区专项扶持资金，用于基础设施建设、交流、科技培训等，并且要保证一定的增长幅度。第二，加大对台资企业的扶持力度，解决台资农业企业用电等具体困难。降低台资种植、养殖企业的电费收费标准，将农业生产用电范围扩大至农作物产品、畜禽产品、园艺产品等的生产全程和不改变农产品原状的初加工阶段。

（2）建立长效的投、融资机制，赋予更加灵活的金融政策。在金融政策方面给予倾斜，建议国家有关金融机构将扶持台资中小企业发展的贷款资金，优先向在实验区的台资农业企业倾斜；在融资方面，针对台商拥有使用权的土地性质一般均为集体土地，不能依法抵押的问题，建议相关部门明确集体土地使用权在向银行进行融资时可供流转、抵押；允许台资农业种养业的地面物、厂房、设备作为金融机构的抵押物解决融资问题；台企业依法取得山地使用权，在山地上种植的果树、茶叶、林木等地面物可以申请办理林权证，并可作为抵押物，向金融机构申请短期流动资金贷款；允许台商成立担保公司，为台商提供融资担保服务。

（3）采取更加灵活的土地管理政策。目前对台农业合作实验区用地来源主要是占用各省、市、自治区自有的用地指标，由于土地资源有限，难免出现土地紧张的情况，建议将涉及台商投资农业项目的用地与工业用地区分开，根据园区规划功能安排一定比例建设用地，不占地方用地指标；对种养殖和加工一体的企业给予专门的用地指标；对有固化建筑物的设施农业基地仍按农业用地管理，对基地附属管理用房按临时用地管理。

（4）给建立农民组织以特殊政策。赋予由政府部门引导在试点建立“农会”的特殊政策，政府以引导、宣传、服务为主，行政干预为辅，并在税收、资金方面给予扶持；在政策、资金方面加大对农民产销经济合作组织的扶持力度；允许台湾农民合作经济组织在实验区内设立办事处以及台资企业和农民设立农民合作经济组织，并争取以法律的形式予以规范。

（5）保障台商权益。要杜绝向台资企业或个体工商户收取除国家规定外的行政事业性费用，以及随意提高良种进口审批和产品进口检疫费用；在台商依法取得土地所有权的合同期限内，因国家建设或集体公益事业需要征收土地时，均应该予以相应的补偿；台农资企业申报各级产业化龙头企业和品牌农业企业，申报无公害农产品、绿色和有机食品，通过认定，可以优先享受各级政府相关扶持政策；针对农业保险风险比较大，商业保险公司不愿意开办农业保险业务的现实，由政府出资，组建以社会效益最大化，不以赢利为目的的政策性农业保险，为农民和农业台资企业提供抵御风险的可靠保证；在自然灾害救助等方面给农业台资企业以“国民待遇”，缩小台湾和大陆农民所接受服务的差异，使之与大陆农民一样能减少受灾损失，尽快恢复生产，增强台胞的“向心力”。

第四节　本章小结

一、主要内容

两岸农业交流与合作，不论是在深度上还是广度上都已取得很大的发展，农业合作带给双方的经济实效令人鼓舞。福建地区长期以来一直是两岸农业交流与合作的重镇，在对台农业科技交流、农业经贸合作，以及两岸农业学术交流和人员互访等方面，其规模、层次、水平都居于大陆各省前列。福建省委提出的依托“五缘”，拓展“六求”，以及“努力把海峡西岸经济区建设成为科学发展的先行区、两岸人民交流合作的先行区”，为闽台农业合作提出了更新的要求。随着台湾“大选”的结束，两岸关系进入一个新的发展时期，在两岸的共同努力下，两岸关系取得了许多突破性的进展，为两岸关系的和平发展局面奠定了重要的基础，但“台独”势力仍然是一支不可忽视的政治力量；因此，马英九的决策必然会受到“台独”势力的牵制，两岸经贸关系正常化不可能一步到位。在这样的形势下，如何拓展闽台农业全面合作的新作为，值得研究。两岸之间未来的走向是社会的全面融合，以福建为主的海峡西岸经济区未来也将向两岸社会融合试验区发展，以求在经济、政治、文化、教育、生活和社会管理制度上进一步融合。因此，闽台农业合作有待于在包含农村、农业、农民在内的农村建设这一更大的领域，进行两岸合作模式的创新尝试，在两岸的农民组织交流合作、两岸农业经营管理模式以及乡村治理等方面先行先试，实现双方经济和社会的进一步融合。本章研究首先对闽台农业交流合作发展的历程与现状进行总结，分析闽台农业交流合作面临的现实挑战和新形势下拓展闽台农业全面合作的必要性和可行性，提出新形势下闽台农业全面合作的模式——两岸农村建设合作示范区的设想，并提出相应的对策建议。

二、主要观点

（一）基于大陆“三农”建设与两岸关系发展新形势以及进一步深化闽台农业合作的需要，福建有必要，也有条件拓展闽台农业更全面、更深入地交流和合作

农业是国民经济的基础，发展农业和农村经济是建设海峡西岸经济区的重要组成部分。而作为福建农业一大优势和特色的闽台农业交流合作，将在海峡西岸经济区建设中发挥特殊而重要的作用。在新形势下，拓展闽台农业合作不仅符合海峡西岸经济区建设的要求，有利于提高闽台农业合作的层次，促进福建新农村建设更快向前推进，而且通过两岸的交流融合，有利于强化台湾民众对大陆的政治认同，具有重要的经济意义和政治意义。当前两岸关系新形势为实现闽台农业全面合作提供了机遇，福建具有中央政策支持和“五缘”的独特优势，有对台农业合作和交流的坚实基础，台湾农业发展的内在需求，拓展闽台农业更全面的交流与合作具有现实的可行性。

（二）在包含农村、农业、农民在内的农村建设这一更大的领域，进行两岸合作模式的创新尝试——建立福建两岸农村建设合作示范区的构想

两岸之间未来的走向是社会的全面融合，以福建为主的海峡西岸经济区未来也将向两岸社会融合试验区发展，以求在经济、政治、文化、教育、生

活和社会管理制度上进一步融合。基于大陆三农建设以及进一步深化闽台农业合作，做台湾人民工作的需要，福建有必要，也有条件在包含农村、农业、农民在内的农村建设这一更大的领域，进行两岸合作模式的创新尝试。在此基础上，我们提出建立福建两岸农村建设合作示范区的设想。

1. 两岸农村建设合作示范区的基本内涵

两岸农村建设合作示范区是两岸社会融合试验区的重要组成部分，是一个经济和社会的融合体。两岸农村建设合作示范区建设的基本思路是：在两岸的农民组织交流合作、两岸农业经营管理模式以及乡村治理等方面先行先试，在示范区内选择产业对接、组织合作模式创新、农村社区建设合作等新途径；通过施行更加开放的政策和措施，促进两岸农业、农村和农民更紧密地结合，将两岸农村建设合作示范区建设成融合两岸农业、农村和农民的连接点和大陆农村建设的新的经济增长点，为实现双方经济和社会的进一步融合奠定基础，并对深化两岸农业合作发挥积极的效应。

2. 两岸农村建设合作示范区的总体构想

（1）延伸闽台农业产业链，在两岸“大农业”产业对接上先行示范。在经济全球化和区域经济一体化的大趋势下，农业呈现出区域化、国际化、集团化趋势，不仅表现为农产品的进出口，而且表现为生产要素的流动。闽台之间的经济联系和要素流动日益密切，但由于有效的合作机制尚在完善之中，难以全面发挥区域合作的竞争优势。进一步建立闽台农业产业互补和分工体系，深化双方的合作，在更大范围内进行闽台农业产业链的整合，将有助于将更多的资源纳入合作区域，加快生产要素在更大范围内的流动，拓宽合作领域，推动合作向纵深方向发展，对两岸农业合作和经贸发展都有现实的意义。

闽台农业合作走过了“狭义的大田农业”和“广义农业”阶段，在“狭义的大田农业”合作阶段，以动植物优良品种的引进为主，在“广义农业”阶段，合作内容扩展到以台湾的资金、技术与福建的劳动力、土地资源的整合，以及以农产品加工业为龙头带动农林渔牧业全面发展，闽台农业间产业链构建已经初见成效，即产中和产后的合作发展已经有了一定的基础。目前闽台农业合作绝大多数集中于农产品加工业和种养业的基本环节，在机械、肥料、种子、饲料、农药、农膜、电力及其他物资等产前产业的合作方面几乎还是空白。两岸农村建设合作示范区应该在闽台农业产业对接方面寻求突破点，先行示范，从大农业的角度延伸闽台农业合作产业链。两岸农村建设合作示范区应该将闽台农业合作的领域拓宽到包括农业产前、产中与产后三大部门的“大农业”，着重发展农业产前领域的合作，重点发展新型农用工业，以引进农产品加工先进技术和设备为重点，合作生产和开发高质量的农业机械、化肥、有机肥、生物肥、高效安全的农药、薄膜产品、饲料添加剂及饲料蛋白等，通过延伸闽台农业合作的产业链来推进闽台农业资源要素的进一步整合。

（2）借鉴台湾“富丽农村”建设的策略模式，进行两岸农村发展理念的交流。“富丽农村”建设是社会经济发展到一定阶段的客观产物，体现了农业发展理念的阶段性特征，是对农村建设理念的深化，是农业发展空间的延伸，是当前缓解三农问题、平衡城乡发展的一条新的途径。当前中国发展的总体规划提出了城乡一体化、农村城市化、农业现代化和农民市民化的目标，中国经济区域的多样性决定了单一的以提高生产力为目标的农村发展模式不足以满足各区域发展的需要，需要从“富丽农村”概念入手，丰富新农村建设的内涵。台湾“富丽农村”建设的做法和经验与我国农村建设发展的需要是相吻合的，值得我们借鉴。借鉴台湾“富丽农村”建设的理念，运作方法和管理措施，可通过民间或其他途径，与台湾农村建设较为成功的典型乡镇定期联系与交流，学习其发展思路和模式，在试点乡村进行实践；聘请台湾专家、学者、乡村基层工作人员为乡、镇、街道领导干部授课，传授农村建设理念和管理方式，聘请台湾专家参加新农村建设专家咨询，为试点村做长期、具体的技术指导。

（3）探索两岸农村组织经营管理合作模式。以农业合作经济组织为载体，有针对性地借鉴台湾农村组织行之有效的发展机制、经营模式和管理经验，开展与台湾中南部农会、农协、产销班等农村经济组织全方位的交流与合作，在两岸农村建设合作示范区进行探索。重点是结合贯彻《农民专业合作社法》，扶持一批农民合作经济组织开展试点，探索有效的组织运作机制，总结推广好的做法和经验，力争有新的突破。借鉴台湾经验发展农民经济合作组织。以农业合作经济组织为载体，进行两岸农民组织之间的交流与合作。开展两岸农民合作组织和学界之间的互访，进行理念和实务的沟通与交流。开展两岸农民合作组织之间的交流与合作。在基层民主建设和乡村治理方面力求闽台农业更全面合作。

（4）进行两岸农村建设合作示范区的试点。两岸农村建设合作示范区建设应进行分步实施、重点推进的部署，在区内选择更具先行条件的地区，作为两岸农村建设合作示范区的核心区，率先试行某些更开放的政策与措施，在建立农村组织试点以及乡村治理方面进行尝试，取得突破后，再逐步向更大范围延伸和拓展。让台湾人参与农村经济、社会事务管理，促进两岸民心进一步融合。

（三）两岸农村建设合作示范区应该发挥有针对性地做台湾中南部民众工作的作用，同时需要赋予相应的政策以及与涉台法律及法规相配套的实施细则予以规范，营造良好的政治和政策环境

建立两岸农村建设合作示范区的终极目标不仅是搭建两岸农业合作交流的平台，把两岸农业合作与大陆发展现代农业、解决三农问题相结合，提升大陆农业现代化水平，推动社会主义新农村建设，更在于通过在农村建设这一大范围内与台湾的民众实现融合，为做好台湾民众的工作奠定坚实的经济基础和感情基础。因此，两岸农村建设合作示范区应该发挥有针对性地做台湾中南部民众工作的作用，同时需要赋予实验区综合配套改革政策，增强对台湾的吸引力和对接能力，制定涉台法律及与法规相配套的实施细则予以规范，营造良好的政治和政策环境，把做台湾人民工作落到实处。

三、结论

在当前的新形势下，我们对台工作的重心应该更有针对性，包括对对台农业政策的效果进行梳理，发现不足，进一步探讨拓展合作交流的领域，以及更加务实和有效的合作途径，拓展两岸农业全面合作。

基于三农建设以及进一步深化闽台农业合作，做台湾人民工作的需要，福建有必要，也有条件在包含农村、农业、农民在内的农村建设这一更大的领域，进行两岸农业合作模式的创新尝试。通过设立两岸农村建设合作示范区，在示范区内选择产业对接、组织合作模式创新、农村社区建设合作等新途径，通过施行更加开放的综合配套改革政策，尤其在资金扶持、融资、土地管理、建立农民组织等方面给予相应的特殊政策，制定涉台法律及法规相配套的实施细则，营造良好的政治和政策环境，促进两岸农业、农村和农民更紧密地结合，将两岸农村建设合作示范区建设成融合两岸农业、农村和农民的连接点和大陆农村建设的新的经济增长点；并对深化两岸农业合作发挥积极的效应，为福建为主的海峡西岸经济区未来向两岸社会融合试验区发展奠定基础。

第四章　拓展闽台旅游双向对接新作为研究

张敦财*

由于马英九的上台，国民党重新执政，两岸关系出现了积极因素。随着两岸“周末包机”的实施，大陆居民赴台湾旅游的启动，台湾全面开放“小三通”，“陈江会”在台北的召开，两岸“三通”将逐渐走向正常化。在“三通”新形势下，为两岸带来了前所未有的有利机遇，同样的，为福建的经济发展，为“海西”的建设和福建实现“十一五旅游专项规划”带来了难得的商机。在重大的历史发展阶段，福建作为全国对台的前沿阵地，作为全国对台工作的先试先行区，理应积极应对，也应是进一步将“五缘、六求”落实到实处的大好时机，使福建在新形势下，经济更上一层或有跨越式发展。旅游是福建经济中的重要组成部分，理应有新作为、新对策、新突破。

第一节　新形势下两岸旅游发展趋势

一是大陆居民赴台旅游的人数将超过台湾居民赴大陆的人数。马英九为台湾注入“活水”计划之一，就是开放大陆居民赴台旅游，初期规划每天3000人，1年100万人次，中长期为每天1万人，每年300万人次。在两会协商后，已达成协议，于7月18日正式实施。

目前台湾赴大陆的台胞每年约450万人次。之所以说会超过：第一，大陆13亿人口只要4‰的想赴台湾旅游的就达520万人。何况大陆经济一直保持稳健发展，有钱人逐年增多。台湾长荣集团总裁张荣发就说，现在大陆

---

* 张敦财：厦门大学台湾研究院两岸关系研究所助理教授。

有1亿有钱人。换句话说，在1亿有钱人中，只要20个去1个就达到500万了，何况有钱人不仅自己去，还会带动家人或好友，就不止1亿，而是2亿、3亿了。第二，“三通”后节省了旅游的费用，即大量减少中转的时间和所白花的费用，相反就增加了在台观光的时间和内容，或者缩短旅游的日期，大陆居民赴台游的意愿就增高，赴台湾看宝岛的热潮应是只增不减。第三，台民间的压力促使台扩大人数的限制。马英九规划中长期为每年300万人次，可能会随着大陆居民赴台游给台湾带去庞大的经济效益，提供了众多的就业机会，活络了与旅游相关的行业，繁荣了台湾经济，台当局应会顺应民间需求，视情扩大赴台游的人数。

二是“三通”直航将循序渐进地走向全面“三通”。全面“三通”不仅指定点空中、海上直航，而是全方位开放，即按市场经济规律需要任意增减航点、港口。

“三通”直航经两会协商后，空中直航，台开放8个航点，大陆开放5个航点，两会二次会谈后，大陆的航点扩大到21个，还是没有全面开放。但许多现在没有列入的航点，都要求马英九也能尽快开放，马也承诺在先开放的基础上，再考虑逐步放开。先试点再展开是符合经济发展逻辑的。因此，两岸空中直航的全面实施是乐观的。

海上直航的全面“三通”。虽然马英九的政见中并未有具体体现海上直航的通盘考虑，但在上台后两个月，马当局拟开放台北、高雄、台中、花莲、安平、布袋和麦寮等7港口。不难发现，海上全面直航也是其需要做的。（1）其经济内需的要求。马上任后，三大经济优先目标是稳定物价、扩大内需、吸引外资，以及其“爱台十二项建设”，大部分建设是需要大陆的物资，如全岛便捷交通网、高雄自由贸易及生态港、台中亚太海空运筹中心、桃园国际航空城、都市及工业区更新、农业再生等都离不开大陆的物资，而大陆的大宗建设所需的物资最便捷、省钱的就是经海上的货轮运输。（2）台湾南部农业县的需求。马英九曾说，我不会“卖台”，但会帮台农民卖水果到大陆市场。这不仅是马英九要提升台农民的生活水平需要，也是其连任的政治需要。2008年11月4日，两会在台北签署了“海运直航协议”，双方开放了较多的口岸。

三是金马航线仍是台湾游客首选的通道。厦金航线开通近8年，已赢得了联结大陆及台湾的黄金通道的美誉。两岸直接“三通”后，由于台湾当局在开放两岸直航的同时，也全面开放“小三通”，在台居民不受任何限制，都可经金门再到大陆，这就更加凸显厦金航线的重要作用。（1）台湾居民增加了十几倍。原可经金门再到厦门仅限在大陆的台商、台干、台生、家属、大陆配偶以及台湾荣民，总数不到200万。现扩大到全岛，即台湾2300万的居民都可以。给予台湾居民更多的选择。（2）一条经济实惠的通道。虽开放直接“三通”后，大陆有21个航点，福建就有厦门、福州2个点，由于从经济利益考虑，是条非常好的通道。台湾居民从台湾机场直飞厦门往返机票费用要比台湾到金门再到厦门的费用多很多。（3）货物中转后，对于在闽台商及福建辐射的周边省份城市的台商是他们首选的港口。

四是宗教、民俗之旅更趋活络，规模将越来越大。宗教、民俗本就是闽台旅游的一个亮点，也是福建与大陆其他省份旅游区别的最大特色。如莆田湄洲妈祖在台信众600多万人，厦门青礁慈济宫在台信众300多万人，厦门灌口风山和同安马巷池王宫在台信众1000多万人。佛教徒在台也有1000多万人。“三通”后，更趋活络的原因：（1）品牌效应。这些福建传统的旅游品牌通过20多年的两岸民间组织的交流交往，在台民众中已有较深较广的认知。（2）信徒的需求。由于交通更加便捷，渠道更多，手续不断简化，经费更节省，在台的宗教、民间信仰的信徒赴闽朝拜的意愿大增，组织者（机构）将追随信徒的意愿而积极奔走搭桥，促使更多团组赴闽。（3）其他民俗活动的需求，福建除在台较有影响的几大活动外，其他民俗活动在这几年有一定的基础，将在较大规模的宗教、民间信仰交流活动的带动下，出现新一增长势头。

五是休闲旅、探险旅、自助旅等将成为台年轻人的热点。目前，台湾的节假日为什么交通大堵塞，其中重要原因之一，就是居民利用假期外出放松自我，或邀爬山，或到东部观日出、看东海岸风景，或到农场体验先辈的辛苦劳作，或到某新景点一睹为快等。“三通”后，（1）由于交通便捷使出游的时间有一定的保障、台湾居民有更多的选择，闽台一水之隔成为他们的另一出游目标。（2）时间缩短，经费节省。原要绕道香港或澳门等地，仅在途中来回要两天，现仅需要1个多小时。原经费要14000元新台币，现仅需7000元—8000元新台币。（3）好奇心。年轻人的特点就是好奇。大陆及福建的风光毕竟与台湾不一样，起码是没有去过的就是新景点。（4）自由、无牵挂。年轻人出游完全不同于举家出游，几个好友商量好马上就可以打包出发，不像家庭，携老带幼，拖家带口的，非常随意。到景点想玩什么就玩什么，某景点想多玩会就多玩会，真正体验旅游的乐趣。

六是大陆其他省份的民众经福建赴台观光将增多，福建将成为大陆其他省份居民赴台旅游的中转站。随着大陆居民赴台旅游的正常化，赴台游的人数逐渐增加是可以预期的，福建作为紧邻台湾有其独特的地理优势，必将成为大陆居民赴台旅游的中转站。原因：（1）大陆将再开放居民可赴金马游，在大陆居民赴台游趋于基本成熟时，开放大陆居民到金马旅游是顺理成章的事情。一旦放开，由于到金马游时间不要太多，因此将吸引大陆居民的兴趣，而要到金马游必经福建（9月7日，国台办主任王毅授权宣布，赴台旅游的13个城市，同时也可赴金门游）。（2）台当局政策的放开也是可以期待的。现台当局是全面开放“小三通”，是单方面的，即台湾居民都可经金马赴大陆，还没有政策允许大陆居民经金马赴台湾游，但随着“大三通”的推动，尤其是金马当地政府及民众积极向台湾当局的强烈要求，台当局在即已开放大陆居民赴台游的政策，再开放经金马赴台游是完全可以期待的，因为仅是多条入台渠道问题（9月4日，台“行政院”通过“陆委会”提报的“小三通正常化推动方案”）。而经金马再赴台是当初开放“小三通”时的最终目的。（3）省钱的经济通道是成为中转站的最主要原因。平时是银白族和非上班族要赴台游的首选，寒假将加入师生队伍。

第二节　闽台旅游发展的现状与问题

一、闽台旅游的现状与做法

1. 闽台旅游的现状

（1）人员往来情况：台湾自2001年开始开放“小三通”到2008年9月底，经金马线的台胞已超过3000万人次。大陆自2004年12月开放福建居民赴金马游到2007年底，共有2558团组织，55906人次。2007年9月8日首批赴澎湖的福建居民搭乘“闽珠一号”从马尾客运码头出发，经马祖后转机飞澎湖。这标志福建与澎湖的双向旅游正式开通。近几年人员往来情况见表4－1。

表4－1　近年来闽台人员往来情况

年份	来闽台胞人数	占入境游客比例	大陆赴台人数	年份	来闽台胞人数	占入境游客比例	大陆赴台人数
2002	470368	25.45	138987	2006	739600	32.20	207660
2003	354600	23.68	124616	2007	801600	40.60	
2004	458072	26.49	144526	2008.8	327539	31.61	
2005	534206	27.06	159938				

（2）签订协议情况：2005年5月，武夷山与阿里山签订资源对接合作协议，同年9月大金湖与日月潭也签署资源对接合作协议。2005年8月，福建与台湾签署了《闽台旅行商合作意向》，达成四条共识。2005年，福建旅游业界和台湾六大旅行同业公会协定了《海峡旅游区域协作备忘录》。2006年，福建省旅游协会和台湾省旅行商业同业公会签订了《深入化武夷山与阿里山、大金湖与日月潭合作，共推海峡旅游市场协议》。福建海峡旅游网站与CTIN台湾旅游联盟相互链接，互推旅游产品，互通旅游资讯。武夷山网与阿里山网、大金湖网与日月潭网分别结成姐妹网站。2008年9月，厦门鼓浪屿菽庄花园与台湾台北县林本源园签订交流合作协议，并正式缔结为"姐妹园"。2008年9月，福建省旅游局与台湾雄狮旅行社签订了《福建旅游发展战略协议》。

（3）闽台旅游活动情况：2005年福建开始举办"海峡旅游博览会"，至今已举办四届。2007年"博览会"增加了海峡两岸交流协会作为承办单位，金马澎地区旅游机构作为协办单位。2006年，举办了中国武夷山旅游节和第17届武夷山国际旅游投资洽谈会。2007年，邀请台湾旅游机构联合举办妈祖文化节等民间信仰文化节。2007年，福建在澎湖举办旅游展，成为大陆省份首次单独赴台湾地区举办的旅游展。2008年5月，台湾踩线团赴闽考察，同年6月，福建省旅游部门赴台考察。

（4）政策情况：台湾方面：2001年开放"小三通"，仅允许金马居民及在金马设籍6个月以上的台湾居民可经金马赴大陆，后在福建积极推动和台湾、金门的民意压力下，不断扩大适用人员；直至马英九上台，于2008年6月17日，台“行政院”宣布，全面开放“小三通”，台湾居民不受任何限制都可经金马航线往返。2001年底，台当局通过了《大陆地区人民来台从事观光活动许可办法》，但将大陆居民分为3类。2002年1月，台开放第3类，即旅居港澳及国外4年以上并取得工作证的大陆人士赴台旅游。2002年5月，台开放第2类，即赴国外旅游或海外商务考察，但必须团进团出、晚11时以后不得外出及每晚点名等限制。2004年4月，台“陆委会”通过“大陆地区人民来台从事观光活动许可办法”修正案，取消第2类、第3类大陆居民赴台旅游须“团进团出”的规定，放宽大陆居民赴台旅游不得变更行程的限制等。2007年4月，台“陆委会”表示，4月1日开始实施包括开放大陆游客经金马前往澎湖旅游，以及澎湖居民可经金马赴大陆等。2008年5月12日，台“立法院”初审通过了《两岸人民关系条例》修正草案，人民币可在台风景区或银行兑换台币。2008年5月26日，台“陆委会”正式授权台湾海峡交流基金会，就周末包机、货运包机和大陆居民赴台观光等3项议题与大陆海峡两岸关系协会展开协商。2008年6月2日，台“立法院”交通委员会上提出大陆游客赴台5项配套措施，包括规划8—10天环岛优质示范行程、建立购物保障机制、落实每人每日最低接待费用80美元等。2008年9月4日，“行政院”通过“陆委会”提报的“小三通正常化推动方案”。主要内容有，适度开放大陆人民可以运用“小三通”管道进出台湾；简化人员入出台行政管理程序；贸易及航运便捷化措施。

大陆方面：2004年12月7日，开放福建居民赴金马澎地区旅游。2005年5月3日，国台办主任陈云林授权宣布，正式开放大陆居民赴台旅游。2006年4月16日，国家旅游局、公安部、国台办联合公布《大陆居民赴台湾地区旅游管理办法》。2006年8月17日，海峡两岸旅游交流协会第一届理事会会议在青岛市召开，表明大陆方面为实现大陆居民赴台旅游的各项准备工作已全部就绪。2008年7月4日，在两会协商后，大陆居民赴台旅游首发团启动。2008年9月7日，国台办主任王毅授权宣布5项方便两岸居民往返的便利措施。2008年11月4日，将赴台旅游的组团由每组团10人降为5人，在台时间由10日增加到15日。

（5）准备情况：线路部分，台湾推出“北进北出”、“北进南出”、“南进北出”，大多环岛一圈的8—10天的旅游线路。福建推出8条精品线路：蓝色滨海欢乐游、八闽山海精华游、绿色生态休闲游、闽台渊源寻根游、成功古迹体验游、妈祖文化朝圣游、闽东北亲水游、高尔夫温泉健康游。福建还为了迎接从“小三通”来闽旅游，推出了9条旅游线路。

交通部分，除两马、两门及泉州与澎湖的海上直航外，2006年春节，厦门机场成为继北京、上海、广州之后新增的对台直航的航点，加入春节包机的行列。2008年两岸实现“周末包机”，厦门航点成为首批大陆对台的航点。此外，厦门机场已与台湾4家航空公司签订了合作协议。福建沿海有十几个台轮停泊点。

2. 闽台旅游的做法

（1）以品牌吸引人潮。福建以迷人的武夷仙境、浪漫的鼓浪琴岛、奇特的水上丹霞、神奇的福建土楼、动人的惠女风采、神圣的妈祖朝觐、光辉的古田会址、壮美的滨海火山、古老的昙石山文化、神秘的白水洋奇观等十大品牌，近几年来发挥了其独特的魅力，吸引大量的台湾游客。从2002年接待来闽台胞47.04万到2007年达到80.16万，5年间增加了33.12万人次，增长了70.41%。这还是在两岸关系最紧张的5年时间内，且没有直航和“小三通”受限的情况下，取得了长足的发展。

（2）以节庆引领项目。2005年开始举办“海峡旅游博览会”，连办4届，以及妈祖文化节、关帝文化节、保生慈济文化节等都带动了众多台湾客人。如2005年首届“海峡旅游博览会”，福建著名旅游品牌大金湖与日月潭签署了资源对接合作协议，契约22个项目，投资额达85.5亿元人民币。2006年“海博会”在全部320个展位中，台湾旅游机构就占了60个，同时还邀请台湾七大旅行业公会（协会）194人，金马地区业者92人参会。2007年签约了40个项目，总投资额达10.59亿美元。2008年9月，共推出旅游招商项目198个，福建省共签订了项目48个，总投资额129亿元人民币，利用外资7.8亿美元。

（3）以文化带动客源。闽台文化交流非常活跃。自2004年在厦门举办了“海峡两岸歌仔戏艺术节”开始，两岸各种文化活动不断举办。“海峡两岸南音展演”，“妈祖文化节”，“海上丝绸文化节”，名人文化，闽、客文化活动等，游客来闽节节攀升。

（4）以信仰拉动信徒。宗教、民间信仰的交流非常频繁，规模越来越大，参与的信众越来越多。2003 年，在厦门南普陀寺举行“降伏非典，国泰民安，世界和平祈福大法会”，就吸引了海峡两岸及港澳佛教界5000 多人会聚一堂，共为世界和平祈祷。台湾组团到厦门进行佛教交流每年约 800 人次。2006 年，海峡两岸佛教文化交流活动在福州举行，两岸共有 500 多名僧人在鼓山涌泉寺举行了海峡两岸祈福法会。2007 年台湾第一尊肉身菩萨慈航木雕圣像首次回归泰宁祖庭。湄洲妈祖更是吸引台湾信徒的主要景区。自 2004 年莆田成立了中华妈祖文化交流协会开始，就不断有台湾妈祖文化机构加入。每年都接待来自台湾大大小小的团组，最大一次是 2006 年，台湾岛内 50 多个妈祖宫庙的信众组成 4300 多人的团组，经金厦直航湄洲岛。到 2006 年 9 月为止，台湾来湄洲妈祖朝觐的信众达 148 万人次。此外，厦门青礁“保生慈济文化节”连办 3 届，每届都吸引了台湾众多信徒，首届国民党荣誉主席连战还为文化节题词。东山关帝文化节年年都举办，次次都吸引台湾的道教信众。2008 年 6 月举办的第 17 届文化节，台湾“中华道教总会”组织了 500 多人参访团参与。

（5）以寻根牵动宗亲。在台湾近 2300 万人中，有 80% 的人祖居地在福建。2006 年举行了漳台族谱对接成果展，共记载了各姓氏 5 万多由漳州迁往台湾开基祖的资料和两地民间族谱近 700 多册。在福建目前仍然保存着大量的姓氏宗祠、祖庙，仅陈姓在厦门就有同安陈太傅祠、丙州陈祠堂、陈井陈家庙、嘉和陈大宗祠、殿前陈宗祠、县后陈家庙等，目前回闽寻根谒祖的台胞不绝于途，各地都可看到台湾乡亲在其祖居地所作的贡献。

以直航捆绑台商。自 2001 年台开放“小三通”后，在福建坚持不懈的努力下，迫使台湾当局逐步开放人员适用范围，经金马来闽的台商及其眷属等人数逐年飞跃突破，从当年一年不足 1 万人次到现在一年突破 70 万人次。

二、闽台旅游存在的问题与原因

（1）不对称。闽台两岸人民往来去少来多，2002—2006 年来闽的台胞达 2556846 人次，而大陆赴台仅 775721 人次，仅占台胞来闽的 30.34%，是以整个大陆地区，更不用说福建居民赴台人次了。主要原因是台湾地区居民凭《台湾地区居民赴大陆通行证》就可到大陆，而大陆居民赴台受台《大陆地区人民来台从事观光活动许可办法》所限。其次，是大陆本身对赴台审批较严，时间较长，甚至没有放开大陆居民赴金马旅游等政策所造成。

（2）各自为政，合力不够。即各地各自为政的多，超景区、跨地区的协力不足，就形成了各地从经济面去提升各地的资源，虽以各地旅游特点去迎合台湾游客是无可非议的，但在做好各特色旅游景点的同时，宣传周边的景区较少，甚至不愿宣传，担心影响本景区的生意。这种没有全局整盘的旅游链思路，其结果后劲不足，吸引力难发挥，长期效益就不明显。

（3）机制不全。福建省“十一五旅游专项规划”中虽提出了许多提升福建省旅游业的办法措施，但对各种措施如何落实没有具体的机制保障。如十条旅游线路、几区几带，由谁牵头打造，如何形成产业链，如何做大盘活旅游资源等。

第三节　新形势下闽台旅游双向对接的机遇与挑战

一、求旅游双向对接的挑战

1. 面临大陆其他省份的竞争

直接“三通”及放开大陆居民赴台游后，福建的优势在某层面受到了冲击。一是航点增加。正式开通时，就增加了南京。两会二次会谈后，又增加了 16 个航点，今后随着游客的需求会不断增加大陆的航点，那么作为福建，其客源受到一定的限制。二是旅游产品。作为台湾居民首选应该是中华五千年历史与非常出名的景区，而这正是福建与其他省份比较较为薄弱的。三是未形成有影响的旅游区。目前，全国旅游已形成长三角、珠三角和环渤海旅游区，而福建未形成“海峡旅游区”。四是“三通”后，促使大陆其他省份吸引台湾游客的各方面着力点明显，各省市都会使出浑身解数来吸引台湾游客。五是大陆居民赴台完全不需要一定要经福建口岸出境了，对大陆游客赴台先到福建再到台湾的概率大为降低。

2. 台游客有更多的选择

一是地区选择。由于可以直飞，省去了途中较多的时间，可以无顾忌地想去自己想去的省市景区，就不一定以福建为首选了。如原由于宗教旅、寻根旅等已经到过福建的游客，可能转向福建以外旅游，如到西安历史游、东北北国游、北京名城游等。二是入境口岸选择。台湾已开放8个航点，可入大陆21个口岸，以后两岸航点不断增加是必然趋势。因此，从游客花合理的钱玩有价值的自然就会从最经济的口岸去精打细算，福建就不一定是他们最理想的入境口岸。过去先到福建寻根谒祖后，再到其他省份旅游的现象可能会受到较大的冲击。三是景点的选择。直接“三通”后，由于往返两岸非常方便，到哪里玩就放在首位了，而景点能更多吸引台湾游客。福建这方面无疑受到严重挑战。四是人文的选择。到福建游玩与在台湾游玩在人文资源方面差别不大，而其他省份却别有洞天。

3. 两岸关系不稳定性依然存在

求旅游双向对接，必然牵涉到两岸关系的稳定性保障。两岸关系稳定了，两岸旅游业就兴旺，反之，会有一定的影响，起码热情会减。但长期保持较好的两岸关系，从台湾的政局、台湾的政治生态看有一定的困难。如选举年的时期到来；大陆游客赴台“跳机”概率高；台游客到大陆游玩，交通等问题层出不穷；旅行社之间的恶性竞争；两岸某方面政治面的思量，而做出某种不利于两岸关系稳定发展的言行等，都会影响两岸关系的稳定。因此，两岸关系不稳定的因素存在。

二、求旅游双向对接的机遇

1. 客源倍增

台湾方面：一是直航省时省钱，将带动更多旅游爱好者加入赴大陆旅游的行列。二是马英九上台后，着力拼经济，台经济不一定快速发展，但起码不会比陈水扁执政8年的烂，民众收入只增不减是可以预期的，只不过是增多增少的问题，提供了经费作更多的旅游考虑。大陆方面：一是开放赴台游，不管怎么说，目前仍有厦门一个航点，赴台游从福建厦门口岸已比“三通”前有了一定量的保障。二是大陆其他省份的游客经福建再赴台的机会仍存在，原因仍是省钱经济实惠，又可多游玩厦门。这关键看福建如何推介。

2. 闽台两地海上直航的优势凸显

福建沿海口岸是大陆距台湾最近的。厦门角屿与金门马山仅1000多公尺，距台中港仅136海里，马尾距基隆仅140多海里，平潭距新竹仅60多海里；可以说福建沿海各口岸与台湾相对应的海上距离都不远，是大陆距台湾最近的省份，为闽台海上直航提供先天优势。

3. 国家旅游局的重视

2007年12月，国家旅游局出台了支持海西旅游发展的意见。明确指出，国家旅游局将大力支持海西经济发展，积极推进构建海峡两岸旅游合作体系，打造"海峡旅游"品牌。国家旅游局把"海西旅游区"列为全国"十一五"期间优先规划和建设的12个重点旅游区之一；把已办4届的"海峡旅游博览会"培育成推动海峡两岸旅游合作交流的重要平台，适当增加赴台旅游配额和赴台旅游组团社的名额。

第四节　新形势下闽台旅游双向对接的对策与措施

以上对闽台旅游现状和做法及存在问题进行分析，并提出闽台旅游面临的挑战与机遇，其目的都在为进一步加强闽台旅游合作。而主动应对"三通"新形势，求旅游双向对接的目的有两个：一是经济面，使福建成为全国旅游强省；二是政治面，培养台湾同胞的感情。而要达到此目的，关键在于提出适合闽台旅游的对策措施与建议。因此，求旅游双向对接的对策措施与建议是本调研的重点。由于是双向对接，就有与台湾方面发生的问题，由于要跻入全国旅游强省，就有可持续发展的问题。因此，拟从操之在闽，促旅游双向对接；闽台合作，搭旅游双向对接；持续发展，拓旅游双向对接三个层面提出对策措施建议。

一、操之在闽，促旅游双向对接的对策措施建议

1. 客源市场的巩固与扩容，保持较好的发展势头

旅游客源的保障和提升是双向对接的目的。近年来，台胞到福建旅游目

的多以宗教朝圣、探亲谒祖、商务旅游为主。现在不仅这些传统已有的优势要加强巩固，而且要在这些项目上不断扩容，以及策划新的客源，增加台胞来闽旅游的数量，保持来闽台胞有较好的发展势头。

措施一：做强盘活已有优势，促其有更多的客源来闽。一是宗教和民间信仰朝圣的旅游潜力较大。台湾佛教寺庙、民间信仰的宫庙遍岛林立，信徒总量超过台湾总人口数（有不少信徒的信仰是重叠），而这些宗教和民间信仰的信徒到福建旅游的并不多，以在台影响最大的莆田湄洲妈祖，累计至今来进香也不到 200 万人次。佛教界除办几次较大规模的祈福法会，每次有 4000 人次左右，还是两岸四地的佛教信徒，零散的总量也不大。保生大帝除办 3 届文化节，邀请较多的台湾信众外，其总量也达不到 1 万人次。因此，吸引台宗教和民间信仰的信徒来闽朝圣的潜力非常大。在“三通”开放后，由于交通的便利及台当局政策较开放，台信众赴闽朝圣旅游的积极性会更高。福建旅游机构要把握机遇，抓住佛教和民间信仰在台有众多的信徒以及朝拜祖庙的特殊心理因素，扩大信徒量，争取年年客源有突破。

建议：莆田、厦门和东山旅游部门及民间团体对以往接待来闽朝圣的团组进行一次较为完整的盘整，根据“三通”新形势，结合当地旅游各自特点，想法出招，促使台湾信众来闽旅游。

二是寻根谒祖，宗亲恳亲的客源充足，主动激励在台乡亲的积极性，来闽认祖寻根。台湾人口中除 1.5% 为原住民，10% 左右为“外省人”，13% 左右为客家人，客家人大多是从厦漳泉入台的，75% 的闽南人基本上是来自福建。因此，目前台湾居民中有 80% 以上的祖居地在福建都可以找到。在 2300 万的台湾人口中，80% 就是 1840 万，扣除 10 岁以下约占 10%，75 岁以上（出门不便）的老人约 5%，合计约 15%，也就是说可出门旅游的有 65%，即 1495 万。这些都有可能回闽寻根谒祖，都是福建寻求对台旅游对接的主力军。

建议：一是发挥各地姓氏宗祠的作用。全省各地的姓氏宗祠主动寻找在台乡亲的所在地，各宗祠只要找到在台乡亲的所在地，联系就方便了，一个姓氏宗祠可能就是一个村庄或一个乡镇，几百号人甚至几千号人。他们不一定马上来，也不一定都会来，但起码是客源的储备区。只要他们认为时机成熟，条件具备，经费解决，肯定都会想回祖居地看看，这毕竟是中国人的传统。二是各县市地方志或相关机构组织力量研究此方面问题，将各县市姓氏宗亲梳理一遍，花些精力找出在台相关宗亲，必要时政府部门给予一定的经费支助。三是举办大型的宗亲恳亲活动。不仅要组织好，服务好，而且要善于从中挖掘新的客源。

以上两大项福建对台传统优势，只要各级政府、旅游机构运用得当，组织有方，规划有序，目标明确，来闽旅游的台胞客源将是源源不断。

措施二：利用金马航线，结合台岛内政策，激励在台有一定时间的游客来闽。以经济实惠打动两岸游客。从打动台湾民众角度看，台湾各机场到厦门的空中直接飞行往返费用约8000元新台币上下，若经金门仅需5500元台币，可节省3000元台币。再若按台湾目前政策规定，65岁以上的人在台湾岛内的航线可半价，这样65岁以上的人员往返费用仅需2900元台币，可节省5600元台币。而从时间上仅比直飞多在金门中转和金门到厦门的乘船时间，由于目前金门与台各机场飞机到金门后，与厦金线的对接已经非常到位，时间非常短，有业者计算，仅多出70分钟。从以上两角度计算，就可以得出这样的结果。用70分钟的时间可赚3000元台币或5600元台币，也就是月薪48万元或90万元。这对于大量不赶时间的民众有非常大的吸引力。从打动大陆游客角度看，时间仅多70分钟，可减少旅游费用700元人民币，更是大陆游客所喜欢的选择。

措施三：结合文教交流，做强做大台客入闽。首先进一步推动台中小学生来闽毕业之旅。台湾中小学校有1196所，每所都有几个班级。若平均以3个班级计算，就有3588个班。台湾中小学生毕业时，有组织学生作毕业之旅的传统习惯。近几年已有一些学校组织学生利用假期赴闽旅游，孩子的毕业之旅不仅能游览大陆风光，还能多接触人群、社会，多长知识，是家长所喜欢投入的，正在逐年扩大中。中小学寒暑假有3个月，占全年的1/4，有非常优势的时间保障；且客源每年在变化中，是源源不断的，是做好双向对接的重要客源及有时间的保障。福建要力争台湾每年有1/10的班级，即近400个班，每批有30人，就有12000人次；而暑假有2个月，还可多批往返。

建议：一是全省9个地级市的教育主管部门与台湾相关系统联系，两岸两校学生开展各种形式的夏令营活动，拉动中小学生的客源。二是建立机制，条件成熟时，不同学校与台学校结成姐妹校，以利长期往来，确保客源永远不断。三是福建旅游部门以特定对象推出特定旅游线路来吸引台中小学校。

其次文化领域的商务旅游是福建旅游的一大特色。由于福建是对台的前沿阵地，与台文化领域的交流已有 20 多年的历史，因此来来往往的商务旅游已司空见惯。“三通”直航后，尤其马英九上台，其鼓励台文化深入大陆，广泛接触，台文化领域方面将有更多的人士到大陆。福建应把握时机，不仅不能让此领域弱化，且要拓深渠道，广纳来客。此方面由于包括行业、部门较多，如艺术、学术、体育、卫生、新闻、科技等，人员非常广泛。因此客源也就非常可观。

建议：一是筹划举办闽台地方艺术大会演。将原单独的各种剧种交流串成一整体的艺术活动，形成合力，扩大影响，带动客源。二是文化各领域加大举办交流交往活动，广迎台湾来客。三是挖掘渠道，对口对接。出台激励各领域与台往来的措施，积点成面，积少成多。

措施四：出台优惠政策，促使台客对闽的向往。由于“三通”后，台湾游客有较多的选择，目前起码有 21 个航点可入境，其周边的旅游资源与旅游品牌在在都在吸引台游客。福建除已有的几个旅游品牌外，没有更多有特色的旅游品牌与其他省份竞争。因此，从对台游客提供必要的优惠政策入手，可能是先行抓住游客的必要手段。

建议：一是由省旅游部门公布台 65 岁以上的老人在闽凭有效身份证明可享受景区门票的免费，并一次在旅游报价中突出注明。二是对于小学学生的毕业之旅给予景区门票全免和中学生给予半价优惠，实施范围适用于全省景区。三是发放贵宾卡。给来闽的台胞颁发贵宾卡，凡是经福建口岸入境的台胞，以福建省政府的名义颁发给他们贵宾卡。贵宾卡累积到多少的情况下，可享受何种待遇，列出几种层次。这样可激励台胞从福建口岸进出，体现福建人民政府和居民对台胞的尊重，体现福建希望台胞把福建当做家常回来走走，更体现福建宽容的心，进而广纳台游客。四是对从海上直航直接进入福建港口的船只给予免收停泊费等相关费用，如宗教直航的船只、参加在闽大型展会的船只。

措施五：争取大陆其他省份的游客也可游金马澎。此一政策若得到许可，必将刺激一定量的大陆其他省份游客赴金马澎。而游金马澎必先到福建某地区，就刺激了当地的消费。由于目前大陆居民赴台游仍受配额所限，且在短期内难做到自由行，因此金马澎游是大陆居民的另一选择。

建议：中央在开放大陆城市可赴台湾旅游的同时开放可赴金马澎游，开放的范围与开放大陆城市可赴台湾旅游同时发布。福建应在此方面继续争取（此政策9月7日已开放）。

2. 旅游精品的打造与创新，聚焦两岸游客眼球

精品旅游是闽台旅游双向对接的关键。只有好的旅游线路，独特的旅游景点，才是吸引游客的重点。因此，打造和创新旅游精品是各旅游部门所需精心策划，线路的合理衔接、停留时间的适中、价格的合理定位等都是游客考虑的重点，也是能否吸引游客的关键。

措施一：以时间定线路。根据目前两岸空中直航天天有班机的现实，结合福建各景区游览的具体时间，去推算出几天的旅游线路。时间定线路，其好处可适合台湾各阶层人士的需要。

建议：由省旅游局牵头，结合各地景区游玩的天数，详细规划出不同时间（天数）游，并在福建海峡旅游网或福建旅游之窗网公布，或向台湾旅行同业公会报备，以利台游客和台旅游机构选择，及时组织台游客。

措施二：目前必须以“厦门、福州进，厦门、福州出”为原则，今后随条件变化再调整。因为是赴闽游，暂排除由外省航点出境，而闽台旅游双向对接，目前开放的口岸是厦门和福州，武夷山等机场尚未开放。因此，在尚未开放福建其他机场的情况下，一定要把握“厦门、福州进，厦门、福州出”的原则去安排旅游线路，打造和创新旅游精品，最大化地吸引台湾游客来闽。

建议：根据省“十一五旅游专项规划”中的一区两带、四大集群、四大旅游中心城市，以及省精心打造的十条旅游线路，作出详细规划和报价，也可脱开规划中的内容，根据实际天数的要求进行合理的增减，目的只有一个，让台湾游客真正觉得合理，让台湾旅游机构认可适合台游客的口岸。

措施三：保单一，建多元。即目前各景区的游玩单一性，要有所提升，即游得痛快、住得舒适、吃得高兴、玩得心安、行得安全、购得舒心。游客心态，即花了钱就玩得“物有所值”。因此福建目前的景点大多太单一，除

名胜风光，各地不同景色外，集休闲、娱乐、购物于一身的景区尚不多，缺乏吸引“回头客”的魅力或亮点。或者说，没有让游客记得很牢，一辈子不会忘的旅游产品。

建议：先在福建几个主要著名景区，如武夷山、厦门、大金湖和湄洲岛等著名景区，在规划上注入休闲、娱乐等内容的旅游配套设施建设。如香港的海洋公园，一进入海洋公园，游客想看景色就看景色，想玩各种游戏就玩各种游戏，想坐下休息同时观看表演就坐下休息，想体验某种娱乐活动就参与某种娱乐活动。当然，目前福建任何一个景区尚未具备像香港海洋公园那样的条件，但要根据各景区的地理位置的特点去规划建设一批除纯游玩外的旅游辅助功能，打造成福建叫得响的旅游品牌。

措施四：连点成线。目前旅游给游客最大的体会，感觉就是都在车上过，如旅游时常戏称的“上车睡觉，下车尿尿”。这主要是旅游景区各区之间行程过久，而到了景区，几个景点逛逛，照了相就急着上车所造成的感觉。这就要求旅游行业，将福建目前计划的旅游精品线路作进一步的加工和调整，最好能将点与点之间，还有那些景点，虽然不是很出名，但值得一看（一停）的再串起来，以缩短点与点之间行程长的感觉，让游客到福建旅游有“上车正回味，景点又映入”的感受。一路游览的时间多于行车时间，让游客走任何一条线路都会有不虚此行的感慨就好了。

建议：再挖掘景点，从游客的不同心理需求出发，如2008年5月台湾踩线团成员考察后，就认为寨下大峡谷、圆博园、日月谷、九龙湖等景点也很不错，适合不同层次的游客需求。因此，从游客心理看（除专项旅游外），不一定所有景点都是每个人所能接受，但也不一定所有景点都是游客所不能接受，景点好与不好，取决于游客个人的感受。所以旅游机构要将同一线路的主要景点串成线，这样才能吸引更多的游客。

3. 推介活动的深化与成效，激起游客旅游兴趣

旅游产品的推介是保障旅游双向对接的必要前提。推介活动的深化与成效是旅游产业必备功课，只有有效地推介，才能保证一定量的游客，才能使旅游产业稳定发展。推介活动主要是要向台湾游客说明，福建有什么好玩？与台湾有什么异同？大陆风景名胜那么多，为什么要到福建玩？怎样才能玩得价有所值？有什么好买（纪念品、小吃、土特产），可送亲朋好友等。

措施一：借助同行，在岛宣传。一是充分发挥有关两岸旅游节的作用，扩大邀请台湾旅游同业公会参与和协办，通过专项节日及时推介福建各地的旅游项目、旅游线路、旅游产品，让台湾同行在台媒介宣传介绍福建旅游，如“中国武夷山旅游节”等。二是利用福建每年举办的几次大型经贸活动，如“9·8”投洽会、“5·18”海交会、“花博会”等，开办“旅游论坛”或增设“旅游招商项目”。三是主动与台有实力的旅游同业公会建立常规的联系机制，及时将福建旅游动态、信息向他们通报，希望他们向台媒介推介，以达借助台媒体向台民众介绍。

建议：福建旅游部门组织“台湾名记（记者）福建游”活动，让台主流媒体在游风景的同时，发挥记者、新闻工作者的职业敏感功能，对福建旅游资源等作一全面介绍。

措施二：景区联手，协力宣传。即打破目前福建各景区各自为政的局面。景区之间没有跨景区推介的责任与义务，景区不联手宣传，无法形成强大的合力，无形中削弱旅游产业的收入，浪费了旅游资源。单打独斗的结果，好像对自己的景区有一定的成效，实际上从长远看是不利于整体旅游业的发展。因为单一景区的旅游特色可一时满足游客，而不能长久回味，只有区区联手，才能使游客游兴持久。因此，景区间的联手，互推对方景点的旅游特色是保障福建旅游业的必要举措。

建议：制定推介跨景区的定期汇报制度。即在规定的时间内，福建各主要景区机构向省旅游主管部门汇报此一时期内如何推介别的景点，推介了多少组团，怎么推介等，久而久之，形成习惯，就整体上扩大了宣传力度。

措施三：大型活动带动宣传。即福建每年有几种大型旅游节庆活动，如莆田湄洲文化节、厦门保生慈济文化节、泉州海上丝绸文化节、东山关帝文化节等传统节庆，在吸引台游客的同时，不断推出新的“卖点”或制作宣传品向来闽的宗教旅、文化旅、民俗旅、寻根旅等参与游客介绍或派送；以期达到以一带十的形成效果，起到吸引游客的目的。

建议：在举办的大型旅游节庆中，随着常规的传统宣传做法上，赋予新的推介内涵，如给予多次参与该活动的嘉宾颁发最受欢迎奖或每次活动中评价出或抽出几名最具代表的嘉宾，并给予该奖一定含量的优惠措施，激励来闽旅游的兴趣。

措施四：深入岛内，直接宣传。旅游双向对接最直接的手段，莫过于直接进岛推介。福建已做了不少工作，如首次在澎湖举办旅游展示推介会、参与海峡两岸台北旅游展、组织旅游业界赴台考察等。入岛宣传的最大成效，一是本身就是宣传。二是能引起台同行公会的积极参与，带动相关地区的民众认知。三是吸引台媒体的关注，或多或少会有一定的报道和曝光率。四是考察所经线路必将受到当地有关部门的重视，引起一定的注目。

建议：一是把握台各县市的旅游活动规律，以共同承办或协办方式入岛，推介福建旅游。二是9个地级市在有条件情况下，逐个赴台考察，形成密集的福建旅游团来台考察的印象，不断冲撞台游客的神经。

措施五：健全网络，扩大宣传。民众通过网络了解世界是当今最盛行的渠道，台湾网络非常发达，尤其是年轻人大多充分利用此现代化工具了解信息，是他们沟通外界的主要平台。因此充分利用网络传达福建旅游信息至关重要。目前福建已有福建海峡旅游网可供选择。

建议：加强福建海峡旅游网络的建设，及时更新旅游信息，增设新、奇、特景点专栏、最佳旅游线路，设立网络咨询服务，目的只有一个，让台湾民众在家就可以了解福建旅游的所有资讯。

4. 旅游行业的管理与服务，提升旅游产业的活力

旅游行业的管理与服务是闽台旅游双向对接的基本条件，是吸引游客的另一重要“景点”。管理得好，优美舒适的景区让人心旷神怡；整洁干净的环境让人流连忘返；服务周到使人宾至如归；幽默风趣的解说让人笑口常开等，都是保障“回头客”的必备条件，也是旅游产业真正活力所在。

措施一：景区的管理有待加强。旅游的最主要目的就是游览景区，景区管理的好坏决定了游客的直观评价，也是能否吸引回头客的主要原因。因此，景区的管理就是双向对接重中之重的工作。一是景区中的重要景点要有强有力的保护措施，要有持续发展的观念，不能因为赚钱或为了吸引游客而对景点保护有所不利，任何不利于景区保护的措施都要在排除之列。二是景区内的游览线路合理，尽可能不走回头路。目前，福建大多景点基本上都可以做到，毕竟是长期接待游客而形成了最佳线路。但有些景区由于受地理因素的影响，不得不走回头路，应该考虑有没有改造的可能或在走回头路时，导游不能一味地要求游客回去怎么怎么走，几点在什么地方集中，而是自身

要有能集聚游客心理的其他内容来吸引，不会造成游客兴冲冲游览，而累垮垮地往回走，会对景区的兴趣减少不少。三是景区环境的美化是体现该景区管理的水平。只注重景点而不注意周边环境，同样让游客有减分的效果。此外，各种指示牌要有明确的标示，让游客一目了然，如洗手间、另一景点的标示，标示设计能有创意就更好了。四是附属设施的到位、人性化，如景区较危险的地方，两侧有保护栏，又如多为老人、行动不便及小孩设置必要的途中方便设施。五是伴手礼、土特产的推销要热情而不要煽情，要多重介绍少强行推销。游客一到一景点或多或少会有购买当地的土特产欲望。因此，各地景区的伴手礼设计一定要有当地的特色，且要摆在主要位置。目前给人的感觉，福建境内的景区商品千篇一律，让人感觉不出哪些是当地特产，形成在此景点买不到到别的景区也可以买得到的感觉。因此，各景区对于伴手礼一定要非常突出，要做到如果不买到别的景区就买不到就非常成功了。

建议：一是各景区都有管理制度，也都有监督机构，但从全省角度设立松散型的评鉴组织，定出相应的标准，每年定期不定期地进行考核。二是组织专家结合当地景区的同人全盘对福建各景区的景点保护、环境的布局、线路的安排、附属设施的设立等作一次全面评估，确实改进可改进的部分，使每个景区都能让游客不虚此行。

措施二：旅行社素质有待提升。旅行社是面对游客的第一窗口，能否得到游客的认可，就看旅行社的素质高低所决定，是求双向对接的首要门户。一是要有明确的服务项目，一个旅行团交给你，你能做到什么，让游客享受到什么，要一目了然，即让人消费得心服口服，也可减少不必要的纠纷；要改变任何项目一定要与旅行团协商，不可随意更改，更不能随意减少。二是合理的价格定位。价格是游客非常关注的焦点，也是吸引游客的主要标的之一，要以合理的价格争取游客，而不是以“短斤少两”的方式欺骗游客。去掉一些模糊用词，如相当于三星级宾馆、三星级宾馆四星级服务等，又如各景区门票多少，实际报给对方多少要清楚向旅游团说明，还如几菜几汤，也要相应地明确，合理的价格定位确记不能因同行竞争而有违规乱杀价，避免不必要的无序竞争。三是安全的旅途措施。安全是旅游前提的前提，是首位的。因此，旅行社在接待旅行团时，一定要详加说明。目前此点较为缺乏或基本没有。由于福建境内的旅游多以汽车作为主要交通工具。因此，各旅行社要在服务项目中，注明什么牌汽车、汽车有几成新、内部设施如何，甚至开车师傅的驾龄等，所住宾馆周边的治安情况，沿途的路况等详加说明，是吸引游客的重要手段。四是特色的旅游用餐。用餐虽然不是游客最关心的，这是由于游客长期养成的心理准备，实际上是很在意的一个大问题。因此，在落实几菜几汤的同时，要尽可能体现当地的特色菜肴。此外，用餐环境的卫生是有必要考虑的前提。

建议：一是建立浮动的报价体系，即根据各景区不同的几日游，制定相应的报价标准，允许上下浮动的幅度。虽然旅游是按市场规律运作，在此规律内作必要的措施规定应该是可行的，目的是防止行业内的恶性竞争。二是建立清晰的消费观念，即旅行社尽可能做到让游客明明白白消费，安安心心地游玩，能否要求所有旅行社在接待旅行团时，必须给每位游客各一份详细的服务项目表。

措施三：导游的服务有待塑造。导游是游客游览时的第一老师，游客在游览美丽的景色的同时，也希望有一定的知识收获。导游也是陪伴游客全过程的朋友，与游客互动是导游必备的功课。一是全陪与地陪的默契。目前旅游大多由全陪与地陪相结合，即全陪负责全程的行程，地陪以当地景区服务为主，有时会有各负其责的现象。即一到地陪管辖的范围，全陪就“消音”了，甚至以尊重地陪为由，不怎么管，实际上两者能一唱一和就更有趣。当然这一唱一和是指较能默契地给游客传达知识增加印象。二是幽默风趣的解说是导游功力的体现。导游的培训与持证上岗就显得非常重要。三是导游与游客互动是旅游途中非常重要的。这是体现导游素质高低的方式。两者互动得好，整个旅程欢歌笑语，减少疲劳，且回味无穷。互动不理想，彼此都很累，只想早休息。因此，导游如何把握游客的心理，何时要互动，互动什么都是艺术。四是放心地旅游购物。游览过程难免会在景区或到专门的商场购物。购物是游客所喜欢的，但也有所担心，即被宰。现在大多导游已不涉及其中了，但导游能随时提醒游客或报出某些土特产的等级及相应的参考价格给游客参考那就非常到位。然而绝对杜绝与当地结合一起游说游客购买。

建议：一是持证上岗是必要的，但实习期一定的时间保证或以实习过多少次为标准才能上岗。因为导游间的解说千差万别，有的让人喷饭；有的让人感觉虚应故事；有的让人意犹未尽。二是各景区最好能统一导游服装，形成另一条“风景线”。

5. 旅游经济的创收与政治效益，争取政经双赢的局面

有充足客源的保障，旅游精品的吸引，主动推介宣传以及良好的管理与服务，福建旅游的经济创收就自然体现。由于福建是对台工作的前沿阵地，也是与台湾人民交流先行区，因此在注重旅游经济创收的同时，要体现政治的效益，做到旅游与争取台湾民心相结合，创收与培养台湾民众情感相结合，达到政经双赢的局面。

措施一：从闽台同根细说闽台一家亲，融两岸本是同根生于导游解说之中。闽台旅游的特点之一是闽台同根。一是针对寻根谒祖型的旅行团，重点围绕祖先如何到闽又到台进行详细解说，以文物、实体勾起台湾游客对闽、对大陆的真实认知。二是针对恳亲团，从姓氏来源、发展细说先民的艰辛创业，发扬中华传统的美德。三是针对建筑相似，从闽、客人的居住建筑特点详解祖先的智慧，是我们共同的财富。

建议：组织专家学者对全省主要景区内与台湾在宗亲上密切关联的景点进行考察，找出在台相对应的地区、姓氏等编排成册，供各景区使用，着重闽台同根的含量。

措施二：从民俗相近入手，融两岸文化同源于游玩中。闽台旅游另一特色是民俗相近。一是针对闽台两地民间信仰相似，甚至在台民间信仰其祖居地在闽的特点，在解说中侧重渲染，如湄洲妈祖、青礁保生大帝。二是针对闽台两地民间相同的习俗，如渔民崇拜妈祖、生意人崇拜关帝、保平安求保生大帝等，福建如同台湾一样，在特定的节日、特定的环境、特定的需求都要祈求膜拜，传达闽台两地文化接近的讯息。

建议：对几个重要的民间信仰景区的导游培训或考取导游证时，将此方面作为一个重点或一个必要组成部分进行考核，以利解说中时时不忘闽台两地的共同特点。

措施三：从山海一体的景色相似融两岸人民情感于风景中。闽台旅游再一特点是山海一体。台湾有阿里山、日月潭、太鲁阁、垦丁公园、高山族风情、热带风光等，福建有武夷山、大金湖、圆博园、漂流、惠女风采、闽东山海畲乡民俗以及滨海美丽的景区等。这些与台湾有许多相似的山海景观，都是联结台湾民心的题材，是增进相互了解的载体。

二、闽台合作，搭旅游双向对接的对策措施建议

主动应对“三通”直航，求旅游双向对接。首先是福建旅游本身的资源、优势、品牌等，来促使台湾游客来闽旅游。在此基础上，就要寻求向外发展，而福建的旅游特色就是对台。因此，福建旅游搭起与台湾双向对接就非常自然了，就要建立双向对接的各种平台，资源互享、讯息互通、产品互补、线路互通等。搭旅游双向对接就成为福建旅游业发展的重要课题。

1. 落实已对接项目，拓展可对接渠道

自“胡连会”后，福建旅游系统就与台湾旅游部门签订了旅游资源对接合作协议。“两山两水”的对接内容在落实中，某些内容因政策所限有所受阻。随着“三通”直航后，“两山两水”要抓住机遇，落实协议内容，做活协议涵盖条件。在此基础上，福建旅游仍有许多资源、项目、信息、业务可与台湾旅游进行对接，切实搭起旅游双向对接的平台。

措施一：拓展旅游资源的对接。一是历史旅游资源对接。自开放大陆居民可赴台湾旅游后，桃园县马上启动“两蒋”陵寝，不仅吸引了众多台湾游客，也是大陆游客的主要景点之一。大陆自开展“红色之旅”后，以古田会址为中心的红色之旅也吸引了不少大陆游客，而对于国共历史的一段，对于吸引台湾研究历史的人员和对国共历史感兴趣的游客是一个不错的选择。因此，将“两蒋”陵寝与古田会址的红色之旅作一对接。二是名人效应对接。郑成功收复台湾后，在台湾留下许多古迹，尤其在台南县市为盛，而郑成功的祖地在泉州地区，以郑成功史迹对接两岸。三是海岸风景线资源对接。台湾的花东地区沿海风光，近几年吸引了大量的台湾游客，也是大陆游客游后认为是非常好的旅游景区，而福建这方面的资源就更加丰富，如福建沿海已开发的度假村等，以海岸风景线对接。四是特殊的民族风情对接。台湾有高山族风情，如阿美族、卑南族等，他们都有自己特有的民族风情，而福建闽东山海畲族以及不是少数民族的惠安女风采。此外，台湾还有许多著名的景区，如台北市阳明山公园；台北县渔人码头、淡水老街；新竹县的五指山；新竹市的台湾省历史上第一个进士郑用锡住宅；南投县除日月潭外，还有在台出名的“艺术大道”；彰化县的花潭乡建立的“台湾民俗村”是吸引游客最多的游乐区；台南市的赤嵌楼、安平古堡、亿载金城、延平君

王祠、孔庙等；屏东县的垦丁公园；花莲县的太鲁阁峡谷；台东县的长滨文化遗址、卑南文化遗址、都兰巨石文化遗址等台湾古人类遗址，知本森林游乐区，兰屿、绿岛热带风光等。

建议：根据台湾各县市的旅游特色及其所能吸引游客的原因进行排查，找出与福建较有影响的景区、景点进行合理的论证，条件成熟时，逐个资源对接，量多必然带来客广。

措施二：建立节庆活动项目对接。一是大型民俗活动互派团组参与，如莆田湄洲妈祖、台湾云林北港朝天宫、台南大甲镇澜宫，每年都举办活动。二是各类型的旅游活动，如福建举办的“海峡旅游博览会”，台湾各地自己的旅游节日，如苗栗每年12月举办草莓温泉节。三是互为邀请双方的联谊活动。

措施三：信息平台对接。信息的获取是当今旅游的重要手段，大多游客都是从不同信息渠道而了解各地的旅游信息，进而决定是否出游。因此，闽台信息平台对接非常必要，网络信息是信息平台重中之重。福建已与台建立部分的网络信息平台，这些无疑为旅游双向对接开了好头，也为扩容客源发挥了积极作用。因此，信息平台对接是至关重要的。一是有条件的县市旅游网主动寻求台湾相对应的旅游网相互链接，互推旅游产品、互通旅游资讯。二是旅行社之间的信息对接。福建涉台旅行社要根据各自的业务特点与台一家或多家加强沟通，通过定期不定期地热线联络或其他通信方式，及时将各种旅游信息的变化向对方通报。三是互设旅游专栏或专屏，即福建旅游协会与台湾多家旅行商业同业公会在各自的场所开设旅游专栏或旅游专屏，及时更换或滚动播出对方的旅游信息，让游客随时都可以掌握各地的旅游资讯。

建议：一是福建重要或在台已有较大影响的景区的旅游机构，不仅建好自己的网络和信息平台，而且要与台湾方面联系，走武夷山与阿里山模式，建起多渠道的网络链接。二是筹划召开闽台旅游信息交流会，有计划、有组织地加强双向的信息建立。

2. 海上直航，突出线路对接优势，形成双向对接的紧密关系

“三通”直航后，海上直航只是时间问题。福建要充分把握其地理优势，早与台湾联系协商，一旦海上直航开始，就马上启动，抢占先机。海上直航虽从时间面看不如飞机快，但对非上班族旅游是一个重要选择的交通

通道。

措施一：港口对接。如基隆港对马尾港、台中港对厦门港。台湾将开放7个港口，台北港、花莲港、安平港、布袋港和麦寮港等。这些便利的海上省钱旅游直航通道将是未来闽台旅游的一个亮点。

建议：一是福建有条件的港口找准台湾相对应的多个港口作为对接，与相关机构进行可行性探讨，摸索一条最便利、省钱、省时的海上直航通道，备有预案。

措施二：大型旅游团组对接。目前政策情况下，争取两地大型团组主要是进香团、恳亲团和商贸团经海上直航到对方口岸。因为随着两岸关系稳定发展以及马团队急于提振经济的心理，闽台两地这种活动会趋于频繁。因此，做好大型旅游团组对接就显得有可能。

建议：一是福建几条精品线路或9个地级市，一年组织一次大型的不同类型团组入台，争取客源量的突破。二是福建一年有几次大型商贸活动，鼓励他们经海上直航入闽。

三、持续发展，拓旅游双向对接的对策措施建议

持续发展是在福建通过自身的努力促进了旅游双向对接，又在与台湾旅游合作，搭起了更多的旅游双向平台的基础上，就有了持续发展，力拓闽台旅游双向对接的永续发展。持续发展，即俗称的中长期计划，目的在于闽台旅游双向对接能得到全面升华，成为闽台两岸经济的一个增长极。使福建不仅成为全国旅游强省，而且一直处于全国旅游重要位置。

1. 旅游资源的深度开发

福建旅游资源非常丰富，武夷山是世界文化和自然遗产，福建土楼申遗成功，泰宁大金湖是世界地质公园，全省有4个国家级历史文化名城，7个中国优秀旅游城市，13个国家重点风景名胜区，10个国家级自然保护区，19个国家森林公园，8个国家地质公园和2个国家旅游度假区。

措施：对于武夷山、福建土楼和泰宁大金湖，重在保护。由于已有丰富的旅游资源和独特的风景，是福建接待游客较多的风景区，长年累月的人来人往，处处留下游客的足迹，难免会有游客不经意的损坏，以及日月侵蚀的自然破坏。因此，这3处国家级的风景区要能保持永续发展，重在保护。对

于历史文化名城，重在发掘其深厚的文化底蕴，促其含金量越来越高。如泉州，对于海上丝绸之路的进一步探索。对于中国优秀旅游城市，重在城市市容的规划、人民的素质提升、生态的保护、绿色植被的养育，公园的增多与扩建等。对于13个国家重点风景名胜区，重在管理，布局合理，人性化的标志及设施，门票的合理。对于10个国家级自然保护区，重在自然，为了吸引游客难免有人工改造，就要求人工痕迹尽可能与自然混为一体。对于19个国家森林公园，重在天然氧吧的功能，做到森林步道多样化，融生态文化教育于游玩中。对于2个国家旅游度假区，重在功能多样化，融休闲、娱乐、购物等为一体。

建议：一是旅游资源区的市民文明素质的教育和提升，使游客在景区真正体会回家的感觉。二是不管是世界级，还是国家级；不管是历史名城，还是现代化旅游城市；不管是著名风景区，还是保护区；不管是森林公园，还是地质公园，都要明确相应的保护措施，要明确规定从旅游收入中抽取一定比例的经费用于维护和再开发，要有资源留给下一代，代代相传的起码理念。

2. 旅游品牌知名度的提升

目前福建已经设立10大旅游品牌，有的是名副其实，家喻户晓；有的是福建及周边省市所认知的；有的则是福建自身所感受的，还没有叫响。因此，就有知名度提升问题。

措施：一是风趣的、朗朗上口的一句话提升知名度。如对浪漫的鼓浪琴岛，就有“到厦门不到鼓浪屿就不算到厦门”的说法，又如动人的惠女风采，就有“封建的脑袋，民主的肚皮”非常形象的概括。因此，10大旅游品牌要创出打得响自己招牌的简洁一句话，由地游多次、反复宣导，使到访游客一听就笑、一听就记得住。二是以独有的特质提升知名度，如神奇的福建土楼，全世界只有福建闽西所特有，即使台湾有13%的人口是客家人，他们的祖先到台湾，带去了所有文化，唯独没有将其特有的建筑文化在台湾体现。三是以闽台共有的既有相似又有不同的景色提升知名度。如迷人的武夷仙境与传奇的阿里山风光，奇特的水上丹霞与碧波荡漾的日月潭，神圣的妈祖朝觐与大甲妈祖的壮观绕境。

建议：以某种方式广征能概括风景区一句话的活动。

3. 旅游产品的多元布局

旅游要走大众化市场，要适合不同层次的游客需求。随着两岸直航后，两岸人员往来增多及范围的扩大是必然的，而各赴闽的游客是包括各行各业、各个年龄层次的。因此，旅游产品的多元就会让游客有更多的选择，以最大化的旅游资源、旅游产品吸引游客，是持续发展的必不可少的条件。

措施：一是武夷山和湄洲两个国家级旅游度假区，要充实休闲、娱乐功能，提高休闲、娱乐、度假与观光、朝圣相结合。二是大金湖、白水洋健全水上娱乐项目。三是早日开通福建—香港—台湾环海峡邮轮旅游线路，使其成为中国继长三角、珠三角和环渤海旅游区之后的又一旅游最佳目的地。四是仙人谷、梅花山等国家级自然保护区，要构建氧吧游、亲情游、艺术游等，使旅游产品多样化。五是泉州要争取利用宗教、名人文化、闽台缘博物馆、海上丝绸等开发多种旅游产品，提供更多的服务项目。六是宁德三都澳已被评为“全国农业旅游示范区”，可开发农家乐系列游，如体验游、“古早味”农田农活游等。七是全省各旅游景区根据条件和针对不同层次游客的台湾市场，如年轻人、老人、家庭等不同需求的群体，开发自助游、探险游、猎奇游等，并包装不同的旅游线路。八是鼓励台商在闽开发旅游产品。

建议：一是出台激励投资旅游产品的优惠政策。如在保护大自然的前提下，免费提供土地，待有营利才开始按政策征收原该收的土地费。二是对全省属于国家级的风景区进行一次较大规模的民调，并结合专家、旅游部门对景区作一全盘检讨，或调整、或充实、或再开发。三是出台扶持旅游优势项目。

4. 闽台旅游合作机制的建立

旅游合作机制的建立是持续发展旅游双向对接的组织保障，是有序利用、开发旅游资源的基本条件，是树立旅游品牌的重要支撑，是拓展旅游产品的有效手段，是创政经双赢的必要措施。

措施：一是建立互动的工作机制。旅游是动态的，政策是不断出台的。因此，为适应闽台紧密旅游合作关系，对接各种旅游资源、项目等，必须有健全的互动工作体系。二是建立事务处理机制。旅游事务涵盖面非常广，食、住、行、游、购、娱等无所不包，即旅途就是家。因此，旅游过程所产生的事务性事情非常多，建立事务处理机制是保障游客权益所必须的。三是建立互为服务的机制。由于是闽台旅游双向对接，两地各处的环境、意识等不同，游客到对方旅游的全过程拜托对方旅行社，如何以最佳的态度服务游客是必要的前提。四是建立沟通与联系的机制。旅游信息千变万化，客源某些不确定的因素始终存在，都需要及时沟通和联系。五是建立研究机制。旅游是吃老本的行业，保护旧的资源，挖掘新的资源，不断充实、创新旅游资源。

建议：一是闽台旅游部门在对方机构处设立联络员制度，视情扩大。二是公布旅游热线电话，指定专人负责。三是成立应急事务处理机构。四是组织专家学者不断研究闽台旅游双向对接的新课题、新思路。

第五节　本章小结

本章对“三通”新形势下两岸旅游趋势做了研判，阐述了闽台旅游的现状及问题，分析了求旅游双向对接的机遇与挑战，具体提出了对策措施建议。

在操之在闽方面：提出了客源市场的巩固与扩容，保持较好的发展势头；旅游精品的打造与创新，聚焦两岸游客的眼球；推介活动的深化与成效，激起游客旅游的兴趣；旅游行业的管理与服务，提升旅游产业的活力；旅游经济的创收与政治效益，争取政经双赢的局面。

在闽台旅游合作方面：提出了落实已对接的项目，拓展可对接的渠道；突出海上直航线路对接的优势，形成双向对接的紧密关系。

在持续发展方面：提出了旅游资源的深度开发，旅游品牌知名度的提升，旅游产品的多元布局，闽台旅游合作机制的建立。

结论：抓住“三通”机遇，提升福建旅游体质；注入台湾活水，增强福建旅游体魄；永久持续发展，跻入全国旅游强省。

第五章　拓展闽台文化深入交流新作为研究

张　羽*

海峡两岸文化整合工程是历史大棋局中的重要一环，争议比较小，有大空间可操作。新时期，指日可待的“三通”新形势为海峡两岸的和解创造了新的历史机遇，福建应弘扬闽南文化，深化对台文化交流，积极进行闽台两地（海峡两岸）文化整合工程，寻求更多集体记忆的交集，多角度、多渠道营造“两岸命运共同体”的集体记忆和认知。

第一节　福建对台文化交流的独特优势与成绩

台湾与祖国的文化亲缘关系，首先最直接地体现为台湾与福建的关系。在福建，中原移民南徙入闽，至宋代基本完成；明末清初开始，南徙入闽的中原移民后裔大规模迁入台湾。台湾文化经由中原文化到闽南文化，再形成台湾的在地化发展。因此，闽台被视为一个共同文化区，在对台文化交流工作中，福建具有相当多的优势，并取得了大量的成绩。

一、闽台具有源远流长的亲缘、血缘关系，姓氏文化、祠堂文化影响深远

闽台具有源远流长的亲缘、血缘关系，姓氏文化、祠堂文化影响深远，闽台两地的宗亲、族谱文化交流已普遍展开，以寻根谒祖为主要内容的民间联谊活动日趋活跃，在增强同宗同祖的认同方面取得了显著成效。

---

* 张羽：厦门大学台湾研究院文学研究所所长、副教授。

台湾汉籍同胞祖籍大部分是闽南人，多对祖籍地、祖先怀有崇敬、向往之情，不论出生于何地，都以祖籍地为籍贯；不论家住哪，都会尊重同族人的郡望和堂号；一些台胞死后的墓碑上也刻上郡望和堂号，灵位也要送到祖籍地祠堂归宗。祠堂文化和姓氏文化融合中国传统儒学和宗法观念，具有把人和地域联系在一起的特殊功能，又由宗族形成了独具闽南特色的乡村市镇，对增进台湾民众的认同感起着非常重要的作用。

福建省于1989年率先成立了“福建省姓氏源流研究会”；1996年在福州举办闽台族谱展和姓氏源流研讨会；1997年在河南召开“闽台豫姓氏源流研讨会”；1998年11月22日，在台湾历史博物馆举行“追根究底——台闽族谱暨家传文物特展”；2003年12月，厦门市召开了“海峡两岸谱牒研讨会”，并出版论文集；福建省姓氏源流研究会还出版了第一部姓氏源流类专著——《中华卢氏源流》，主持了连战祖地族谱的审定和《连横研究文集》的编审，主编了第一部大型的姓氏族谱类书籍《中华罗氏通谱》等一批有影响的姓氏文化书籍。福建各姓氏积极开展民间对台工作，承办或即将承办彭、何、施、苏、赖、罗、傅等世界性的宗亲联谊大会。福建省江夏黄氏研究会一次就组织300多名台湾企业家到福建寻根谒祖；2007年9月20日，第一次海峡百姓论坛和闽台族谱展在福州举行，使福建省在姓氏文化研究领域处于全国领先地位。

福建涉台族谱的研究工作也在进行，如2007年11月《故土亲人——漳台寻根宝典》首次披露漳州346处涉台文物，400余张图片，为台湾同胞寻根谒祖起到按图索骥的作用。2007年12月，漳州市博物馆两岸族谱对接成果展馆正式开馆，自源流篇——根在海这边、对接篇——家住漳台间、交流篇——情深祭祖先等三部分组成，收集展出包括近百册台湾族谱在内的104个漳州迁台姓氏族谱近700册，以及两岸宗祠堂匾、门当、户对、公婆龛、木主、写有郡望的灯笼等珍贵文物，还有漳州人迁台移民线路及分布图、台胞祖祠照片、台胞寻根拜祖等资料。闽南闽西的一些县都建立族谱馆，仅上杭客家族谱馆就收藏了1400部12000多册族谱。

闽台两岸宗亲组织联系频繁，单是泉州地区公开活动的宗亲会，就与台湾的上百个宗亲会保持着比较密切的联系。宗亲会成为连接海峡两岸最积极、最热络、最有亲情的民间组织。此外，以祠堂管理委员会和老人会的名义存在的宗亲组织，更不计其数。福建许多地方做到有“谱”可读，有“祠”可拜，有“墓”可祭，为台湾同胞寻根提供了便利的条件。

二、以民间信仰作为中介和桥梁的文化交流产生非常积极的作用

几百年来，闽南先民片帆渡海，筚路蓝缕，在台湾开拓出一片新天地，同时也带去了许多民间信仰。台湾庙宇林立，民间信仰盛行，上至政要富贾，下至平民百姓都对神祀寺庙顶礼膜拜，现各神庙中供奉的神祇有 300 多种，其中大都是闽南先民开台时带去的，福建较著名的神祇如莆田的妈祖祖庙、鲤城的天后宫、安溪的清水祖师、德化的法主公、南安的广泽尊王、惠安的灵安尊王、泉郡萧太傅等，几乎被迁台先民分香台湾，有几百座的分灵分香。最近被列为国家重点对台交流项目且影响台湾的四种较大民间信仰有妈祖、开漳圣王、保生大帝、关帝，这四种神缘的祖庙都在福建。民间信仰已成为台湾民众和福建祖籍地之间重要的感情纽带，是做台湾人民工作最行之有效的方法之一。

台湾民众特别看重从祖籍来的神灵，称之为“桑梓神”，定期捧神像回祖庙进香谒祖，特别是在海峡两岸无法正常交往的情况下，更是通过谒祖活动来寻求精神寄托，到福建寻找祖庙分灵和进香的信众越来越多，形成了“‘三通’未通，宗教（民间信仰）先通”的局面。

近年来，随着两岸关系的发展，两岸民间信仰文化交流频繁，如妈祖信仰是生活在海边的海峡两岸民众所崇敬的最重要的神灵。1994 年福建省考古博物馆学会与台南鹿耳门圣庙联合在台举办妈祖文化，吸引百万台胞前往进香；此后，福建几乎每年都举办“妈祖文化节”，2008 年正月初一至十六，湄洲岛举办“湄洲妈祖圣地新春祈福文化节”，规模盛大，吸引两岸民众参与。

“开漳圣王”信仰也影响深远，从 20 世纪 90 年代末，云霄威惠祖庙、檀林威惠庙、官园威惠庙等每年都平均接待来自台湾的“开漳圣王”庙进香团约两三千人次，至今已接待台湾信众数万人次。其中又以云霄为最多。还在 1997 年 1 月、2001 年 2 月、2004 年 7 月恭请云霄威惠庙的“开漳圣王”神像前后三次入岛巡安，每次都受到台胞极其隆重的迎接和欢送；

2006 年 3 月 15 日，漳州蓝田檀林威惠庙的“开漳圣王”神像、官园威惠庙的两尊魏妈金身同时应高雄道教协会之邀，入岛巡安 56 天，其中一尊魏妈金身还在高雄左营慈安宫定居。

台湾的保生大帝纪念活动规模也越来越大，300 多年来，每年农历三月十五日保生大帝圣诞日，海峡两岸保生大帝庙隆重庆典，万民共祭。如今，从 3 月 11—17 日，每年都有成千上万的台湾各地善信到白礁慈济祖宫谒祖进香。届时，宫前广场连演数天大戏，通宵达旦。

台湾关帝信众也不断回漳寻根谒祖。1988 年 8 月，台湾高雄文衡殿率先组织谒祖朝圣团抵达东山，晋祭关帝，并将精制的“追源谒祖”匾奉赠东山祖庭。1995 年 1—7 月，东山关帝庙神像还从东山港乘船直航抵台湾出巡 200 多天，引得台湾数十万信徒争相膜拜，轰动全岛；随后的十多年间，台湾 300 多座关帝庙的 15 万多名信徒先后来到东山关帝庙朝圣进香，2005 年第十三届东山关帝文化节就吸引了近千名台湾同胞前来参加。2007 年头两个多月，已有 2200 多名台湾信徒前来东山关帝庙寻根。

两岸佛教、道教同根同源，法乳一脉。2007 年，两岸佛教道教交流继续保持热络势头。星云法师两次来大陆，举办墨宝展和出席佛教教育论坛，中台禅寺与灵隐寺结为同源禅寺。佛教已成为联系两岸同胞，尤其是两岸佛教信众的重要感情纽带。2007 年 4 月，两岸道教界共同举办国际道德经论坛，成为一时盛事。

此外，以宗教信仰为纽带，还多次举办了文化学术交流活动，如“陈元光与漳州开发国际学术讨论会”（1990 年 12 月，漳州）、“首届中国云霄国际‘开漳圣王’文化节”（2007 年 3 月，漳州市云霄县）、“纪念保生大帝吴真人诞辰 1010 周年学术讨论会”（1989 年 4 月 17—20 日，漳州）、“海峡两岸关帝文化论坛”（2006 年 6 月 9 日，福建东山）等。

三、闽台两地“小三通”，直接接触合作早，经验积累多，体现了最大的地缘便利

闽台两地一水相隔，一苇可通，两地最近处仅 10 海里，厦门同安距小金门最近处只有 1000 多米。厦门与高雄之间的航线为 165 海里，交通十分便利，早在“小三通”以前，两地就已经直接接触，开展海上小额贸易。

“小三通”后，闽台直接接触多，工作基础扎实，积累了十分丰富的经验，有利于闽台两地更深入地合作与交流。

福建沿海地区自2001年与台湾地区管辖的金门、马祖、澎湖等地直接进行通航以来，经过7年多的发展，取得了一定的成效。其中，厦金直航由于行程短、费用低廉，成为两岸民众首选线路。自2001年1月2日开始，该条航线年旅客吞吐量便持续攀升。2008年6月以来，随着台湾方面进一步放宽“小三通”旅客条件限制，各条航线旅客快速增长，船舶载客率也不断上升。据厦门边检总站东渡站统计，2008年7、8月份，厦金航线出入境旅客数分别达到8.1万人次和9.6万人次，连续刷新历史纪录。据台湾媒体报道，为推动“小三通”正常化，台当局“陆委会”再次为“小三通”松绑，决定将于2008年9月底开放大陆旅客可以经由金马“小三通”中转台湾。中台办主任王毅也在2008年“九八投资洽谈会”上宣布祖国大陆居民可通过“小三通”直接进入台湾，9月25日厦门市委书记何立峰首次以大陆地方政府负责人的身份率团访问台中市，也是首次从厦门五通海空联运码头出发，经金门转机直飞台中，率先打通了大陆居民经“小三通”直接进入台湾岛的通道，具有示范意义。在直接实现“小三通”同时还将借由开放小额、小量的农渔产品免税进口、简化通关程序，引导金马地区的地下贸易全面合法化。随着两岸交通的日益便利，闽台一日生活圈已渐成形。

四、福建与台湾的文缘关系与人文优势凸显

福建与台湾的文缘关系与人文优势凸显，两地语言相通，汉字相同，生活习俗相近，以闽南文化为载体的民间交流方兴未艾，促进台湾同胞对祖国大陆的认同感。

从历史渊源看，台湾民众多与福建省尤其是闽南有着密切的渊源，对闽南区域文化有特殊的感情。台湾人常用的普通话、闽南话、客家话，都是由大陆移民带到台湾，并流行于台湾的。汉字是两岸人民共同使用的文字。闽台两地历史人文渊源深厚，在发展闽台两地的各项交流交往中起着不可替代的作用。在开放建设台湾过程中，涌现了郑成功、施琅、连横、林语堂、沈耀初、林成祖、林文察、颜思齐、朱一贵、简大狮、吴凤等许多名人，近年来，福建加强对历史人物史迹的保护和修缮，这些历史人物研讨会在福建多

次举行，如“开漳圣王陈元光”学术研讨会（漳州），“蓝理、蓝廷珍、蓝鼎元”学术研讨会（漳州），郑成功学术研讨会（泉州），施琅暨清廷统一台湾纪念活动学术研讨会，弘一法师学术研讨会等。历史人物也成为连接两岸城市的重要纽带，台南市自 2002 年举办“郑成功文化节”，2004 年起，台南市即诚邀郑成功出生地、郑成功成长地等城市派团前往参访，为增进泉州与台南的交流交往，发展两市合作关系，泉州市四次组团赴台南参加活动。2008 年 4 月底至 5 月初，漳州市也派出芗剧团和剪纸艺术家等赴台湾参加“郑成功文化节”，参加闽南表演艺术交流、文化参访、民间艺术展示等活动，与台湾艺术表演团体共同探讨两岸民间艺术和文化遗产保护与传承等问题。

在艺缘方面，闽台是全国戏剧、民间音乐最丰富的地区之一。根据《中国戏曲剧种手册》记载，福建有 22 个地方戏曲剧种，居全国的第二位。由福建地方戏剧、民间音乐传播进入台湾的主要戏剧有车鼓戏、梨园戏、乱弹、四平戏、高甲戏、木偶戏、布袋戏、歌仔戏等，而且在漫长的岁月中，这些戏剧、音乐在流传中发生变异，演化成为台湾本地独特的戏剧、音乐形式，比如著名的歌仔戏。闽台两地戏曲反复多次交融，有着极为密切的关系。近年来，海峡两岸歌仔戏艺术节、海峡两岸南音展演暨民间艺术节，先后在厦门举行，闽台的戏团更是互访频繁。泉州南音大会唱至 2005 年，已举办八届“国际泉州南音大会唱”，台湾艺人常年派人来泉州学艺。

闽南语歌谣、歇后语、传说故事，以及书画艺术、民间剪纸艺术、木版年画、民间文艺等，都是闽台共同的地方民间文化宝藏，成为沟通闽台宗亲心灵的艺术桥梁。2004 年 4 月，两岸灯谜艺术节暨漳州高雄灯谜姊妹会 10 周年庆祝大会在芗城召开，台湾高雄灯谜协会应邀参加了此次艺术节。2006 年 12 月，漳州南靖县举办首届海峡两岸茶文化节。台湾茶文化与大陆茶文化可以说是一脉相承。两岸借由茶文化交流，增进感情。台湾人和闽南人有很多相似性格，敢于冒险，敢想敢闯，爱拼敢赢，擅长商贾。因此，用闽南人做台湾人的工作具有天然的优势。

五、闽台两地在教育、出版、新闻媒体、影视合作等方面形成了一些品牌交流项目

近年来，闽台两地教育、文化、科技、体育、卫生等各领域交流获得新的进展。两岸教育交流方面，福建省也是先行一步，积累了不少经验，打下了较好的基础，福建各高校与台湾高校签署了多项校际交流与合作协议，开展了实质性的交流与合作。两地高校教师互访、讲学、任教不断增多，一些台湾知名学者受聘到福建高校任教。两岸基础教育、职业教育交流取得新进展。大陆方面推出一系列促进两岸教育交流的措施后，台生踊跃报考大陆高校，青年学生是两岸交流中非常活跃的一个群体，海峡两岸学生冬令营和夏令营邀请了大量的台湾学生来大陆各地参加交流活动，形式多样，效果喜人。

两岸文化界组织、实施了一系列有影响的大型文化交流活动，形成了一批对台文化交流品牌项目。闽南文化、客家文化、妈祖文化等特色文化和多项优秀文化项目入岛，受到岛内民众欢迎。通过交流合作，进一步密切海峡两岸文化界的联系。

在新闻出版（出版品、报刊、广电节目、音像制品、电子出版品等）交流方面，海峡两岸通过举办书展、版权贸易、合作出版等多种方式开展合作与交流，在期刊版权、印刷复制业、数字内容产业等领域的合作日益密切。经由交流，台湾在出版方面企划和行销能力上的优势，使得福建吸纳了这些经营管理制度后，逐步改进了出版业的经营方式；而大陆广大的市场，也提供了台湾出版商、书商更多的生意契机。1993 年 9 月，海峡两岸首次图书交流盛会——海峡书市，在福州举行。大陆有近百家大型图书馆，100 多家重点出版社参展，台湾、香港许多出版社展出近年出版的各类图书数万种。此后几乎每年都有举办，“2008 海峡两岸图书展”在台中举行，并设有印象厦门摄影展、厦门文化专区。

经过多年的积累，两岸交流逐渐形成了一系列精品项目。“两岸青年论坛”、“海峡青年论坛”等活动成为两岸青年和大学生交流的盛会。“海峡两岸科技人力资源论坛”成为两岸科技界人士交流与沟通的平台，“海峡两岸各民族中秋大联欢”等活动成为两岸少数民族交流与合作的大舞台。

六、闽南文化成为破解“文化台独”最有效的工具

陈水扁执政时期，鼓吹“去中国化”，强调“本土文化”，企图将台湾文化从中国文化中割裂出来，在方方面面制造台湾文化自成一体的舆论，例如在语言方面，借推行“本土化教育”之机，边缘化“国语”（普通话）的地位，以便逐渐削弱和淡化祖国大陆文化的影响；用“通用拼音”取代“汉语拼音”，以进一步凸显“文化台独意识”。很多“台独”势力鼓吹的“去中国化”，实际上就是“闽南化”，他们要把歌仔戏变成所谓的“国剧”，而歌仔戏来源于漳州的锦歌。所以，台湾当局所谓的“去中国化”政策，去不了闽南文化，台湾的文化直接源于闽南文化，而闽南文化又是中华传统文化的重要组成部分。“三通”顺利实现后，福建与台湾的文化交流将更为频繁，用中国传统文化尤其是闽南文化来批判“文化台独”，可以使“文化台独”不攻自破。因此，在促进祖国和平统一进程中，闽南文化具有不可替代的作用，发展闽南文化是化解“文化台独”最有力的武器。

近年来，福建充分发挥闽台两地语言、文化、民俗、宗教同源的优势，以民间信仰、寻根谒祖、闽南文化、客家文化、乡情乡谊及学术、卫生、体育、闽南戏曲、曲艺、杂技、书画、传统医药文化、历史文物、影视等积极开展两岸的交流，已取得初步成效。双方在各层面之往来日益频繁，在交往之形式、管道及层次等方面均不断地扩增与提升。福建各地市结合自己对台独特优势，打出“地方牌”，开展了多项对台文化交流项目，充分利用在亲缘、血缘和文化渊源上的独特优势，围绕闽南文化对台开展了多方位的文化交流活动，增进了两岸文化同根同源的认同感，拉近了两岸人民的感情，对做好台湾人民工作、反制“文化台独”起到了独特的积极作用。

第二节　福建对台文化交流存在的困难与问题

如果“三通”实现，福建对台文化交流的任务、职能、领域和对象都将呈现出扩大趋势，这更增加了福建对台工作的重要性和必要性。表面上看来，目前闽台两地的文化交流正走向密集化、规模化，但仍面临许多困难和

制约因素。探讨20年来两岸特别是闽台区域文化交流的问题与困难，就是为了鉴往知来。

一、海峡西岸对台功能和作用没有充分发挥

1. 对台工作还没有形成全党行为，一些地方党委、政府和绝大多数民众只是把对台工作看做是涉台部门的工作，对做好对台工作缺乏积极性和主动性，缺乏地方性的大政策、大措施，福建未能做到自上而下“一盘棋”，未能制定出有利于闽台两地文化交流密切互动的时间表。

2. 文化“软环境”尚不能与沪、苏、浙、深（圳）相比；一些对台部门服务意识不强、效率不高，当前两岸交流的主要障碍在于政治干预、官僚作风与程序烦琐，以及双方互信基础脆弱。

3. 福建部分党政人员对涉及政治、民主等敏感问题避而不谈，一定程度上使台湾民众对祖国大陆的政治制度和一国两制方针了解不多。

4. 没有很好地利用改革开放先行先试的政策优势，胆量和气魄不够大，执政不够灵活；中央曾赋予了许多特殊政策，例如设立厦门经济特区、保税区、台商投资区、两岸农业合作试验区等，以支持福建在改革开放发展与对台工作中先行一步。但事实上，福建在祖国大陆改革开放发展进程中，在活用政策方面，远远落后于东莞和昆山等地。

二、对台工作领导体制和具体政策不够健全完善

研究表明，近30年来的两岸文化交流，是在有限制的两岸政策环境空间的约束下，呈现出单向、间接、民间的状态，对台文化交流没能向纵深发展。目前文化交流不平衡，戏剧方面的多，民间自发性的交流活动和民间信仰的多，主导文化、精品文化方面的交流有待加强。双向交流的广度、层次、规模受限，未打造出精品品牌；不仅文化交流本身未能实现其可能的发展规模，而且远未充分发挥其对两岸政治经济关系发展的促进作用。

1. 在具体工作中，各部门各自为政，缺乏协作意识、长远安排，不少部门在开展对台工作中，互动和合作不够。

2. 现有文教交流格局重台北，不重台湾中南部。台湾中南部是大陆对台工作的薄弱环节，也是民进党选票的主要来源地。台湾中南部民众普遍受

教育程度较低，所接收的大陆资讯，经过了台湾当局、媒体、政客和地下电台的“妖魔化”，因此，大陆所释放出的善意和诚意，无法真实传达到台湾中南部，那里许多民众有顽固的本土愚忠，多对大陆抱持敌对态度。闽南文化宣传入岛形式受限，我们应广邀中南部民众有机会实地了解大陆的实际情况，破除长期以来对大陆的各种误解，增强他们对大陆的亲切感和认同感。

3. 与老一辈台胞交流多，对新生代交流少。随着老一辈逐渐淡出政经舞台，台湾新生代对祖籍地的向心力、认同感远不如上辈，对近代中日、国共之间的特殊历史背景缺乏正确认识，多年来，国民党避免谈及，任由民进党扭曲，也成为我们工作的难题。

4. 民间交流缺乏规范化、制度化。热络的民间交流多是一次性的交流，无法累积理解进而建立稳定的友谊和互信。

三、对台文化交流建设滞后，尚未形成比较优势

1. 台湾地区的文化发展水平比福建省高出许多，主要表现在文化设施建设、学科细化建制、各种文化展馆建设等方面，福建对台文化交流要有新作为，必须打造自身的文化高地。

2. 对台文化交流缺乏经费保障。福建当前的文化交流多是“寄生性”交流，缺乏自主性。依附于政治力量的文化交流，使双方在“统战阴谋”猜想下互相摸底，缺乏交流诚意；依附于经济力量的文化交流，则使文化“商品化”、“利益化”。近年来，福建各级政府已高度重视对台文化交流工作，但财政经费仍然有限。

3. 民间交往热络，但在文化交流对象的选择方面，重视统派，轻视“本土派”和“独立派”；多与统派媒体和学者交流，与绿色学者和媒体接触较少，媒体和新闻报道呈现一面倒的倾向。

4. 福建许多涉台文物古迹、文化资源尚未得到充分的保护开发和利用。仅以漳州地区为例，“东山陆桥”、“古月港”、“白礁慈济宫”、“陈元光陵园”、“宫保地”等众多对台资源，由于重视不够、投入不够、力量不足等原因，未能得到有效挖掘开发。

福建的闽南文化资源有待进一步挖掘和整合，目前闽台两地的交流主要集中在民间曲艺、宗教信仰等方面，做台湾民众工作的载体比较小，福建有

更丰富的文化资源有待整合和挖掘，应进一步拓宽文化载体的领域，突显特色。

当前，我们看待闽台文化交流，要站得更高一些，不能仅着眼于闽台文化资源如何推动福建的经济增长，如果着眼点仅限于此，很可能走向一个唯利是图的误区，要把文化交流提升到建立闽台“共同家园”这样一个高度来看待。

第三节　新形势下拓展闽台文化交流面临的契机

一、国际政经发展形势为福建提供了史无前例的发展机会

随着经济全球化与区域一体化趋势的不断发展，祖国大陆改革开放进程的不断深化和经济起飞后的持续快速发展，21 世纪的世界经济重心与国际经济格局正在发生明显的变化，许多国家都看好中国大陆的潜在市场。围绕祖国大陆这一新的经济增长点的国际产业分工体系的调整与国际经贸活动的开展，既加快了祖国大陆经济的全球化步伐，也对福建加快对外开放与全球化步伐提出了迫切要求。福建不仅具有对外开放与经济发展的港口地理条件和经济区位优势，而且对台方面具有得天独厚的“五缘”优势。2008 年 9 月 7 日，中共中央台湾工作办公室、国务院台湾事务办公室主任王毅在“海峡西岸经济区论坛”上发表演讲，并授权宣布了大陆方面促进两岸交往的新举措——大力促进两岸人员往来；积极推动两岸直接、双向、全面“三通”；推进两岸产业合作拓展领域、提高层次；推动两岸金融合作取得实质进展；探索建立两岸经济合作机制，构筑长期稳定、具有两岸特色的互利双赢总体框架。这些都为两岸文化交流提供了更良好的政经环境。

二、两岸共创和平、稳步发展的格局正在形成

民进党八年执政，搞“台独”，搞族群对立，台湾竞争力一路走低，人民痛苦指数不断提升。在这个背景下，国民党以主打“拼经济”的承诺赢得台湾人民的高度认可，马、萧已经洞见大陆对于台湾发展不可替代的作

用，因此提出推动两岸经贸正常化，并以“两岸联结”参与区域与全球合作的政策主张。2008 年“大选”的结果为改善台湾海峡的紧张局势提供了极好的契机。大陆方面一直紧紧抓住这一契机。这表明两岸关系的基本格局和发展趋势不会改变，台湾同胞求和平、安定与发展的意愿日益增强，两岸交流合作与人员往来扩大的趋势不会逆转，和平发展已成为两岸关系发展的趋势和主题。

从选后马英九多次就两岸政策的表述看，其基本政治主张是坚持“九二共识”和反对“法理台独”，而这恰恰是两岸建立和平稳定架构的基础和前提。21 世纪的前 20 年，是大陆集中精力全面建设小康社会、实现中华民族伟大复兴的重要战略机遇期。这些都为中华民族的复兴奠定了坚实的基础。两岸民众也将在中华民族的伟大复兴中，享受到身为中国人的利益和尊严。

三、中共中央给予福建各种政策倾斜

2004 年 10 月中共中央通过福建省所提之“海峡西岸经济区”规划，明确定义海峡西岸建设的概念，并确认福建在区域经济发展的定位。2006 年，胡锦涛总书记、温家宝总理等中央领导视察福建，充分肯定福建在对台工作中的独特优势和在促进祖国统一大业中不可替代的地位作用，并对海峡西岸经济区建设寄予厚望。胡总书记明确指示：“党的十六届五中全会决定提出，支持海峡西岸和其他台商投资相对集中地区的经济发展，促进两岸经济技术交流合作。这是中央从我国现代化建设的全局和两岸关系发展的大局出发作出的一项战略决策。福建与台湾一水相隔，既有悠久的历史渊源，也有密切的现实联系，促进闽台交往具有得天独厚的优势。”这充分表明了中央对福建进一步发挥对台优势和作用的殷切期望。2007 年，党的十七大报告关于“推进‘一国两制’实践和祖国和平统一大业”部分明确提出“牢牢把握两岸关系和平发展的主题”，“在一个中国原则的基础上，协商正式结束两岸敌对状态，达成和平协议，构建两岸关系和平发展框架，开创两岸关系和平发展新局面。”“将继续实施和充实惠及广大台湾同胞的政策措施”，“支持海峡西岸和其他台商投资相对集中地区经济发展”，“两岸同胞要加强交往，加强经济文化交流，继续拓展领域、提高层次，推动直接‘三通’，使彼此感情更融洽、合作更深化”。这些为福建进一步发挥对台优势与作用提供了机遇，指明了方向。2007 年 12 月 22 日，中共中央政治局常委、全国政协主席贾庆林在出席“厦门经济特区建设25 周年庆祝大会”上发表重要讲话，重申对台工作四个“凡是”——凡是对台湾同胞有利的事，凡是对促进两岸交流有利的事，凡是对维护台海地区和平有利的事，凡是对祖国和平统一有利的事，我们都要尽最大的努力去做，并且一定努力地做好。这些指导思想，都最大限度地释放了福建对台交流的空间。

四、马、萧“合作思维”下的新政策蕴涵两岸文化交流的新契机

马、萧在两岸关系上的由“冲突思维”向“合作思维”转变，将有利于实现“政经分离”、甚至政经良性互动。马、萧务实弹性地处理两岸关系问题，重点放在经济上，表示愿意为了两岸双赢加强两岸经济合作关系，体现的就是一种经济上的合作思维。经济上的“两岸联结”思维，自然也会直接推动文化层面的深入交流，后者将反哺、润滑政经交流。

为了振兴台湾经济，马英九上台后在两岸“三通”尤其是直航、大陆居民赴台观光旅游、台商投资大陆的限制等都将采取开放的政策。而两岸在经济、文化、教育、社会等方面的加快融合，又将带动两岸政治关系的发展。从而为两岸最终统一奠定更为坚实的经济基础和社会基础。在马、萧“大选”前提出的“爱台十二项建设”政见中，对“文化创意休闲”格外重视，其中“智慧台湾”（2250 亿）、“海岸新生”（200 亿）、“绿色造林”（300 亿）等方面，由于过去八年，财政亏空高达 4.7 兆新台币，对台湾当局是巨大的经济挑战；在这样的背景下，也为大陆企业带来了巨大的投资机会，此举一方面可以缓解台湾的财政压力，一方面也可以让大陆企业在参与台湾文化创意休闲产业的过程中，进行文化交流，学习经验。

如果马、萧的政策能够逐步落到实处，两岸关系得以理顺，促成经济全面合作，就能实现两岸和平发展、加速发展，并在合作发展过程中逐步消除障碍、扩大共识。另一方面也为福建进一步发挥对台优势提供了战略契机。

第四节 新形势下拓展闽台文化交流面临的挑战

闽台文化交流，历经20年，经历了交流尝试期、制度化时期、共识奠定期、转变性紧张期，至今日的全面拓展深化时期。如何积极因应“三通”新形势下拓展闽台文化交流的深度和幅度，是为重要问题。福建在面临新契机之时，也面临着大量的挑战。

一、台湾当局的政策限制对闽台文化交流的影响

文化交流是两岸意识形态竞争的一部分。2000年5月，陈水扁在其“就职”演说中首次提出“台湾文化”，以“华人文化”取代“中国文化”，并提出要“让立足台湾的本土文化与华人文化、世界文化自然接轨”，民进党当局的“去中国化”运动由此开始。在台当局的授意下，一批“台独御用”学术力量持续开展台湾史、原住民史、“二·二八事件”等问题的歪曲研究，鼓吹所谓“台湾人的意识”已经超脱了“强调血统的中国人论”。2001年3月底，台当局公布了“本土化教育”政策，决定在中小学开设“乡土语言”课，规定中小学生必须在闽南语、客家话和原住民语中选修一种，以弱化和冲淡国语（普通话）在台湾的地位。当年9月，台当局强令中小学开始推行“乡土教学”，大量删减教材中关于中国历史、地理、人文的内容。2006年起台湾实施新的“台湾高中历史课程纲要草案”，更是把“台湾史”从“中国史”中分割出来。尤其渐行性的“去中国化”举措，严重挫伤两岸之间的文化交流。

马英九担任台湾地区领导人后，虽然暂时终结了民进党推动法理“台独”之路，但难从根本上撼动台湾的政治生态，陈水扁过去所推行的“去中国化”，在文化等各方面对台湾民众产生了恶劣的后续影响。马英九上任后不久，在接受美联社的访问时，亦曾表达，两岸统一在我们这辈子不大可能。福建在密切文化交流过程中，必然要面对两岸不同的社会经济发展水平、不同的社会政治制度与社会意识形态，这些都对两岸整体层面的制度性交流、合作与一体化的步伐形成相当程度的制约，并延宕了两岸和平统一的

终极目标的最终达成。在深化文化交流中，福建要将改革开放、区域（两岸）合作、祖国统一三个目标任务统一起来，并贯彻到工作实践中去。

二、如何应对台湾岛内日趋稳固的“台湾主体意识”和“本土意识”

与台湾以往重“大选”举不同，此次“总统”选举，“台湾主体意识”和“本土化”不断炒热、强化。国民党为避免被民进党打成“外来政权”、“中国党”，在选举之前，即做了本土化转型。在党章中，淡化对统一目标的追求，强化台湾认同，“以台湾为主，对台湾人民有利”。当前，“台湾主体意识”和“本土化”已成为台湾社会难以逆转的趋势和潮流，国民党要赢得民众支持和实现长期执政，也必然迎合民众需求，进一步滑向台湾“本土”，此举在两岸关系上，导致的直接后果是“和平分立”思想将在岛内不断蔓延，并成为制定两岸政策共同的民意基础。这一点对两岸关系的正常发展，特别是政治分歧的解决将是很大的阻碍。

台湾政坛生态复杂多变，为了选举政治的需要，台湾政党没有永远的朋友，也没有永远的敌人，只有自己的切身利益。当前和平发展已经成为两岸同胞共同追求的目标。但不能僵化地以“蓝、绿”论英雄，蓝、绿之间是不断发生转化的，现阶段不能只与蓝营交往，忽略绿营的积极作为，民进党虽然败选，但民进党尚有一定的政治实力，此时正是民进党重塑形象、重整旗鼓的较佳时机，如果民进党转型成功，尤其是放弃“台独”党纲及理论，加上未来国民党执政若出现重大失误，民进党有可能东山再起，因此，也要重视民进党。台湾各政党都代表着一定的利益群体，只有不计前嫌，敞开胸襟地与一切能够代表台湾人民利益的政党交往，努力了解台湾民心、体察民情，只要有利于统一，我们都要敢于接触，必须要面对台湾民众在国家认同上的问题，剖析不同年龄段、不同族群、不同阶层的台湾民众复杂的政治倾向；“三通”顺利达成后，如何在尊重台湾“主体性”的情况下，进一步发挥福建优势，深入文化交流，为海峡西岸经济区的发展建设服务，是福建对台统战工作的重要问题。

三、如何与其他兄弟省份相竞争，最大限度地保证其示范性和试验性

长期以来，由于海峡两岸的长期对峙，台湾金马与大陆福建被视为战场前线、防御重镇，当地建设仍以军事为首要考虑，民生经济从不是主要任务。自祖国大陆改革开放以来，视福建为前线的观念，体现在中共中央给予福建吸引台资政策上，并不如给广东在吸引港澳资般的先行政策。近年来，随着中央对海峡西岸经济区赋予了大量的政策倾斜，福建对台工作取得了很大的成绩。不过，福建在对台前沿阵地实际角色的扮演和功能的发挥方面，还面临着极大的挑战。目前在全国范围内，广东、上海、江苏，甚至浙江的台商投资总量都高过福建，福建也不是台商最大的聚集地，如果实行“三通”，一方面其他省市获得两岸直接交流的权力与机会，而产生一定程度的“分流”现象与替代效益，从而相对削弱现有“试点直航”与“小三通”在两岸交流渠道中的地位与作用的重要性。其他省份如出台较多的惠台政策，将会吸引更多的台商资源，如果福建不在软硬件建设方面与其他省份形成较大的差距，将更难以吸引台湾各界人士到福建，将极大影响福建做台湾人民工作的施展空间。

四、如何实践“优币淘汰劣币”规律

福建的文化发展水平不如广东和江浙地区，更难与北京相比，福建如何在两岸文化交流中特别是“三通”全面实现后，找准自己的位置和方向？新形势下，要从教育、习俗、信仰、文学、戏曲、建筑、民歌、文化产业等角度来思考密切两岸的文化交流，需要多方面协调、沟通，协力共襄盛举。在此过程中，难免有求全求大之举措，有时往往容易造成更多的漏洞和偏差，不能用简单的量化指标来评分对台工作绩效，片面追求对台交流人次的多寡，举办涉台活动次数的多少，而忽视交流的质量和效果。除了重视人次以外，更应该重视人数，特别要重视首次来大陆交流的台湾人数。举办涉台活动，除了要重视来宾的官阶层级之外，更要重视他们在台湾社会中的代表性和在台湾民众中的影响。

此外，在民间信仰交流过程中，会接触到非常本土的底层台湾人，也会

接触到台湾农村文化或纯台湾社群文化，会发现其底层文化有时黑道白道不分，怪力乱神，暴力倾向等，在文化交流中，福建文化部门如何实践“优币淘汰劣币”，也是挑战。总之，福建也要努力快速发展，其快速发展将直接影响台湾民众对中国大陆的认知和感受，消除心理上的隔阂，使他们确信统一后的中国将有更大的发展前景。

五、两岸互信建立是个漫长的过程

为了实现海峡两岸的和平统一，争取台湾民心是亟待开展的重要工作。而民心工作不易做。海峡两岸虽经多年的交流，仍未能完全化解双方的敌对意识，国民党执政后，两岸经济关系虽已出现新的发展机遇，但台湾局势依旧错综复杂，民进党和“台独”势力仍在岛内有相当的社会基础和政治影响，部分台湾民众对发展两岸关系持保守甚至排斥态度，而且两岸政治上的结构性矛盾依然存在，加之西方国家“以台制华”的战略短期内不会改变，会利用各种机会以台湾来牵制中国大陆的崛起。

在具体的操作层面，如何在遵从基本原则的基础上，最大限度地实现灵活性，是比较难的。如何以科学发展观为指导，用大智慧、大谋略、大勇气去描绘两岸和平统一的时间线路，化解闽台文化交流中出现的各种矛盾，成为问题。

当前两岸交流呈现良好态势，正是互信建立的最佳时机。如何以多面向的“两岸互信创建措施”作为“一个中国”原则之前的预备性磋商议题，寻求种种有效的沟通管道，恢复商谈、建立互信、形成机制，皆是福建对台工作中需要认真对待的问题。

第五节　新形势下拓展闽台文化交流的思路与作为

如何以中国传统文化尤其是闽南文化切实做好台湾民众思想工作，如何进行系统性、综合性和创新性的因应策略研究，是当前对台工作中亟待研究和开展的重要工作。经过大量调研，我们从文化中的认知、信仰、规范、表现四大系统角度，提出深化闽台两地文化交流的方式、途径与载体。目标是尽量提供平台使闽台两地民众融合起来，难解难分，浑然一体，进而探讨在目前“三通”正酝酿新突破的形势下，福建在“求对台文化交流深入”过程中，工作重点及相应采取的具体举措，对政府职能部门提出建议，在具体操作层面上，提出“求十全”（在十大方面求全面深入交流）、“务十美”（打造十个闽南文化节日品牌），供有关部门决策参考。

一、新思路：加强领导，福建省各级政府为拓展闽台文化交流工作提出新思路

1. 打造“一盘棋”的工作格局，建立各层面沟通互信的对话机制，保证对话的一致性和持续性，对话机制的建立可采取举办双边高峰会议、高层官员会议等形式，共同协商两岸未来之发展问题，本着务实的原则就具体的合作计划展开对话；加强与台湾就特殊利益的特定议题进行专业技术人才的对话。进行各层面对话时应切实做好前期调研工作、做好前置作业。

2. 政府从简化行政审批开始，逐步及时地转变政府职能，提高效能，打造服务型政府。尤其是要有效缩减政府职能机构审核赴台文教交流的程序，尽力打造优良的对台文化交流软环境；建议中央对福建地区赴台开展文化交流活动的审批权尽可能下放给福建。

3. 以务实、策略性的政策开拓两地文教交流布局，健全文化管理机制，健全微观运行机制，以弹性管理代替消极围堵的文教政策；为深化两地的文教交流，期待着能建立一套实效、积极、开放、标准明确，并能有效管理的政策机制。

4. 全力打造福建省对台工作智囊团。由福建省委负责召集，遴聘文化界及学者专家为成员，就闽南文化建设如何融入政府行政提出建言，以为省政策规划之依据，对文教交流的各项目标务实地制订计划。

5. 提高对台文化交流预算，专款专用。建议国家有关部门及省级政府设立对台文化交流基金，对台文化交流专项经费。专款用于大陆赴台和台湾民众赴福建进行文化交流。评定闽台文化交流重大项目，重点扶植。对闽台文化交流与合作的高层次项目给予专项经费支持，专项资金按照统一规划、专款专用的原则，实行项目管理。各设区市在年度预算中设立相应的专项资金，用于支持当地文化部门开展文化交流活动。

6. 政府推动和扶持各类对台协会建设和发展。以协会为载体，如台属联谊会、台商协会、宗亲会、同根文化研究会、道教协会等社会团体，积极与台湾民众交流。

7. 进一步加强闽台地方政府的交流，通过协商签订地方性、政府间的文化交流框架协定，年度文化交流设定计划。地方政府可以开展城市之间的推介活动，设立城际“文化周”，打造出知名文化品牌。适时开展与台湾各县市“在野党”的交流工作。拓宽文化交流对象，尝试与台湾中南部地市沟通交流，建立互信。

8. 适时举办两岸的“文化精英论坛”，凝聚两岸共识。由政府搭台，举办“文化精英论坛”，邀请两岸知名学者、文化精英参与其中，通过两岸媒体的共同关注扩大其社会影响力，使其成为每年度的“文化盛会”，成为闽台交流的“文化名片”。

二、新作为之一：“求十全”

从区位与地域角度，推进闽台实质融合工作，在十大方面寻求福建与台湾全面深入交流和合作，充实内涵，做大平台，打造对台湾文化交流的新格局。

第一全：设置“闽客文化”研究会，深化两地学术领域的全面交流。

1. 每年由福建省委召集，整合政府相关部会，并邀集民间文艺界及观光界学者专家、外国驻福建代表等，广纳民意，确保闽南文化建设进入政策所有层面，得到落实。

2. 进行对台应用研究和学术研究；推动双边人力资源之合作，专业人才训练和交流；扩大双边的科技合作范畴，重点在于农业、资讯科技、生物技术、材料科学、交通、能源、环保、天然资源开发等。推进闽台高校之间建立高新技术项目的交流与合作机制，瞄准台湾高校科研和学术发展前沿，通过开展校际合作研究、赴台开展项目交流、邀请台湾专家来闽讲学和指导研究等方式，推动闽台科技的合作。

3. 有系统地与台湾、日本、欧美等地区或国家合作，通过学者互访、交换学生、召开学术研讨会等形式，扩大学术刊物在国际上的影响力，使其进入海外学者的视野，推动“闽客文化”研究。

4. 召开年度“海峡两岸闽南文化论坛”，论坛以弘扬海峡两岸的闽南文化，加强两岸闽南文化理论和实践的交流为主题，对闽南文化的保护，两岸闽南文化的交流等问题进行讨论。每年还应就新形势、新问题确定议题，讨论交流。

5. 以共同的学术社群影响舆论，推动两岸关系的改善。通过学术社群对公共舆论产生影响，更好地构筑闽台、两岸的文化认同。

6. 举办连接两岸的历史文化人物的研讨会，增进海峡两岸文化认同。如“开漳圣王陈元光”学术研讨会（漳州）、“蓝理、蓝廷珍、蓝鼎元”学术研讨会（漳州）、郑成功学术研讨会（泉州）、施琅暨清廷统一台湾纪念活动学术研讨会、弘一法师学术研讨会。

7. 成立两岸学术基金会，支持合作性的学术课题，探索海峡两岸学术交流与合作的新方法、新途径。每年分批组织教师和研究人员赴台交流、讲学和开展合作科研，定期邀请台湾高校知名学者前来开展学术交流和研究，合作举办学术研讨会。

8. 随着两岸学术交流的深入开展，统一学术词汇，规范学术用语需要提上日程。

9. 扩大邀请台湾各行业人员访问福建，包括政府部门、企业界、学界、非政府组织、媒体、其他民间团体等代表。扩大研究域面，提倡学风互补，努力获得多方位的认同空间。闽台两地首先创设出稳定安全的学术社群，并能够代表知识界与文化界最敏锐的力量，从而成为影响舆论的主要力量之一。未来两地学界实事求是地提出各种见解，并通过各种渠道反馈于上层，理智的建言和客观的分析会对当局影响显著。其所具有的善意和理解，必然会传达给社会，从而有助于两岸关系的改善，提升认知度。

第二全：促进两地艺术戏曲团体全面交流。

1. 邀请台湾歌仔戏、梨园戏、高甲戏、木偶戏等剧团赴福建演出，选派歌仔戏、梨园戏、高甲戏、木偶戏、打城戏和南音等优秀剧团赴台湾演出。

2. 邀请台湾出色的演职人员，来福建驻唱。剧团可结合本团的实际，与台湾剧团进行合作，鼓励两岸演职人员通过多种方式交流、切磋剧艺。

3. 通过媒体对艺术剧团的表演进行报导转播。与台湾媒体合作，共同打造戏剧戏曲节目，提供戏剧戏曲交流的平台。

4. 综合两地优秀的师资力量和办学条件，共同培养闽南戏曲人才，在艺术戏曲学校中设置两岸合作办学、培养闽南戏曲人才的“实验班”。

5. 建立多个闽南艺术发展基金会。以政府投入为主，多渠道、多方位、多形式地筹集资金，扶持闽南艺术事业的发展，培养闽南艺术的传承人。

第三全：促进闽台信仰文化全面交流。

1. 台湾民众信仰的妈祖、保生大帝、关帝、临水娘娘、开漳圣王等都是从福建分灵到台湾的，所以，寻找福建寺庙在台湾的分灵所在地对促进闽南信仰文化深入交流是必要的。

2. 传统节日前后，采取以民间出面、有关方面指导的形式，组织台湾庙宇组团来福建，举办民间信仰祭祀活动等，开展这些活动并使之长期化、规范化，使之成为闽台文化交流的标志性活动。

3. 定期举办闽南民间信仰文化节，凸显庶民文化活力。充分利用两地历史文化资源优势，推动“海峡两岸开漳圣王文化节”、“东山关帝文化节”、“妈祖文化节”、“保生大帝文化节”、道教等系列节日。

4. 成立专门办事机构，规范管理民间信仰，为两岸信众的交流提供便利条件；负责民间信仰文化交流的整体规划和组织实施，以“缘系民间、和谐两岸”为主题，开展多种形式的宗教交流活动。

5. 成立民间信仰文化研究会，定期举办相关研讨会，引导信众加深对信仰文化的认知和理解，厚植福建祖地文化根基，促进两岸文化交流，强化两岸共同家园、两岸血脉相连的命运共同体意识。

6. 邀请台湾民众组团赴福建，如保生大帝进香团、妈祖进香团、关帝庙朝圣团、开漳圣王陈元光信仰等团体，来福建各地参加宗教交流活动。

7. 每年福建选送十几个民俗交流团组到台湾地区交流。鼓励有影响的宫庙与台湾地区的宫庙联谊结缘，组织一些宫庙到台湾地区巡游，融直航和进香为一体，拓宽交流渠道。

8. 针对这些民间信仰特点，打造文化品牌，加快发展以闽台民间信仰文化为重点的旅游业。民间信仰文化与自然景观相结合的旅游资源开发交流，制定实施闽台旅游合作区规划，使福建省成为两岸旅游双向交流和合作的重要地区和集散中转基地。

9. 民间信仰文化资源的开发和利用，必须要遵循科学发展观的基本要求。民间信仰已成为台湾民众和祖籍地之间重要的感情纽带，在此基础上逐步形成文化交流的品牌，推动了两岸民间往来的双向互动、密切交往。

第四全：深化闽台两地出版领域的全面交流。

1. 福建采取打击仿冒台湾出版品的措施。采取措施确保知识产权保护法令能有效地长期执行。

2. 对台湾知识产权所有者开放大陆市场。继续以全国书市、海峡两岸图书交易会为平台，推动两岸出版界的交流。可在国家规定的范围内大量引进台版优秀书籍，也可在新华书店或外文书店开设台版专柜。

3. 闽台两地还应就大陆书籍入台问题展开对话，与台湾当局沟通互信，对大陆出版物放宽入台限制。

4. 闽台出版机构展开合作，以共同开发闽台出版合作项目、推动闽台版权贸易、增进闽台出版界专业交流与研讨及多渠道图书销售等为重点，推动闽台出版资源进一步整合，形成形式多样、规模更大、联系紧密的深度合作，努力将闽台出版交流与合作推到更高的层次。建议可建立常项交流合作机构，使两岸出版机构交流和人员往来更为便利。

第五全：两地互动合作制造一些反映闽南文化的电影、电视、戏剧、音乐与舞蹈等节目，促进两地影视戏剧舞蹈产业的全面合作。

1. 电影、电视、音乐与舞蹈等方面，两岸在这几方面具有互补性，如音乐方面，台湾流行歌曲在大陆有非常大的市场需求。可通过开展沙滩音乐会、夏日露天音乐会、个人演唱会等方式，在音乐上展开互动。大陆在国乐方面人才济济，受聘赴台授艺者甚多。大陆的演艺人员也可以到台湾交流互访，拓展自己在台湾的市场。舞蹈方面，台湾的现代舞蹈具有较优之表现，云门舞集因演出了许多经典作品，享誉世界，被称为亚洲第一当代舞团。大陆方面对传统舞蹈之保存及传承素有佳绩，对少数民族舞蹈的维护投注了大量心力。

2. 台湾在歌舞剧、话剧演出方面，显现出现代戏剧编排的优长，双方话剧业者已由交流进入合作，近年台湾民间剧坊进军大陆已有数起。两岸同台演出，相互配角。如青春版《牡丹亭》是两岸合作文化交流颇具影响力的一次合作。它对两岸民族认同，恢复传统文化的信心都起到了积极的作用。除此之外，近年来台湾的国光剧团，排演了由大陆原创继而由台湾二次创作之后在台湾首映，然后再回流大陆的新剧目，受到了广大观众的喜爱。充分体现了两岸戏剧交流，共同创作的深刻意义。两岸童话歌舞剧、儿童剧的交流亦不容忽视，台湾亲子童话歌舞剧《波波游台湾》在泉州的演出，对于两岸青少年的互动有着积极的意义。

3. 合编反映闽南文化的脚本。要深入民间、深入生活，捕捉民风民俗，挖掘出闽南文化最有生命力的原始素材，共同编写出反应闽南文化的脚本。闽南历史人物、在台闽南人的生活等都可以纳入交流合作的视野。

4. 召开相关的学术会议研讨。两岸在文化上的交流同样需要智力支持。两岸可以就相关问题进行广泛深入的探讨，对交流合作项目进行评介，并指导其更好地应用于实践。

第六全：深化闽台两地新闻资讯领域的全面交流。建立客观、透明、开放的两岸舆论媒体沟通合作机制，推动福建媒体与台湾媒体的合作。

1. 打造良好的舆论环境，要以客观、真实、平衡为原则，不要以意识形态来选取报导主题，尽量全面、平衡，使两岸民众能够客观地了解真实情况，形成正确认知，有利于增加两岸民众的认同感。新闻来源、新闻报道涵盖区域、新闻报道方式、新闻报道组成、态度取向、文宣策略运用、新闻诉求等，要多样化、多面向。

2. 开放台湾记者驻点福建，尊重台湾记者的正面负面报道。

3. 把入岛宣传做实做好，实现闽南系列大型社会文化活动在岛内落地直播；推动与台湾报纸合作，用大版面宣传闽南地区人文地理。以追求卓越品质的态度，打造品牌栏目的信心，制作宣传闽南民俗民风、人文地理、两岸乡情、台商故事的纪录片，与台湾媒体合作，实现落地直播。

4. 以闽南语电视频道等平台作为宣传基地，展示福建与台湾的密切渊源关系，传承闽南文化，传递乡音乡情乡讯，对于做台湾民众的工作，有着重要的引导作用。如经国家广电总局批准开办了大陆首个闽南语频道——福建泉州电视台闽南语频道，频道以“传承闽南文化，服务两岸乡亲”为宗旨，覆盖范围除泉州及金门外，还辐射厦门、漳州、莆田等地区。频道的开播，成为闽台两地文化交流的又一平台和闽南文化生态保护区的重要载体，具有积极的意义。

5. 闽台媒体展开合作，共同打造两岸民众共享的阅读平台。如大陆《海峡都市报》与台湾《中国时报》合作，在大陆居民启动后，首次以两岸媒体联动的形式，推出“寻亲之旅”。随着两岸关系的和解，两地媒体的合作已翻开新的一页。

第七全：推动闽台宗亲联谊会全面对接。以血缘宗亲为纽带，激发台湾民众对祖地的认同和民族的认同，是做台湾民众工作的最直接和最具力量的重要途径。台湾各地同乡会，各姓氏宗亲会十分活跃，尤其在台湾南部地区，宗亲文化根深蒂固。

1. 推动福建与台湾的族谱对接和联展，族谱整理修订和族谱对接逐步加强。

2. 台湾政界不少人员的祖籍地都是福建，加强对台湾中上层人士（不分蓝绿）在闽祖籍地的宗祠祖墓修缮、道路建设和环境整治。

3. 复制闽台族谱对接成果展版入台巡回展出，进一步扩大祖籍地、宗族文献的宣传介绍；以福建人过台湾作主题，做画册光盘，输送入台湾岛。

4. 建全“闽台民间族谱网站”，方便台胞回乡寻根谒祖。

5. 对福建各姓氏的宗亲会予以社团登记，支持其展开健康的宗亲活动。

6. 努力推动福建宗亲会等民间团体赴台交流。

7. 发挥媒体、民俗研究单位对台湾岛内民众的“血缘聚落”、“冠籍聚落”加以研究。

8. 创建“海峡百家姓博览园”。依托各市台办，设立台湾地区民众寻根谒祖服务专线。

第八全：促成闽台青少年教育工作的全面合作。

1. 在福建中小学开设闽南语、闽南文化教学选修课程。深化福建年轻人对闽南文化的认知；推出闽南文化系列通俗读物。

2. 建立“闽台教育融合先行区”，建设两岸学术会议中心、两岸教育展览中心。通过开展两岸教育博览会等活动，深入交流两岸的教育培养模式，教育改革经验等，互通有无，相互借鉴。

3. 建好台湾大学生大陆创业基地、台湾青少年闽南文化旅游基地、闽台合作办学基地、台商子女大陆就学基地。继续开展好海峡两岸台胞青年夏令营等活动。

4. 福建教育系统在尊重各单位的意见基础上，要统筹安排好各单位与台湾学校的友好学校的开展工作；各学校有意识地与台湾对口学校展开交谊。

5. 增加双边大学、中小学、其他教育团体间的交流，以扩大闽台教育合作；做好福建比较有影响的幼儿园与台湾幼稚园的联谊工作；做好福建比较有影响的福建各小学与台湾“国小”的联谊工作；邀请台湾小（中大）学生组团赴福建参加夏令营、冬令营活动；做好福建比较有影响的福建各中学与台湾“国中”的联谊工作；做好福建比较有影响的福建各大学与台湾各大学的联谊工作。

6. 扩大福建高校台生的招生比例；在台商密集区，建好台商子弟学校。

7. 促进两岸青年公务员、青年学者的对话与交流。政府积极引导，搭建两岸青年交流的新平台。

8. 台湾在海外推广中国传统文化与汉语教育已经积累了近 20 年的经验，如何借鉴其在中国传统文化数位化、创意教学方面的先进经验，大陆方面应积极推动海峡两岸关于中国传统文化的宣传与推广方面的合作事宜，提高教学效率，深化教材研究，建立一套客观的教学及检测流程，并将成果运用于教学和评量中。祖国大陆建立的孔子学院也可和台湾的对外汉语教学机构积极地展开合作和互动。

第九全：推动闽台基层组织和社团的全面对接，促进闽台城乡规划布局全面对接，形成独特的闽台城乡文化体。

有计划有步骤地推动两岸友好市、友好乡镇、友好村、友好港结对联谊交流；允许两岸共组社团；闽台共同保护涉台非物质文化遗产。海西区的发展架构主要在于建设福建重要城市为中心的三个城市群，分别以福州为中心的闽江口城市群、以厦门为中心的厦门湾城市群、以泉州为中心的湄洲湾城市群，透过强化与台湾友好市、友好乡镇、友好村、友好港形成横纵交织、大中小城市相互连接，带动海峡两岸城乡文化发展网络。

1. 对已有的友好市、友好乡镇、友好村、友好港要深化结对联谊，如继续加强石狮市蚶江镇与台湾鹿港，晋江市东石镇与台湾嘉义县东石乡、台南安平港与泉州安平港结对联谊。联谊市镇要努力通过两地民众展开互动深化友谊，开展活动要具有大众性、可操作性。

2. 在福建开设闽台生态保护点、台湾村。

3. 允许两岸共组社团，如闽台旅游同业公会、两岸妈祖文化研究会、福建医大两岸校友会、两岸歌仔戏研究会、两岸狮子会联合会、两岸扶轮社联合会、闽台渔业合作委员会、台湾海峡海上搜救联盟会、两岸报业联合会、两岸婚姻仲裁委员会等。

4. 重视海峡两岸共同的文化遗产保护与传承，福建省级非物质文化遗产目录中，涉台文化遗产，包括“闽台玉二妈信仰民俗”、闽台东石灯俗、妈祖回娘家祭祀民俗、两马元宵节俗、高山族舞蹈、厦门歌仔说唱等众多项。

第十全：推动闽台展示窗口单位的全面接触。规划为主，全力打造对台展示窗口。配合城市建设，完善福建各地设施，提升交流平台。

1. 加强福建对台交流窗口的建设，漳州如歌仔戏艺术中心、漳州灯谜艺术馆、东山寡妇村展览馆、白礁慈济宫、林语堂纪念馆、东山关帝庙、威惠庙；泉州如梨园古典剧场、南戏博物馆、泉州博物馆、泉州海交交通史博物馆、中国闽台缘博物馆等平台的建设和发展。

2. 推动移动博物馆赴台展览宣传，举办涉台文物专题展。

3. 争取闽台缘博物馆与台湾的博物馆结对，府文庙与台南市孔庙等结对。

三、新作为之二：“务十美”

以文化产业项目为重，培育闽台文化产业共同市场，即要“务十美”，以文化创意产业拉动十大闽南文化节，突出闽南味十足文化品牌特色，行销地方产业。

从历史渊源看，台湾中南部民众多是福建泉州和漳州的移民，与闽南有着密切的渊源，他们对闽南文化有特殊的感情，最容易得到他们的认同。因此，以闽南文化做台湾中南部民众的工作，效果最好，将有助于加速台湾中南部民众对祖国大陆的认同感，亦能为两岸民众协作提供有益的模式，可以对两岸文化生态和思想感情获得真正了解，而“了解”正是走向和谐相处、共同发展的钥匙。

1. 策划十大闽南文化节。福建以往已有相类似的文化活动举行，但基本上没有做到全省一盘棋，应由各市根据自己资源优势，统筹安排，在时间表和地域表，与台湾的文化交流打成网络化交织的结构。闽南文化生态保护实验区核心区和闽南文化遗产的富集区，以闽南文化为价值核心，从民俗宗教、闽南戏曲、民间习俗等方面，策划十个比较大型的文化节，加大资金投入，配以文化产业项目，将闽南文化软力量提升会聚，持续推动经营。此举对福建内部可以激发创意，厚培文化产业；又可深化对台文化交流，学习台湾经验，以文化促动经贸合作，使闽南文化成为两岸民众共同经营和呵护的精神财富。

课题组经过调研，并结合福建各地已经在做的对台交流的文化项目的经验得失，提升出福建可以持续推动的十大闽南文化节，具体内容如下：

表 5-1　闽台十美——十大文化节

	名称	节日内涵
1	海峡两岸闽南文化周	“闽南戏曲连台唱”、“闽南语原创歌曲大赛”、“闽南美食”、“以茶会友”、“闽南花卉展”、闽南民间艺术节等；规模要大，万人以上；品种多样、重点突出、散而不乱。可与“9·8”投洽会、“4·8”台交会规模相比
2	海峡两岸历史人物文化节	“郑成功文化节”（泉州）、“开漳圣王陈元光”文化节（漳州）、“妈祖文化节”、“保生大帝”、“关帝文化节” 等
3	海峡两岸图书博览会	海峡两岸出版品的销售、展览等 海峡两岸出版人研讨会 优秀图书颁奖会、作家读者见面会 两岸书博会可设置主宾展台，设置主题书展等
4	海峡两岸茶文化节	茶道表演、茶王评选、观众品茗、茶室设计大赛、茶叶科普宣传等活动 组织专家学者组成“茶文化讲师团” 走进社区——举办茶与人体健康讲座 走进校园——举办茶与文化传承讲座、闽南茶文化学术研讨会 组织茶艺队编排茶歌、茶舞进行表演
5	海峡两岸纺织服装文化节	两岸服饰品牌推广互介、举办多场风格多样的服装秀 时尚文化：邀请两岸时尚界人士举行立足公益的服装拍卖会、时尚慈善会 两岸顶级服装设计师作品发布会 服装采购

续表

	名称	节日内涵
6	海峡两岸海洋文化节	闽台对渡节：海上泼水节、赛龙舟等活动 举行海洋主题系列学术研讨会 海峡两岸海洋美食节 举行海洋主题强调大众参与的文体娱乐活动，如邀请两岸歌手参加的海滩音乐节等 举行谢洋休渔仪式 海洋节期间举办海峡两岸沙雕展
7	海峡两岸教育合作文化周	文化周设置“校长论坛” 两岸学校就学生培养、校园文化、科技创新等问题展开交流互动 展开海峡两岸青少年训练营
8	海峡两岸花卉博览会	组织花圃参观 邀请台湾政要、县（市）长、议长、农会负责人前来参展 水仙花雕刻艺术展；蝴蝶兰展览；花卉展销 共同探讨农业合作，休闲农场的建设等问题 举办名贵花卉树木拍卖会，花卉采购订货会，组织花车游行，评选“花仙子”等活动
9	海峡两岸旅游节	发展以闽台民间信仰文化为重点的旅游业；两岸合作开发和经营，台湾旅游界可参与福建民间信仰源地的旅游开发，投入资金和技术；福建旅游界也应争取参与台湾民间信仰文化的开发和再开发，发挥文化深层开发的优势。两岸旅游界可合作经营旅游点、旅游区和相关的旅行社和饭店
10	海峡两岸中医文化周	弘扬海峡两岸的中医文化，举办两岸中医研讨交流会，共同探讨中医的判断标准及方法论的革新；中医药贸易 医药文化产业集群化 海峡两岸中医联合义诊活动

2. 积极运作闽台区域创意文化产业整合，打造对台交流精品品牌。研发“促进闽南地方文化产业市场发展计划”，推动闽南文化与艺术的地方特色产品，以协助拓展台湾乃至国际市场；设立闽南文化产业发展专项资金，采取奖励、补助、贴息等方式，扶持有发展前景和竞争力的文化产业项目，例如结合闽南戏曲中作为道具的布袋木偶、提线木偶等，作为文化产业加以精心打造，推向市场；茶叶销售配以宣传茶道……这些均可作为行销福建地方产业的有效路径。支持非公有资本等社会力量兴办文化产业，尤其是谙熟

闽南文化的两岸民间精英，允许他们结合自己所长，促进闽南文化与市场运作的有效结合。

3. 提升规模、扩大影响。福建常年都有台胞不断地往来，平时，往返比较分散，团组人数比较少，影响比较小。今后，应借重十大闽南文化节，提高交流层面，广泛邀请台湾同胞来福建观摩、考察，并邀请国台办、文化部，各省市、国外的学者、专家、领导、嘉宾出席活动，提升闽台交流层次。广邀两岸媒体平台，进行宣传，成功包装、展示；用现代技术手段，制成音像制品，积极入岛进行宣传。

4. 注重联合台湾文化创意人士。在策划闽南文化节过程中，要联合在福建的台湾文化创意人士，他们比较擅长台湾本岛强势流行文化范畴内的制作、管理、运营等，涉及相关文化创意产业链中的设计研究、生产制造和传播销售等各个环节。我们可以在TV影视制作与娱乐节目制作、音乐制作、卡拉OK厅经营、古玩贸易、数位休闲娱乐产业、艺术品收藏与贸易、婚纱影楼、体育休闲产业、图书版权贸易、广告策划、教育培训等领域加强与他们的合作与交流。

总之，福建要注重地方组织能力与潜力，从文化与社经因素，有效辨识地区的品质等可吸引新投资与创造新机会重要因素角度，推进闽南各地以自己的特色开发资源，带动文化创意产业发展，提升竞争力。

四、打造闽台文化网络社区，促进观光合作与文化交流的联结走上快车道

传统社区的概念是指成员固定在血缘与地缘关系，局限在一定范围的地理空间，进而产生一种亲密关系，现今资讯科技的进步促使传统社区的概念得以穿透地理疆界及国家界线而在全球网际网络中实现，网际网络成为现代人社会生活的一部分，其所创造的网络黏力也可能比传统社区所形成的凝聚力更为亲密。因此透过网络建构的社群理念，彻底改变过去对时间与空间的看法，也在两岸社区中有其新的意义，福建要全力打造闽台文化网络社区。

1. 以“迈向永续发展与繁荣的闽南文化活力社群”为主题推动网络社区的文化交流，同时强调促进观光合作与文化交流的联结。

2. 成立闽南文化焦点网络平台，建立创新能量的教育与训练、研发创

新模式，及建立一个合作网络。

3. 建立QQ群，以开阔、包容、尊重的精神弭除政治纷争，公平共享资源，合力推动文化交流。

第六节　本章小结

本章主要研究“大三通”新形势下，如何做大做实海峡两岸文化的整合工程。海峡两岸文化整合工程是历史大棋局中的重要一环，争议比较小，有大空间可操作。新时期，指日可待地为海峡两岸的和解创造了新的历史机遇，福建应弘扬闽南文化，深化对台文化交流，积极进行闽台两地（海峡两岸）文化整合工程，寻求更多集体记忆的交集，多角度、多渠道营造“两岸命运共同体”的集体记忆和认知。

本研究指出了福建对台所取得的成绩，闽台具有源远流长的亲缘、血缘关系，姓氏文化、祠堂文化影响深远，闽台两地的宗亲、族谱文化交流已普遍展开，以寻根谒祖为主要内容的民间联谊活动日趋活跃，在增强同宗同祖的认同方面取得了显著成效；闽台两地神缘相续，以民间信仰作为中介和桥梁的文化交流，对海峡两岸民间文化的交流沟通产生非常积极的作用；闽台两地“小三通”，直接接触合作早，经验积累多，体现了最大的地缘便利；福建与台湾的文缘关系与人文优势凸显，两地语言相通，汉字相同，生活习俗相近，以闽南文化为载体的民间交流方兴未艾，促进台湾同胞对祖国大陆的认同感；闽台两地在教育、出版、新闻媒体、影视合作等方面形成了一些品牌交流项目；闽南文化成为破解“文化台独”最有效的工具。

针对目前存在问题作了分析，海峡西岸对台功能和作用没有充分发挥；对台工作领导体制和具体政策不够健全完善，两岸政策障碍，交流规模受限；对台文化交流建设滞后，尚未形成比较优势。

着重探讨了马英九就职后，两岸关系发展的新契机，国际政经发展形势为福建发展提供了史无前例的发展机会；两岸共创和平、稳步发展的格局正在形成，为中华民族的伟大复兴创造了有利条件；中共中央给予福建各种政策倾斜，四个“凡是”最大限度地释放了福建对台交流空间；马、萧“合作思维”下的新政策蕴涵两岸文化交流的新契机。

本研究更进一步从福建对台交流的具体情况出发，对深化海峡西岸对台文化交流的机制和途径的创新进行了一些思考，提出了“求十全”、“务十美”的新举措，新思路；加强领导，福建省各级政府为拓展闽台文化交流工作提出新思路，打造优良软环境；新作为之一：“求十全”，从区位与地域角度，推进闽台实质融合工作，在两地学术领域、艺术戏曲团体、信仰文化、出版领域、两地影视戏剧舞蹈产业、新闻资讯领域、宗亲联谊会、青少年教育工作、基层组织和社团的全面对接、闽台展示窗口单位十大方面寻求福建与台湾全面深入交流和合作，充实内涵，做大平台，打造对台湾文化交流的新格局。新作为之二：“务十美”，以文化产业项目为重，培育闽台文化产业共同市场，即要“务十美”——海峡两岸闽南文化周、海峡两岸历史人物文化节、海峡两岸图书博览会、海峡两岸茶文化节、海峡两岸纺织服装文化节、海峡两岸海洋文化节、海峡两岸教育合作文化周、海峡两岸花卉博览会、海峡两岸旅游节、海峡两岸中医文化周，此前也有相类文化活动的举办，但是规模不大，影响较小，今后应致力于以文化创意产业拉动十大闽南文化节，突出闽南味十足文化品牌特色，行销地方产业。打造闽台文化网络社区，促进观光合作与文化交流的联结走上快车道。

“三通”可以说是两岸关系的重大转折点，对福建而言，在逐步走向对台全面开放之初，福建省政府就必须有配套的措施和机制。“三通”顺利实现后，两岸在文化交流领域建立互信，较少挑战敏感的政治神经，继续积极有效地发展文化交流，从密切文化交流起步，进而使海峡两岸走上良好的互动、认知、了解之途，再进而谋求构筑“两岸治理”新模式、新架构，最终为建构主义的国家思维重塑两岸在主权、宪法（制度）及文化上的相互认同，或能找到化解两岸歧见之途径，进而消弭冲突，促成合作，迈向双赢。当前，在“三通”酝酿突破之时，福建应着力于以闽南文化为主导力量，推进两岸（闽台两地）文化整合工程，率先在闽台地区民众中，建立起拥有“我群”观念的整合形态，进而力求逐步建构起被两岸民众所认同的“生命共同体”文化工程，以有助于两岸民众之间真正地融合。未来两岸提升文化交流的质量、强化专业对口单位的交流以及决策智囊的对话，皆有助于巩固互信与良性互动。希望能够为福建发挥对台工作前沿平台与两岸全面整合先行试验区作用，提供某些有价值的参考和启示。

第六章　拓展交流合作载体平台新作为研究

陈先才*

长期以来，福建省由于其独特的地缘优势，其在拓展两岸交流合作方面一直发挥着重要的作用。2008 年台湾地区的两次重要选举结果，极大地改变了岛内政治格局，国民党在岛内全面执政，台海局势发生了重大的、积极的变化，两岸关系出现难得的发展机遇。当前，马英九当局承认“九二共识”，放弃民进党执政时期的“法理台独”分裂线路，这为两岸关系和平发展奠定了重要的前提和基础。海协会和海基会先后举办了四次会谈，签署了包括两岸“三通”、大陆游客赴台等一系列重要协议，这在两岸关系发展史上写下了重要的一页，并对两岸关系和平发展产生了深远的影响。当前两岸关系和平发展的势头正在不断形成。但是我们还要看到，尽管两岸关系和平发展态势朝着良性的方向发展，但岛内的分离主义意识仍然存在，“台独”分裂势力在岛内仍然有一定的生存基础。从海协会副会长张铭清在台南市遭“台独”分子追打、绿营势力强烈反对陈云林赴台，并在陈云林两次访台期间制造各种抗议活动等事件来观察，岛内分裂势力阻挠两岸开放政策，破坏两岸社会融合的企图非常明显。因此，因应台海地区的新形势新情况，海西区应该转变观念，增强服务意识，通过发挥闽台之间在经贸往来、文化相同及地缘相近等方面的区位优势，进一步加强福建及厦门在两岸交流合作中载体平台建设上的新地位与新功能，为两岸民众和两岸社会的广泛融合奠定基础，为现阶段我们争取台湾民心创造条件。特别是福建省一直是台湾同胞的主要祖籍地和台商投资的热土，每年到福建省来探亲、旅游、投资、贸易的台湾同胞高达上百万人次。因此，在新形势下，我们探讨研究两岸交流合作

* 陈先才：厦门大学台湾研究院政治研究所副所长、助理教授。

载体平台建设这一课题有着重大的现实意义。

第一节 福建对台交流合作载体平台建设的现状与特征

一、福建对台交流合作载体平台建设的现状

改革开放以来福建省在国台办及中央其他部委的大力领导和支持下，充分利用“五缘”优势，积极开展对台工作，加强两岸在政治、经济、文化、教育等诸领域的合作与交流，并初步搭建起一系列的载体平台，不断推动闽台关系和两岸关系向前发展。

首先，在经贸领域的载体平台建设取得了初步的成效。目前福建在两岸交流合作方面已基本上建起了数量众多、功能各异的招商引资平台和项目合作平台。具体而言，这些载体平台可以分为政策型载体平台和展会型载体平台。政策型平台是指通过特定的政策优势来搭建两岸交流合作的载体，经济特区、台商投资区、保税区等就属此类。展会型平台是指通过双方参会参展的模式来直接进行交流和沟通，例如“9·8”投洽会和“5·18”海交会、海峡两岸旅游论坛等均属此类。

长期以来，福建省一直作为对台战略的重要前沿阵地，在国家政策的支持下，其在两岸交流合作中逐渐形成了数量众多的政策型载体平台。早在1979年中央就把福建省列为改革开放的实验省份，先后批准福建沿海设立了35个台湾渔船停泊点和27个对台贸易点，赋予福建“特殊政策、灵活措施”。这是福建最早发展闽台关系的有效载体平台，为后来两岸关系的向前发展奠定了重要的基础。此后，中央又批准厦门作为全国4个经济特区之一，把福州列入全国14个沿海开放城市；并把福建的福州马尾，厦门海沧、杏林、集美4个台商投资区批准为国家级“台商投资区”，批准福州、漳州为“海峡西岸农业合作实验区”。台商投资区和农业合作试验区都是中央给福建省特批的经济区，这在全国也是独一无二的。正是中央政策的支持，使福建形成了包括经济特区、台商投资区、海峡西岸农业合作试验区、保税区、高科技创业园、软件园、出口加工区、工业区等规模不同的载体平台，

有力地加强了闽台两地的交往和交流。以厦门为例，目前厦门已形成台商投资区、保税区、高科技创业园、软件园、留学生创业园、出口加工区和数个工业园区等多层次的对外开放格局，以及火炬（翔安）产业区、同安工业集中区、集美机械工业集中区、软件园二期等园区等。除此以外，福建还在两岸海运方面成功搭建起载体平台。例如福建率先开辟了福州、厦门两港与高雄港口海上集装箱班轮试点航线，实现了福建沿海与金门马祖海上直接往来。两岸客运和货运试点直航载体平台的成功搭建，更是大大密切了闽台关系，增进了闽台两岸的同胞感情和相互了解。这些都已成为福建省和厦门市吸引台商的重要载体平台。

除了政策型载体平台外，福建改革开放以来在拓展两岸交流合作方面又逐渐形成了展会型载体平台。随着两岸交流融合的力度不断加强，展会型载体平台在促进两岸交流合作方面的作用越来越显著。近年来通过中国国际贸易投资洽谈会（简称“9·8”投洽会）、海峡两岸经贸交易会（简称“5·18”海交会）、海峡项目成果交易会（简称“6·18”）等展会型载体平台的搭建，使福建在两岸交流合作中取得了丰硕的成果。以“9·8”投洽会为例，每年一度的中国国际投资贸易洽谈会始终把“发挥福建对台优势，推动两岸经贸交流与合作”作为一大主旨来推动。其中对台特色一直是传统特色，涉台活动也一直是最大亮点之一。历届投洽会都会借助福建的对台优势打出“海峡牌”，探讨两岸交流与合作的先行先试。如举办两岸经贸合作与发展论坛，针对台商在大陆的投融资政策等两岸关注的热点，展开研讨交流；举办海峡旅游博览会、海峡旅游论坛，开展两岸旅游交流合作、洽谈对接；举办海峡西岸经济区论坛，加强区域经济合作，扩大闽台交流与合作；举办海峡两岸亲情联谊会、台商座谈会、闽台经贸合作项目对口洽谈会……精彩纷呈的对台经贸交流和恳亲活动，牵起两岸业界的手，拓展了两岸交流与合作的空间。投洽会的对台特色，也体现在台商是投洽会最多的客商。每届投洽会都吸引了数千名台商，占与会客商的1/4至1/3，台湾也一直是组团最多的地区。通过投洽会，一大批台资企业在大陆落地开花。2006年投洽会，福建新签合作台资项目124个，总投资额11.5亿美元，利用台商11.14亿美元。除此之外，“5·18”海交会也日渐成为福建对台交流的另一重要载体平台。海交会作为福建省举办的一年一度大型综合性对外经贸活动，也是祖国大陆与台湾有关方面联手举办的规模最大的两岸经贸展会之一，内容涵盖两岸合作、区域协作、商品交易、项目招商、经贸研讨、文化交流等方面。目前它成为两岸产业合作的平台。它在扩大台湾农产品零关税贸易的种类和范围，促进台湾居民到大陆申办个体工商户，促进金融机构与台资企业的对接，促进闽台渔工劳务合作，公布闽台产业对接政策和海峡两岸农业合作试验区政策等方面起到了很好的桥梁作用，同时它还在加强福建与金马澎地区的交往与联系，增进两岸新一代青年学子和企业家的交流与共识，密切两岸民间往来等方面发挥着重要作用。目前海交会正在成为我国对台经贸政策先行先试的窗口和全国对台经贸交流的重要载体平台。

改革开放以来，正是因为福建在拓展两岸交流合作的载体平台的建设方面下足了工夫，搭建了数量众多的政策型载体平台和展会型平台，使得福建在经贸领域与台湾的联系不断增强，也使闽台经济合作不断深入，充分发挥出在招商引资和项目合作方面的巨大功能。截至 2007 年底，福建累计批准台资项目 9361 项，占大陆台商企业总数的 10%，其中厦门约有 3000 多家台商企业。合同台资 188 亿美元，实际到资 126 亿美元。其中，2007 年新批合同台资 25.66 亿美元，同比增长约三成，对台小额贸易进出口达 6389.8 万美元，比上年增长五成多。以福建为主体的海峡西岸区已成为开展两岸文化、教育、科技以及人员交流的前沿平台，成为两岸产业对接和经贸合作的连接点。

其次，在文化教育领域福建载体平台建设成果丰硕，但仍须加强提高实效。目前福建在文化教育领域基本上搭建起包括论坛、节庆、民俗、宗教、演出、书画、赛事、交流活动等类型众多的载体平台，有力地促进了两岸在文教领域的交流与合作。

由于闽台两地都属传统的闽南文化地区。两地在风俗习惯、语言、宗教、礼仪、生活习俗等方面都具有很大的相近相似性。加之台湾居民绝大多数的祖籍地都在福建省。因此，两地在文化教育领域的交流比较频繁。福建也利用这一天然优势，积极开展在闽台文化交流领域的载体平台建设，并取得了一定的成效。当然我们也要看到，由于两岸历史上长期隔绝，两岸的文化交流目前在深度和广度方面比较有限，还有很大一部分台湾民众，尤其是青少年一代涉及比较少，还有待进一步加强。具体而言，当前福建在两岸文化教育领域搭建的载体平台主要有以下几种类型。

闽南文化研究交流载体平台。福建通过半官方和民间的方式，积极夯实闽台文化教育领域的交流基础和渠道。例如在福建省委、省政府有关部门的支持下，厦门、漳州和泉州三地分别成立了相应的闽南文化研究的民间组织，并出版发行了闽南文化研究通信，或闽台文化交流等刊物。通过这些民间组织作为加强闽台之间进行文化领域交流的有效载体平台。同时，福建各地都以半官方或民间的方式，做出了相应的举措。加强与台湾宗教界、地方戏曲界、民间文学界以及餐饮界的文化交流，促进了双方的相互了解。

台生在闽求学交流载体平台。近年来，闽台在台生招生及培养方式的合作与交流越来越密切，特别是厦门在这方面做了许多工作。就厦门大学来说，目前在读的就有200多名台生，这些学生遍及岛内各地。此外，还有大量短期的学术交流班。例如厦门大学台湾研究院在这方面的工作非常突出。厦门大学台湾研究院先后和台湾的中国文化大学、中山大学等众多高校的相关院系已达成互派学生交流的协议，为在读的研究生提供为期2个月的学习交流活动。通过这种活动的开展有效开拓了学生的视野，增强了两岸青年学生的合作交流，有利于相互之间增强信任和相互了解。今后随着两岸交流的进一步密切，一方面，越来越多的台湾学生会选择来福建高校，甚至大陆其他学校进行学术交流。另一方面，包括福建在内的大陆学生也会越来越多地选择到台湾各大高校进行学术交流活动。

闽台学术会议交流载体平台。目前福建充分发挥“五缘”优势，积极搭建学术交流的载体平台，有力地促进了两岸在闽南文化教育交流方面的合作与交流。例如，近年来福建加强了在以下几个方面的学术交流平台建设。仅以厦门为例，近年来通过学术交流这一载体，积极开展对台文化交流活动。2005年厦门市姓氏源流研究会及闽南文化学术研究会赴金门交流，并与金门采风文化发展协会达成合作事宜。2006年厦门市中华传统文化研究会举办首届端午节文化学术研讨会，两岸学者就两岸端午文化关系与传统节日民俗的开发性保护进行探讨。2006年5月市闽南文化研究会举办首届闽南文化论坛，两岸学者共同探讨了闽南文化的应用研究以及在两岸交流中可以发挥的作用及意义。2006年10月首届海峡两岸青少年闽台姓氏源流知识竞猜活动开幕。本次活动通过发扬中华姓氏研究文化，把两岸青少年和两岸人民紧密联系起来，增进了双方的了解，促进了相互的交流。2007 年海峡两岸闽南文化论坛举办。两岸学者围绕闽南文化生态保护的主题，共同研讨闽南文化的保护、传承和现代发展及相关文化生态保护的一系列新的文化主题。2007 年 9 月第二届海峡两岸客家高峰论坛开幕，2007 年两岸举办了“海峡两岸学前教育学术论坛”，开通了学前教育研究与互动的航线，对两岸学前教育事业的发展产生了影响。2008 年 1 月厦门闽南文化研究会闽南音乐艺术交流分会举办迎春联欢会，两岸艺人畅谈闽南音乐的交流和未来发展前景。此外，作为福建许多高校在两岸学术会议交流方面发挥了重要作用。例如厦门大学作为祖国大陆靠近台湾的唯一一所重点大学，近年来，厦门大学充分利用自己的独特优势，在推进闽台，甚至海峡两岸学术会议交流载体平台建设方面，起到了较好的带头作用。目前厦门大学几乎每年都要举办规模较大、层次较高的两岸学术会议。

闽台技能人才交流载体平台。在两岸职业教育方面，福建充分发挥海西优势，构筑闽台技能人才合作交流平台。2007 年福建各部门建立了闽台人才职业培训交流工作联席会议制度，并召开了第一次联席会议，建立了联席会议工作制度，形成了各有关部门共同推进闽台职业培训交流合作的工作机制。在此基础上，积极构筑闽台交流合作的五个平台，开展形式多样的交流合作。一是组织开展两岸职业技能竞赛系列活动，构筑技能竞赛平台。从 2006 年至今，共组织 6 次两岸职业技能竞赛活动，营造两岸职业培训交流的氛围。二是组织两岸职业教育学术交流系列活动，构筑学术交流平台。2005 年以来福建多次以社会团体的名义多次组织两岸职业教育培训学术交流论坛，邀请台湾专家学者来闽进行学术交流，密切了两岸职业培训交流合作。三是鼓励台胞来闽参加职业技能鉴定和投资创业，构筑证照考试平台。2006 年福建开展对台职业技能鉴定，2007 年将对台职业技能鉴定职业从 6 个扩大到 26 个，2008 年扩大到 43 个，共有 30 批 500 多名台胞通过鉴定考试获得三级以上职业资格证书。四是发挥在闽台资企业作用，构筑校企合作平台。与职业院校建立校企合作关系，通过从台湾原企业带来的技术能手开展技能培训，引进台湾职业资源，包括教育培训理念、培训模式、专业教材、教学方式，大大提升了员工的技能水平。这种以企引教的形式已经成为台湾职业教育资源进入福建的重要形式。五是推动两岸技能人才交流，构筑项目合作平台。举办“6·18”闽台技能人才交流成果展示会，2007年有32家台湾培训和人力资源机构与福建签订合作协议。举办首届闽台茶博会，与台湾中国文化大学签订协议。2008年“6·18”闽台技能人才职业交流成果会上，有30多位台湾教育界专家参加，共签合作项目20多个。

闽台旅游观光文化载体平台。目前福建在闽台旅游观光文化交流合作的载体平台建设方面取得了较大的成绩。仅以风景名胜武夷山为例，近年来它在与台旅游交流方面的活动非常活跃，在载体平台建设上取得了很大的成绩。事实上自20世纪80年代开始，台湾同胞就开始回乡祭祖朝圣，旅游观光，人数逐年增加。据不完全统计，20世纪90年代初，武夷山每年接待台湾旅游者仅八九千人次，到2007年底，已增至6.15万人次，而2008年上半年这一数字达到3.85万人次，同比增长18.7%。台湾已成为武夷山主要的域外游客源市场。旅游业成为武夷山与台湾合作中发展最快的行业，在促进两岸交流中发挥了重要作用。正是在这种交流中，武夷山搭建了以下六个载体平台，来推动武夷山与台湾旅游交流项目的发展。一是观光度假型平台。武夷山具有独特、稀有的自然景观，是人类与自然环境和谐统一的代表。有着众多世界级的旅游品牌，完美的山水风光，完善的综合服务功能，吸引了台湾众多游客前来观光和度假。二是文化旅游型平台。武夷山与台湾文化源远流长，有朱熹理学文化，有洞顶乌龙一脉相承的茶文化。围绕“朱熹文化、茶文化、佛教文化”等主题的两岸交流活动相继举行，吸引了众多的台湾旅客，成为开展对台文化交流的重要载体。三是宗教旅游型平台。武夷山与台湾神缘相合，许多台湾信众每年都到武夷山进香朝拜。武夷山天心永乐禅寺、慈恩山庄都是在台湾“中华佛教护僧协会”理事长传孝法师的多方努力下修建的。四是旅游交流型平台。武夷山与台湾旅游界有着密切的双向联系。2005年在首届海峡旅游博览会上，武夷山与台湾旅游业签订了武夷山—阿里山合作备忘录；2006年武夷山与阿里山首次实现旅游网站链接，并成功将武夷山纳入台胞赴闽旅游的三条优选线路之一。2006年武夷山组团首次赴台北参加海峡两岸旅游展，向台湾同胞介绍和宣传武夷山丰富的旅游资源和产品。五是学术交流型平台。武夷山与台湾学术交流也吸引了台湾同胞来此参加考察活动，以艺术、生物考察、弘扬中华文化为主题的青少年儿童夏令营、生物科考、书画展等活动相继举办，在两岸学术界引起了强烈共鸣。六是恳亲寻根型平台。两岸开放以来，福建吸引了很多台湾同胞回乡祭祖认亲，修祖厝。武夷山作为朱子故里，每年也吸引数千名台胞返乡寻根。

此外，闽南文化节、妈祖文化旅游节、海峡两岸哥仔戏艺术节、客家祭祖等都已成为福建当前加强两岸文化教育领域合作的重要载体平台，这些平台在推动两岸交流中的作用日渐提升。

最后，在政治社会领域福建载体平台建设虽有一定的基础，但尚未成型。福建处于对台交流的前沿阵地，长期以来有效地配合了两岸重大事务的商谈，妥善解决了大量敏感的涉台问题，对促进两岸交流和两岸关系稳健发展发挥了积极作用，目前福建作为对台工作与两岸交流合作试验区、处理涉台事务前沿基地的作用正在日益凸显。过去几十年来，福建特别是厦门与两岸间的重大事件都有一定的联系。无论是发生在 20 世纪 50 年代的军事对抗，60—70 年代的军事对峙，90 年代初签订的第一个协议《金门协议》；还是 2001 年 1 月 2 日实现的两岸人员第一次直航，以及台湾当局推出的所谓“小三通”等，都与厦门有着密切的关联。事实上，长期以来，由于厦门的特殊地缘优势，海峡两岸都往往把这一地区作为采取某种动作的试探地、实验田和先行地。厦门作为祖国大陆开放最早、建设发展较快，很有代表性的繁荣、美丽的城市和经济特区，是中国开放的一个缩影，对台湾民众具有较强的吸引力和凝聚力，是他们认识祖国大陆的窗口，也是祖国大陆影响台湾民众的重要口岸，尤其是对于台湾中南部收入较低的民众而言，他们祖籍基本上都在闽南地区，长期以来，他们把厦门视为他们前来大陆寻根谒祖、探亲访友、到祖庙进香朝拜以及旅游观光最省钱、最便捷、最理想的通道。从这个角度看，厦门本身就是两岸民众交流交往的有效载体平台。

由于政治领域交流的敏感性，虽然目前福建的实践经验比较丰富，但真正搭建的载体平台并没有建立起来。今后，随着两岸交流的日益密切，两岸交流中产生的事项日益增多，两岸民间产生的纠纷将不可避免呈增长之势，如何有效化解两岸民众交往中产生的问题和矛盾，有效地促进两岸民众的完全融合，这就需要海峡两岸共识加以应对。应该说目前福建在这方面具有一定的优势。全国人大早就以特殊授权立法的形式赋予厦门立法权，当前厦门应该利用这一权力，积极补充、完善现有的涉台法规，构筑厦门对台交往中的法治载体平台建设。同时，福建省作为对台工作的前沿阵地，今后向中央争取赋予在涉台立法上的更大的决策权，授权省人大充分运用地方立法权对闽台交往中出现的许多法律问题，作出明确的规定，如台资银行的设立，可以采取先行先试的做法，为国家涉台立法提供有益的尝试。

二、福建对台交流合作载体平台建设的特征

首先，政府主导。在福建拓展两岸交流的载体平台建设中，政府的主导作用非常明显。事实上，长期以来，无论是厦门经济特区这一载体平台，还是台商投资区这一载体平台，都是在中央的政策支持下得以建立起来，有力地体现了政府主导的特征。

应该说，在载体平台建设中，内因决定外因，内因起主导作用。在载体平台建设方面，市场应该是内因，政府作用是外因。但由于目前福建在两岸交流的载体平台建设方面，基本上还属于成长阶段，因此，这就需要充分发挥政府的主导作用来进行推进和培育。如果不能正确认识到载体建设所处的阶段性特征，就不能正确处理好载体平台建设中政府主导作用与市场作用的关系。如果二者关系处理不好，那么载体平台建设中，政府主导作用就会出现缺失和不到位，甚至最终影响到载体平台建设的效率和作用的发挥。应该看到，目前福建两岸交流的载体平台建设方面虽然起步较早，但长期以来由于受制于两岸关系的现状，特别是两岸在政治上对立、军事上对峙的大格局下，尽管福建在拓展两岸经贸交流方面的载体平台建设方面取得了一定的成就，但整体来说，这些载体平台仍然功能欠缺，作用没有充分发挥出来。

当前，在国民党在岛内重新全面执政、两岸关系和平发展态势正在不断形成这一背景下，福建应深刻认识到目前福建在两岸交流载体平台建设方面的初级阶段特征，目前载体平台建设仍然还处于培育阶段。认识到这一特殊国情，福建在载体平台建设的主导作用就应体现在两个目标的实现上：一是要推动载体平台建设开好头，起好步，按照规划循序渐进地完成载体建设的阶段性建设任务。二是能够将载体平台建设由成长阶段逐步推进到成熟阶段，促成载体平台建设由政府主导向市场主导的转变。一旦完成这种转变，载体平台建设就可由现在的重点发挥政府主导作用转变为今后的重点引导市场发挥其主体作用了。这是政府主导作用发挥的终极目的。同时，载体平台

建设中，政府主导作用有以下四个方面的作用：一是帮助载体平台良性运转，培养和提高其市场运转的功能。当前，福建要创造条件，积极促使福建在发展两岸经贸交流方面的载体平台得以充分发挥其功能。例如，努力使台商投资区发挥其吸引台资，在产业升级方面有新的突破。二是提高载体平台的市场化水平，自我发展的能力。三是促进平台社会功能尽快发育健全，培育和提高载体平台的自我管理能力。四是探索创新平台载体建设的方法和途径，建立健全长效工作机制。

其次，市场取向。我们应该看到，载体平台建设的生命力还在于市场。福建在两岸交流合作载体平台的建设中，必须始终牢牢把握市场取向的发展方向。当前，随着两岸交流的不断拓展，两岸经贸联系的日益紧密，两岸人员往来的更加频繁，福建拓展两岸交流合作载体平台的建设必须要定位准确，只有充分为海峡西岸经济区建设服务，只有充分服务好两岸交流交往，其生存和发展的空间才会更加广阔。一方面，福建载体平台建设只有引入市场机制，引入竞争机制，才能够提高管理服务质量，提高营运效率，降低成本，提高竞争力。市场经济强调竞争，尽管两岸交流合作载体平台建设具有促进祖国走向统一的政治使命，但只有将载体平台建设植根于市场经济的脉搏中，才能具有强大的生命活力。众多事实证明，载体平台建设，仅靠政府大力推动并不一定能起较好的作用，特别是不能维持长期有效的可持续发展态势。也就是说仅仅依靠政府的投入是不能将载体平台建设纳入正轨，政策优惠的背后应该是市场发挥作用。通过市场调节来实现政府的政策诱导作用。事实上我国先行先试的经济特区之所以取得成功，其根源还在于进行了经济制度改革，建立了市场调节为主的市场经济运行机制。提供了与优惠政策相适应的经济运行环境。另一方面，载体平台建设也要善于用好现有的政府支持力度，以引导其向市场化发展。在市场经济条件下，政策要借助于市场来实现。市场是载体平台建设的内在因素，政策支持是外在因素，外因通过内因起作用。

目前，福建载体平台建设发展不是很充分，这就需要借助于政策这个外力强大自己，发展自己，以产生强大的动力，从而促进载体平台的健康有序发展。当然，光靠政府的支持不可能得到长期发展，不可能持久，因为政府的投入只能是引导和推动。在福建目前拓展两岸交流合作的众多载体平台中，“9·8”投洽会无疑就是始终把握住市场取向，不断发展壮大的案例。投洽会最初也只是以招商引资为主题的仅限于闽南三角地区的外商投资贸易会，规格也就是福建省内区域性口岸洽谈会。但由于它在长期的实践中，紧密把握我国改革开放的发展脉搏，根据中国对外开放大政方针，顺应国内外经济形势变化，适时调整办会主题和内容，从主要吸引外商来华投资，发展到“引进来”与“走出去”相结合，促进双向投资；从主要为中国内陆各省市提供展示对外开放形象、扩大吸引外资的窗口，发展到为世界各国搭建加强投资合作的平台。在海峡两岸交流合作方面，投洽会准确把握台湾产业转移的时机，由最初以吸引台商投资制造业领域，不断向技术开发、服务行业等领域转向，从而不断实现两岸产业的成功对接。正是投洽会这一两岸交流合作载体平台在发展中始终把握住市场的价值取向，这为其发展壮大提供了强大的动力。目前洽谈会已发展成为我国国家级国际投资促进盛会。11年来，投洽会共签约13000多个项目，通过投洽会这一载体平台，770多亿美元进入中国市场，一大批中国企业走向了世界。

最后，多元模式。风险是现代社会的伴生物，两岸之间交流合作的载体平台建设也必然会面临一些风险。要降低载体平台的风险，就需要建立起多重保障体制。而多元模式无疑为降低载体平台建设的风险提供了一个可行的路径选择。当前，福建在载体平台建设方面，多元模式的特征表现比较明显。一是福建两岸交流载体平台建设的主体具有多元的特征。无论是海交会，还是“6·18”等载体平台，其主体多元的特征非常突出。目前基本上形成了多元参与，多元共建，甚至还出现了两岸共同组织载体平台建设的发展趋势。二是福建两岸交流载体平台之间的相互交流也体现出多元互动的一面。有效地促进了福建两岸交流载体平台建设的效率。从国内外载体平台建设的实践来观察，在载体平台建设中，政府可以作为载体平台建设的重要角色来承担组织和引导的作用，除此之外，企业以及包括非政府组织在内的社会组织都可以作为载体平台建设的重要参与角色发挥重要作用。载体平台建设的多元参与、多元共建模式有利于发挥载体平台的主动性、全面性、参与性，也有利于降低载体平台建设的风险，提高防范风险的意识；有利于调动参与主体的积极性、创造性和创新性。

三、福建对台交流合作载体平台建设的作用

首先，载体平台建设为两岸交流合作搭建了沟通的平台和交流的管道。长期以来，福建通过载体平台的建设，为两岸交流搭建了沟通的平台和管道。有力地促进了闽台关系和两岸关系的健康有序发展。通过“9·8”投洽会和“5·18”海交会等展会平台，有力地促进了两岸业界、民众交流与沟通，增进了两岸民众的感情，为两岸关系的向前发展奠定了重要的基础。以“6·18”这一重要载体平台为例，它自创办以来，在两岸交流合作中始终发挥着以下三个方面的功能和作用：一是它突出科技创新，加快科技创新成果向现实生产力转化，成为提高产业素质，转变经济发展方式的重要平台；二是它始终突出项目带动，成为与会企业和科研机构形成合力、展示作为的重要平台；三是它始终突出要素聚集，为项目、资本、技术、人才、信息的对接创造条件，成为两岸各方交流沟通、合作共赢的重要平台。再拿海交会这一载体平台为例，海交会已有10多年的历史，这个平台对促进两岸之间的合作发挥了重要的沟通作用。特别是台湾企业通过海交会这一平台，可以向福建的民众推介台湾的农产品和旅游产品。因此，目前海交会不仅是一次大型的两岸经贸交流盛会，也是文化交流的绝好载体平台。而投洽会经过10多年的发展，目前已成为中央惠台政策的实验区和先行区，成为开展两岸文化、教育、科技以及人员交流的前沿平台，更成为海峡两岸产业对接和经贸合作的重要连接点。海峡论坛在联系台湾社会各阶层人士广泛参与两岸关系和平发展进程方面发挥了重要作用，随着两岸关系不断向前发展，海峡论坛在两岸人员交流交往中的作用将更加彰显和突出。

其次，载体平台建设使福建作为全国对台基地的地位更加巩固。近年来，福建通过加强对台载体平台建设的力度，使福建省作为大陆对台工作前沿阵地的优势地位更加突出和重要。特别是全国台商投资区、两岸农业合作试验区等载体平台的成功搭建，使福建对台战略的优势地位更加突出。以厦门为例，改革开放以来，通过载体平台的不断建设，厦门已逐渐发展为全国对台工作的重要基地。当然这也是与中央的大力支持密不可分的。正是为了实现“和平统一、一国两制”的战略目标，厦门经济特区应运而生。国务院1985年85号文件《关于厦门经济特区实施方案的批复》中明确指出：

“厦门特区扩大到全岛，逐步实行自由港某些政策，是为了发展我国东南地区的经济，加强对台工作，实现祖国统一大业作出的重要战略部署”。而党的第三代领导集体重要领导人江泽民在视察厦门时也多次强调，“厦门经济特区是海峡两岸开展经济文化交流的一个重要窗口”，“厦门特区要促进两岸‘三通’与和平统一，这是厦门光荣的历史任务”，“厦门优势，特色应体现在与台湾的经济合作和贸易上来，这个作用别的特区不能代替，这个作用随着历史前进会越来越显示出来”。而在2006年初，胡锦涛总书记视察厦门时也表示，“厦门完全有条件在对外开放中取得更大成绩、发挥更大作用。”同时要求“推进两岸经济技术合作取得新进展，促进两岸直接通航出现新局面，把寄希望于台湾人民的方针落到实处，推动两岸弘扬中华文化的优秀传统”。这些都充分体现了中央对厦门的希望。从另外一个角度，正是多年来福建在两岸载体平台建设中的积极作为，使福建在全国对台工作中的重要地位不断得到巩固和加强。由于厦门与台湾在地理和人文方面的特殊关系，当两岸进行事务性商谈和处理有关涉台事件的时候，厦门更成为最合适的地方。根据中央授权和要求，按照两岸有关协定，厦门有效地配合了两岸重大事务性商谈，妥善处理了包括有关一个中国原则、突发死亡、寻找失踪台胞、台轮海上遇险、劳资纠纷、重危病人处置、两岸遣返交接、涉黑等大量敏感的涉台问题，对缓和两岸关系、促进两岸交往稳健发展发挥了积极作用。25年来，中央有关部门多次在厦门与台湾举行官方或半官方接触，处理重大涉台事务，其中著名的《金门协议》就是在厦门签订的。在两岸关系进入一个新阶段的历史时期，厦门已成为处理祖国大陆对台事务的重要基地。

再次，载体平台建设有利于推进争取台湾民心工作的有效开展。福建载体平台建设，有利于推进两岸民众的相互了解和沟通，有利于推进争取台湾民心工作的有效开展。台湾同胞八成以上祖籍福建，福建地区可以充分发挥与台湾地缘相近、血缘相亲、语言相通、习俗相同的优势，积极开展争取台湾民心工作的落实。近年来福建通过载体平台这一模式有利地促进了两岸的交流和发展。例如，图书展会载体平台模式，福建通过举办海峡两岸图书交易会等活动深入岛内坚持不懈地推动入岛宣传工作，加强做台湾人民工作的力度。宗教文化载体平台模式，福建以宣传闽南文化为主轴，通过保生慈济文化节等宗教民间信仰交流、歌仔戏等地方剧种交流、协助寻根谒祖等载体平台形式，大力拓展厦台民间交流活动。青年交流载体平台模式，福建加强厦台青少年之间的联络，开展两岸大学生“闽南文化研习”夏令营、两岸青少年夏令营、“海峡月·中华情”中央电视台中秋双语晚会、闽南语歌曲创作大赛等多形式的交流活动。农业合作载体平台模式，举行海峡两岸农业合作成果展览暨项目推介会，促进民间交流的进一步发展。福建建立台湾水果销售集散中心，打开做台湾中南部农民工作的新窗口。政党交流载体平台模式，福建与中国国民党执政县市的党部开展基层党际交流。台商投资区载体平台，福建的台商投资区本身就是做台湾人民工作的重要阵地。台商投资区作为台湾企业家及家属工作和生活最密集的地区，为我们做好台湾人民工作提供了方便，越来越多的台商子女在福建接受基础教育和高等教育。他们在大陆的成功发展，增强了对祖国的向心力，在政治上普遍倾向于两岸和平发展。总之，福建通过多方面、多层次的努力，积极推动两岸、闽台之间深入交流，增强了两岸民众，特别是台湾民众同根同缘的亲情感，也增强了两岸民众共同弘扬中华民族文化的历史使命感和荣誉感，增强了台湾民众对祖国的认同感。有利于推进祖国和平统一事业向前迈进。

最后，有利于推进海峡西岸经济区的快速发展。改革开放以来，海峡西岸经济区的建设飞速发展，一个重要根源还在于福建主动搭建了促进两岸经贸交流与合作的载体平台，使福建成为祖国大陆吸引台商的重要地区之一。以海峡西岸区重要中心城市厦门为例，近年来，厦门经济特区通过积极搭建两岸交流合作的载体平台，有利于促进厦门经济特区的经济发展，直接促进了海峡西岸经济区的建设进程。目前台湾各行业一些核心产业和支柱性大企业，都已进入厦门台商投资区，并形成了台湾产业集群，主要有翔鹭为龙头的石化—化纤—纺织产业链，多威、TDK、信华为主的电子元器件产业集群，明达、东龙等为主的建材业，正新为主的橡胶业，还有机械、金属加工等产业，产值上亿元的企业达58家。通过多年努力，厦门海港已是对台航运形式最丰富、航运时间最长的港口，经过多年探索和尝试，创造性地发展了具有厦门特色的对台航运模式。1997年4月19日，厦门轮船总公司的“盛达轮”集装箱船，横渡台湾海峡直驶台湾高雄港，这是两岸隔绝48年后，海上货轮直航台湾的破冰之航。“厦门—高雄”航线开通以来，累计集装箱吞吐量296万标箱。2002年2月厦门货物首航金门，实现了祖国大陆对金门50年来第一次货物直航。2006年又实现了厦门航点春节客运包机和中秋客运包机，成为对台包机直航的四大航空港之一。自2001年实现了与金门直接往来，目前每天有20个班次往来厦金两地，累计运载旅客166万人次，估计今年将突破60万人次，厦金航线已成为两岸人员往来的最便捷通道和重要窗口。随着五通海空联运码头的正式启用，厦门作为台湾同胞进出祖国大陆最重要口岸的作用将进一步凸显。这不仅对厦门经济特区，而且对整个海峡西岸经济区的建设和发展都将起到巨大的推动作用。

第二节 新形势下福建载体平台建设面临的机遇与挑战

一、福建省载体平台建设面临的历史机遇

首先，两岸政治环境有利于福建省载体平台建设。2008年初的两次台湾选举表明，台湾的主流民意要求两岸关系和平、稳定发展，台湾民众用选票表达了对陈水扁当局“台独”分裂活动的反感。这充分说明“台独”分裂活动的高潮已经过去，两岸关系的高危期已过去。随着国民党在岛内全面执政，两岸关系走向缓和的氛围和趋势已渐形成。在马英九执政下，台湾当局扬弃了“法理台独”的政策路线，两岸关系相对稳定的局面正在不断形成。当前，随着两岸两会的成功复谈，并就两岸“周末包机”和大陆旅客赴台旅游两项事项达成协议并成功实施，开启了两岸关系发展中崭新的一页。我们看到，随着马英九当局在开放投资上限，陆资赴台许可，以及大幅度对发展两岸关系进行政策松绑等措施的实行，两岸关系发展的趋势已进入良性运转的轨道。在当前两岸关系和平发展态势基本形成的整体格局下，福建要时刻把握中央对台的精神，积极在拓展两岸交流的载体平台方面力求有新作为，新突破。同时要把握目前两岸关系发展难得的新机遇，主动出击，积极搭建促进两岸交流的载体平台建设，努力促进福建对台交流再上一个新台阶。一是福建要充分利用和发挥好以前搭建的载体平台，提高这些平台的利用效率，发挥其功能。在这方面，要加强对这些载体平台运行机制的研

究，研究提高其功效的途径和措施。二是积极创造条件，为两岸关系发展的新局积极搭建一系列新的载体平台。比如，在当前两岸关系和平发展态势的局面下，福建可以在充分发挥五缘优势的基础上，积极构建两岸社会融合的载体平台建设。

其次，两岸的现实需求有利于载体平台建设。对于大陆来说，国民党全面执政后，马英九当局表示不支持“法理台独”，这使两岸过去十多年来的统“独”之争暂时搁置，两岸关系的高危期已经过去，两岸关系进入了和平发展的时期。这是大陆所期待的事情。尽管和平发展并不必然导致两岸和平统一，但至少比民进党执政时期两岸关系的紧张状态要好得多。因此，在当前形势下，大陆会利用目前两岸关系新局的难得历史机遇，大力加强两岸在政治、经济、文化等领域的合作和交流，努力促使两岸相互依赖局面的不断形成，大力加强做台湾民众的思想工作，加大争取台湾民心工作的开展力度。而要达到这些目标，就需要加强两岸交流合作载体平台的建设力度，通过这些载体平台的搭建来为两岸交流交往创造条件和奠定基础。而对于台湾当局来说，积极发展两岸关系，这是国民党执政当局要想保持继续执政的重要任务和工作。从这次台湾“大选”来看，台湾的主流民意就是发展两岸关系和促进台湾经济的发展。因此马英九当局面临着民意要求改善和推进两岸关系的强大压力，目前看来，国民党和马英九也在积极落实竞选口号，两岸经贸交流的前景相当乐观。对于台湾马英九当局来说，推动两岸关系发展也是一个必然的选择。一是有民意要求发展两岸关系的强大基础；二是台湾经济越来越离不开大陆，只有全面“三通”和直航，才是解决台湾发展的根本之道；三是马英九面临着连任的压力。台湾是一个选举社会，如果在经贸及发展经济方面没有建树，选民的认可度必然降低，这对寻求连任的马英九而言绝对是一大挑战，因此，改善两岸关系，给台湾经济寻找出一条活路来，这也是马连任成功的重要任务。因此，当前福建积极发展两岸关系，为两岸关系交流与发展搭建更多的载体平台，不只是符合福建的利益需求，也是有利于台湾当局利益的战略举措。

最后，两岸交流发展也需要一些载体平台来加以保证。两岸关系中的结构性矛盾决定了台湾问题解决的长期性、复杂性、阶段性特征，这也在某种程度上决定了我们的对台战略目标要分阶段、分步骤、循序渐进地落实。由于长期的隔绝，两岸社会制度的差异，两岸交流交往过程中就会遇到许多棘手的问题，两岸要从相对自立的社会到结合成为一个紧密的社会，必然会产生诸多矛盾和冲突。在国民党重新执政的情况下，如果两岸交流合作过程中出现了严重对立，有可能使我们顿失台湾民心，使两岸关系再次陷入深渊。因此，我们必须牢牢把握两岸关系和平发展的主题，以实际行动落实两岸融合的目标。为了降低两岸交流交往带来的政治、经济、社会风险，及时对两岸互动政策进行纠错，使两岸最终完全统一的进程更加平顺，因此搭建两岸社会融合的载体平台显得非常务实和重要。例如我们可以先在福建省进行试点，选取特定区域建立“两岸社会融合综合试验区”，邀请台湾方面参与试验区的建设，有计划、有目的地就两岸一体化进程中可能面临的社会、经济、教育、文化等非政治性或低政治性议题进行试点，总结经验教训，为两岸全方位融合指明方向。通过这种载体平台的搭建，有力地促进两岸社会的不断融合，最终为祖国统一大业作出贡献。

二、福建省载体平台建设面临的挑战

首先，思想认识不到位。长期以来，我们不少干部群众对两岸交流合作载体平台建设的认识还没有完全到位。在思想深处始终存在着为建平台而建平台的观念，严重漠视载体平台在拓宽两岸交流合作中的作用发挥。这种重形式而轻实质的做法，常常使得我们对载体平台后期的持续支持度不够，从而使一些载体平台陷入发展后劲不足的尴尬窘境。对于开展载体平台建设，一些干部群众，甚至包括一些领导干部的思想认识上有一些误区存在：有的把载体平台建设当做一般事务性工作对待，缺乏高度的政治责任感和历史使命感；有的不能跳出福建看福建，厦门看厦门，缺乏大局意识和战略眼光；有的把文化与经济工作割裂开来，甚至对立起来，认为经贸交流与合作是赚钱的，文化交流与合作是花钱的，组织交流活动的积极性不高；有的则把对台文化交流看做仅仅是对台工作部门的事，与己无关，可做可不做。事实上，经济落后不可怕，载体平台缺乏也不可怕，可怕的是思想观念的落后，这是当前福建在载体平台建设工作中亟待解决的首要问题。

由于部分人士对福建新形势下拓展两岸交流合作载体平台建设的思想认识不到位，这在实践中产生了严重的消极后果。一方面，使我们在拓展两岸交流合作载体平台建设中，把重点放在了有利于招商引资和项目合作的载体平台建设工作上。而对于拓展两岸文化交流合作方面的载体平台建设不予关注和重视。此种状况如果长期下去，将不利于我们福建省发挥对台工作前沿阵地的优势。另一方面，正是由于过于偏向经济类载体平台建设，忽视文化教育类载体平台建设，使我们或多或少在实践中忽视对闽南文化的保护工作，忽视在两岸交流合作中加强和做大做强闽南文化这一载体平台的必要性和重要性。闽台两地同属闽南文化圈，闽南方言是传承闽南文化的重要载体。通过闽南方言，才能感受到闽南文化的绚丽多彩。失去这一载体，闽南文化将变成一具空壳。虽然目前闽南话仍在几千万人中流传，但面临着日益被冲淡的可能趋势。随着闽南地区城市化建设的加快，外来人口的增长，日常生活中为便于交流很多人开始使用普通话，闽南话有被冲淡的可能性存在。长期下去这将动摇闽南文化传播的根基。如果我们不能很好地传承闽南话，二三十年后我们拿什么样的乡音乡情与台湾民众交流沟通，因为只有乡音在，乡情才不会断。同样，我们对闽南文物古迹的保护力度仍然不够。闽台文化相缘，信仰相近，民俗相通。在闽南地区存在很多与台湾有关的闽南文物古迹，如慈济宫、三坪祖庙、清水祖师庙、威惠庙、关帝庙、玉尊宫以及数量众多的宗祠祖暮等。这些文物古迹不仅是闽南文化传承发展的见证，也是闽南民俗文化的展演地，更是情牵台湾同胞的根，也是他们心中的家。特别是回到大陆祖籍地进祖庙拜香火等信俗在台湾地区仍然具有深厚的民众基础和传统积淀，它也是目前两岸交流交往的重要渠道之一。保护好闽南文化中文物古迹已成为当务之急。因此，我们相关部门和工作人员，一定从思想上认清形势，用战略的思维和发展的眼光看待两岸交流合作中载体平台的建设工作。在两岸交流合作中招商引资类的载体平台固然重要，但它不是全部，促进两岸文化交流和人员往来的载体平台搭建也是一个重要的方面，二者缺一不可，不能偏颇。

其次，现实困境的制约。载体平台的构建需要有一定的物质与技术支撑，否则它将成了无水之鱼，无土之木。当前福建在拓展两岸交流合作载体平台建设中面临的困境主要表现在以下三个方面。

一是福建的道路交通相对滞后。由于福建以山区居多，道路交通问题一直是制约福建经济发展的瓶颈所在。目前福建在铁路、公路等方面的建设水平都远远落后于长三角、珠三角等经济发达地区。福建道路交通落后的局面使福建目前的对外通道仍然偏少，省内公路交通体系尚未完全纳入到整个东南沿海经济区的总体构架中。现有的综合运输能力在总体上仍不能满足经济社会发展的需要，同样，福建铁路也面临这种情况，目前只有鹰厦、横南两条出省铁路通道，这种与全国铁路运输网联系通道少、运能弱的状况，仍在一定程度上制约着福建与周边省区经济交流的扩大、经济腹地的拓展和内外辐射能力的增强，同时也直接影响了厦门和福州等港口中转功能的更大发挥。福建交通运输数量仍然偏少，网络布局与结构尚不尽合理。交通设施偏少的状况特别表现在铁路和港口深水泊位上。这使福建港口吞吐能力特别是集装箱等专业化泊位吞吐能力明显不足，压船压港现象仍然存在。此外，福建道路交通建设滞后还表现在道路交通的布局不尽合理。由于历史原因，新中国成立后福建一直处于海防前线，交通设施主要立足于战略上的需要，因此，铁路和公路干线的建设布局，大多均由内陆向沿海延伸，从西向东，导致至今全省没有建设成一条沿海南北走向的铁路，沿海公路也主要只有一条福厦线路，大多数公路远离海边。铁路不成网络，疏港铁路，公路少，标准低，不能满足港口吞吐量和运量激增的需要。

二是福建经济总量整体不足。尽管福建处于长三角和珠三角两大经济发达区域之间，但由于长期以来，福建一直是对台战略的前沿阵地，特殊的地形地理位置决定了福建经济的相对不发达状态。以 2007 年各省 GDP 来看，地处珠三角的广东省其 GDP 超过了 3 万亿元，位居长三角的江苏省 GDP 超过 2.5 万亿元，浙江省超过 1.8 万亿元，就连上海这个直辖市其 GDP 也超过 1.2 万亿元。反观福建省 GDP 总量刚刚突破 0.9 万亿元，因此，经济总体实力不足是制约福建在拓展两岸交流合作载体平台建设的一大障碍。此外，福建经济发展整体水平不够高。与经济发达地区相比较福建的经济创新能力严重不足。

三是福建市场需求有限。由于福建幅员不大，人口有限，经济发展水平不高，这使得福建的市场需求有限。尽管厦门是经济特区，改革开放以来，投资环境已大有改善，经济总体实力增长较大，但与其他沿海城市比较仍有较大差距，经济腹地狭窄，产业链短，配套能力不强，缺乏闽台合作可持续发展的强大动力，还未能适应台商投资导向的新变化，使两地产业合作的后劲不足。这也是最近几年台商大量朝长三角和珠三角发展的重要原因所在。

再次，整体功能未发挥。尽管目前福建是全国吸引台资最为密集的地区之一，但由于历史或现实的原因，福建对台战略的整体功能并没有完全发挥出来，这严重影响和制约到福建在新形势下拓展两岸交流合作载体平台建设的工作开展。改革开放以来，福建长期以来一直作为大陆吸引台资的重要窗口和出口加工业基地。但随着改革开放的深化，全国呈现全方位的对外开放格局，福建的发展后劲明显不足，并受到一定影响。一个原因是产业布局缺乏统一规划，产业关联度小。以厦门为例，开放之初，招商引资对象较少，为了追求招商引资政绩，厦门三大台商投资区都较少考虑各自的发展特色和产业定位，缺少符合本区实际分工明确的产业规划。结果导致三大台商投资区缺少应有的特色和产业分工、协作关系，产业发展的雷同率与重复交叉现象严重。还有台资所占比重不高，对台特色不明显。各台资投资区在招商引资中对台资的重要性认识不足，普遍存在“只要外资上去了，台资来不来，来多少关系不大”的观念，忽略了当初国家在厦门设立台商投资区的初衷。台商投资区的相关职能部门在实际操作中也存在过于追求经济效益的倾向，把更多注意力集中于规模与技术含量较高的欧、美、日、韩大企业，忽视了投资区应有的台资特色。以厦门为例，厦门在承接台湾产业转移过程中面临的主要问题是厦门产业链短，配套能力不强，产业聚集效应不显著。虽然目前厦门现在形成了电子、机械、化工三大支柱产业，但是优势产业的供应商基本都在外地，产业链短，没有形成集群效应。另外一个原因是厦门台资产业链尚未发育完全，台商企业集群效应不明显。目前，厦门虽然形成了以集美、海沧、杏林三大台商投资区为主体的台商投资格局，厦门岛内以技术型、服务型产业为主，外岛以劳动密集型和资金密集型产业为主，但各区域内部存在着规模优势不显著、投资领域宽泛、产业关联度松散问题。此外，还受到厦门区位条件制约，表现为经济腹地狭窄，建设用地供求矛盾突出，淡水、原材料等资源约束比较明显，劳动力成本上升，高端人才明显缺乏。因此，正是由于福建拓展两岸经贸交流合作中，缺乏一定的远见和规划，这在一定程度上影响到福建经济整体功能的发挥，甚至影响到对台招商和项目合作的持续开展。

最后，优势渐失的挑战。随着两岸直航的到来，福建作为对台战略基地的作用正呈下降之势。这是我们必须清醒地认识到的。因为在两岸交流合作中，载体平台的作用更多的是表现为比较优势，而非绝对优势。虽然目前福建在拓展两岸交流合作载体平台建设方面取得了先机，并成功搭建了一系列的载体平台，但随着两岸开放的向前发展，特别是在两岸直接“三通”之后，福建的地缘优势将大大削弱。特别是由于福建面积小、平地少、山地多、市场小。因此，在未来两岸交流合作中，福建的载体平台无法与其他经济发达地区相竞争，自然就无法吸引台湾方面的积极性，无法使他们投入到海峡西岸经济区的建设浪潮中去。因此，我们一定要提高谨慎，努力防止对台优势的丧失。当然，这种优势渐失也是相对的，随着两岸交流密切和频繁，两岸全面直接“三通”后，福建凭借其在对台战略中的“五缘”优势，还是完全有更大的作为。因此，对福建而言，重要的是把握住目前对台工作的优势，积极采取措施，加快自身发展，为闽台关系向前发展和提升层次奠定基础，努力搭建更多更好的载体平台，一方面促使闽台经济形成更为紧密的融合关系，另一方面通过发挥闽南文化的作用和影响，使台湾民众心系祖国大陆，增强台湾同胞对大陆的了解和认同。

第三节　新形势下福建拓展对台载体平台的思路与作为

一、新形势下福建对台载体平台建设的指导思想

两岸关系的发展直接涉及国家统一的重大问题，因此在推进两岸关系和平发展的前提下，福建载体平台建设一定要坚持正确的指导思想。当前，这一指导思想就是始终坚持两岸关系和平发展的大局。胡锦涛总书记在党的十七大上，提出了两岸关系和平发展的重要思想。他指出“在一个中国原则的基础上，协商正式结束两岸敌对状态，达成和平协议，构建两岸关系和平发展框架，开创两岸关系和平发展新局面”。这充分表明党对台战略进入了一个新的历史时期。

两岸关系和平发展战略的提出，是我们党在新的历史时期基于两岸关系的现状及冷战后国际形势发展所做的战略抉择。一是两岸关系和平发展是基

于两岸关系发展的历史和现状所做出的重大战略思考。长期以来尽管两岸在政治对话上没有取得突破，但两岸经贸、人员、文化等方面的交流不断密切。截至2007年9月底，两岸累计贸易总额已达到6933亿美元，大陆累计批准台商投资项目74327项，台商实际投资450亿美元，台湾居民往来大陆累计达4583万人次，大陆居民赴台累计也超过了156万人次。两岸在经贸领域已形成了一定的相互依赖关系。特别是自2005年以来国民党为代表的台湾一些政治力量纷纷访问大陆，共商两岸大事，表明两岸在政治交流方面开辟了新渠道。随着两岸交流的不断深入与发展，客观上就需要维持和平发展的两岸环境，这既是推动两岸关系改善的重大举措，而且更是完全符合两岸人民现实利益的客观需求。因此，两岸民众渴求交流的需求是和平发展战略形成的直接动力。二是两岸关系和平发展也是遏制岛内“台独”分裂活动的重要筹码。民进党在岛内的八年执政时期，陈水扁当局在“台独”道路上渐行渐远，两岸政治僵局不断加深。在这种背景下，大陆牢牢把握两岸和平发展的大局，充分发挥两岸经贸、文化、人员交流的渠道优势，加深两岸人民的了解与联系。在两岸交流的大趋势背景下，两岸交流合作的强大意愿才能对陈水扁当局的“台独”分裂企图形成强大的制约能力。当前，随着国民党重新执政，岛内“法理台独”的威胁大大降低，但台湾分离主义思潮仍然存在，因此，我们必须时刻把握两岸关系和平发展的大局，努力遏制和化解“台独”分裂势力。三是两岸和平发展是顺应国际潮流的客观需要。当今世界正处于大变革大调整之中。和平与发展仍然是时代的主题，求和平、谋发展、促合作已经成为不可阻挡的时代潮流。世界多极化趋势不可逆转，经济全球化深入发展，科技革命加速推进，全球和区域合作方兴未艾，国与国相依存日趋紧密，国际力量对比朝着有利于维护世界和平方向发展，国际形势总体保持稳定。因此，和平与发展仍然是当今时代的主题。我们强调把握两岸关系和平发展的主题，就是要站在国际新视角、时代制高点上，紧紧抓住和平这一当今世界发展潮流，以及追求和平、繁荣、和谐的普世价值，从战略的高度审视两岸关系与世界潮流的共生共荣。两岸和平发展战略的提出，不仅是顺应时代主题的客观需要，而且更是把握住了两岸关系中的核心内容与关键环节，同时也在台海和平、亚太安全等问题中掌握了道义上的制高点。

两岸关系和平发展思想是新时期我们党和政府在对台战略方面的新思路和新发展，它有着丰富的科学内涵：其一，时代性特征。冷战结束后，和平与发展已成为时代的主题。两岸关系和平发展思想的提出，表明了我们党紧跟时代潮流，高举和平大旗，为两岸关系开创新局面尽量创造最好的环境。两岸和平发展战略的提出并非权宜之计，而是与我党自十六大以来提出的科学发展观、坚持走和平发展道路、建设和谐世界等重大理论创新成果相结合的、相配套的、一脉相承的最新理论成果。坚持两岸和平发展思想，就是要求除了在大陆建构和谐社会，在国际社会建构和谐世界之外，还主张在两岸之间建构起和平发展的和谐两岸关系。其二，原则性特征。推动两岸关系和平发展是有前提和原则的，那就是必须坚持一个中国的基本原则。海峡两岸同属一个中国的事实早已成为历史的定论，这是两岸关系和平发展的基本前提，是绝对不容置疑的。“和平独立”只能是“台独”顽固分子的一厢情愿的事情。其三，柔和性特征。坚持两岸关系和平发展，就是两岸之间要建立互信、搁置争议、求同存异、共创双赢的局面，就是要大力落实“寄希望于台湾人民的方针”，继续实施惠台措施，坚持把台湾人民利益作为对台工作的基本出发点和最终落脚点。凡是对台湾同胞有利的事情，凡是对维护台海和平有利的事情，凡是对促进祖国和平统一有利的事情，我们都会尽最大努力做好。其四，继承性特征。两岸关系和平发展思想的提出并非一时心血来潮，而是我们党长期以来对台政策、战略的智慧结晶和集体智慧；特别是两岸关系和平发展思想充分继承了邓小平的“和平统一、一国两制”的基本思想，发展了江泽民关于现阶段发展两岸关系、推进祖国和平统一进程的八项主张的战略思想，充实了胡锦涛关于坚持新形势下发展两岸关系的四点意见的内涵。从某种程度上说，两岸和平发展战略更是以胡锦涛为中心的新一届党中央五年来对台政策的新思维新举措的系统、全面、完整的概括、总结和提炼。它必将成为统领我们今后相当一段时期对台工作的指导思想。

当前，随着国民党在岛内全面执政，两岸关系进入了一个新的历史发展时期，两岸关系和平发展的态势正在稳步向前发展。目前，两岸两会成功复谈，两岸周末包机和大陆居民赴台旅游已成功实行，这些都对两岸交流向前发展起到了直接的推动作用。随着两岸货物包机直航、台资赴大陆投资上限取消、陆资赴台成行等措施的不断到位，两岸之间在经贸安排、人员往来等领域的融合不断加深，将成为推进两岸关系和平发展的最大助推力。因此，在新形势下，我们要拓展两岸交流合作载体平台的建设，就必须紧紧把握两岸关系和平发展这一主题和大局，唯如此，我们才能在载体平台建设上取得新突破。当前，载体平台建设要坚持两岸关系和平发展思想，就是要始终把做好台湾人民工作视为对台工作的重要内容。通过载体平台的搭建，增加台湾民众了解大陆的渠道，增加两岸民众沟通的机会，增强台湾民众对祖国大陆的认同感和归属感。通过追求两岸共同发展、谋求双赢的思路，努力消除岛内民众对大陆的隔阂，通过增强两岸人民的共识，来逐步建构起信任和沟通机制，增加双方的感情基础。这是我们争取国家统一的必由之路。从这个意义上说，两岸能否和平发展，直接关系到祖国的统一大业。只有这样，才能从根本上增强对台湾和世界的吸引力，这样既可以有效遏制美日对台扶持力度，破除“中国威胁论”的欺骗宣传，还可以争取到台湾的民心，最终必然有利于国家统一进程向前迈进。

二、新形势下福建对台载体平台建设的战略规划

新形势下拓展两岸交流合作载体平台建设必须要有清醒的战略意识。所谓战略就是对一个较长发展过程的、具有全局意义的重大问题和领域的筹划和指导，以达到预期的目标。而不是对眼前的某项具体工作、个别事件的部署处置。战略强调全局性筹划，不要求因一时一事的变化而影响全局。因此，战略一旦制定后，就要有相对稳定性和长期性，同时还要具有前瞻性。这就要求战略制定者在制定战略时要有远见，有长远眼光，对较长一个时期的战略环境有一个清醒的认识。在当前历史时期，面对两岸关系和平发展态势不断形成的局面，福建在拓展两岸交流合作载体平台建设方面的战略规划主要有以下几个方面：

首先，要制定完善的战略规划。新形势下拓展两岸交流合作载体平台建设方面，福建一定要进行完善的战略规划，不可盲目进行。

一是要解放思想。要大力加强政治思想教育，努力提高思想认识，增强拓展两岸交流合作的责任感和使命感，要从服务于国家对台战略新思维的政治高度和战略高度来认识和看待载体平台建设问题。这就需要福建上下要统一思想，积极引导干部和群众学习中央对台工作方面的新精神新指示，引导

干部特别是领导干部从战略和全局的高度进一步认清扩大和做好载体平台建设的重要现实意义，使福建广大干部群众完全认识到自己在做好对台交流合作工作、促进祖国和平统一进程中的重要历史责任。只有这样才能真正认识到福建在新形势下拓展两岸交流合作载体平台建设的重要性和紧迫性。二是夯实基础。我们必须要清醒地认识到福建目前在载体平台建设方面面临的困难和挑战，要努力改善载体平台建设的软硬环境，努力提升福建在拓展两岸交流合作中载体平台建设的水平和能力。例如，针对福建目前道路交通不能满足经济发展需求的现状，福建要从战略的高度加大加快道路交通基础设施的建设力度。在努力促使福建交通，水电供应等瓶颈制约得到缓解、投资硬环境得到改善的同时，要把投资软环境作为吸引台资工作的重中之重来把握，努力营造低成本、高效率、文明法治的投资营商环境。同时，作为长三角和珠三角之间的中间地带，位于福建省的海峡西岸区的崛起毫无疑问将成为推动长三角和珠三角整合和进一步发展的重要支点。福建目前正加紧实施项目带动战略，通过对重点项目的策划、协调、服务工作，有效增强项目的带动效应和支撑作用，壮大产业集群，促进省内经济的健康发展和对外开放，促进生产力的合理布局，增强经济发展后劲，营造良好的经济发展环境。努力为台商企业在福建落户和发展创造最好的环境和条件，为福建载体平台建设创造良好的物质基础。

其次，要制定详尽的实施方案。新形势下拓展两岸交流合作载体平台建设方面，我们一定要制定详尽的实施方案，力求创新模式，并注重实效。一是在内容上，针对福建省经济发展水平和闽台交流具体情况，福建在制定载体平台建设实施方案上，既要把招商引资和项目合作作为搭建载体平台的重要功能来全盘考量，又要兼顾载体平台在加强闽台文化交流、增强两岸民众感情、争取台湾民心等方面功能的充分发挥。二是在形式上，既要持续发挥政策型载体平台在两岸交流合作中的功能，又要积极增强展会型平台在促进两岸经贸联系和人员往来的功能，同时还要努力构建新的载体平台模式，努力推进福建载体平台建设迈上一个新台阶。三是在方法上，我们一定要把传统手段和现代方法有机结合，努力使福建载体平台建设在方法上不断创新。我们可以采取把网络载体平台与展会载体平台有效对接的模式来加强载体平台的建设。例如可以就项目的提前对接进行撮合，使双向互动成为可能，可以在会前先征集项目，提前利用网上项目平台进行发布，采用网上项目对接与专场洽谈会相结合的方式，为资本与项目的对接搭建高效的平台。

最后，要成立专门的机构组织实施。新形势下拓展两岸交流合作载体平台建设，就需要有专门的组织机构来负责组织和实施。一是专门的组织机构可以为载体平台建设的前期工作奠定基础，事实证明这种专门机构由于其职能单一，沟通和组织能力突出，往往能够开展有效的工作，能较好地完成载体平台建设的前期准备工作。二是专门的组织机构可以为载体平台后续的成功运转提供组织保证，特别是它能为确保载体平台良性运转提供持续的人力、物力支持。鉴于在载体平台建设中专门组织机构的重要作用，我们建议这种专门机构应该由政府负责落实，指定重要领导干部来出面协调工作的开展，最大限度地为载体平台建设创造便利条件。

三、新形势下福建拓展载体平台建设的实现路径

路径选择是福建拓展两岸交流合作载体平台建构的重要一环。福建应充分利用自身独特的对台区位优势，建立起模式不一、功能多样的载体平台，努力推进两岸交流向着纵深方向不断拓展和延伸。根据目前福建的特殊省情以及两岸关系发展的现状，福建在新形势下拓展两岸交流合作载体平台建构的模式主要有几种类型：

1. 两岸经济贸易领域载体平台建构的模式

福建应充分利用靠近台湾的地缘、人缘、商缘、情缘、血缘、法缘等优势，积极在经贸领域搭建模式不一、功能多样的载体平台。

(1) 政策型载体平台。福建要继续完善和充实既有的政策型载体平台，充分发挥它们在拓展两岸交流合作中的作用重要。目前福建包括经济特区、台商投资区、两岸农业合作试验区等在内的政策型载体平台仍然是福建载体平台的重要主体。福建应该加大力度，充分发挥这些平台在对台交流合作中的重要功能。同时，我们还要与时俱进，积极建构起新的政策型载体平台。当前，福建要努力争取台商投资区发展成为全国综合配套改革试验区。因为目前三个台商投资区越来越不适应台商在厦门投资的新趋势，呈现出台商投资层次不高，产业前后向联系不密切，产业结构差异不明显，用地困难，发展后劲不足等诸多问题。要求中央对厦门台商投资区实行优惠政策，以增强

台商投资区在海西建设中的体制创新作用，批准台商投资区为全国综合配套改革试验区。可以比照国家赋予天津滨海新区的优惠政策，批准台商投资区成为全国综合配套改革试验区，在土地政策、财政税收政策、物流政策等方面尝试新的突破。鼓励台商投资区进行金融改革和创新，原则上安排台商投资区先试先行。争取更多国家开发银行与国台办合作推出的台商贷款，推动台商投资区发展。进一步明确台商投资区的产业定位，对比台湾的产业优势统筹考虑，确定引进台商的重点。充分利用厦门与台湾的独特人文地理优势，利用各种平台，全方位加强与台商行业公会接触，争取台湾化工、光电、IT 等核心产业和支柱行业的整体引进。结合厦门实际，尝试在新扩区建立与台湾相类似的管理模式，营造更适宜台湾产业生存发展的环境，使台商投资区成为台湾企业的总部、研发中心和生产基地。

（2）枢纽型载体平台。目前福建可以在以下几个方面搭建起两岸交流合作的载体平台。一是海峡两岸金融中心载体平台，充分发挥福建省特别是厦门市在两岸金融业合作中的窗口。随着两岸全面“三通”，金融服务的重要性越发突出。厦门在两岸金融合作中，以其有利的地理条件和良好的经济基础，完全有可能成为区域性金融中心。厦门在历史上就是商业金融较发达的城市，从现代区域经济角度来看，厦门也具有承接台湾金融业转移的条件。它位于上海和香港两个金融中心的中间位置，在东南沿海地区发展金融服务业具有得天独厚的区位优势。同时，厦门现有 1300 多家生产经营性台资企业，是台商投资的密集地区，两岸经由厦门口岸出入的人员日益增多，对金融部门提供货币兑换等业务的需求也越发突出。这为台商来厦门投资金融业提供了市场。二是海峡两岸台商营运中心载体平台。在这方面厦门可以凭借其独特的对台优势地位，通过优惠政策吸引部分台商把其营运总部放在厦门，这样形成群聚效应。积极鼓励现有在闽台商企业或新来闽投资的台湾业者将其总部、研发基地设于厦门，积极向福州、漳州、泉州等城市发展生产基地，扩大福建利用台资的规模。三是海峡两岸货物集散中心载体平台。充分利用福建厦门、福州两大重要港口的优势，积极把福建打造成海峡两岸货物往来的重要平台。以厦门为例，厦门港口属于国家一类枢纽港，港区自然岸线 64.5 公里，有大、中、小泊位 81 个，能接纳世界上最大的集装箱船。目前厦门作为东南沿海中转港口的地位已经形成。由于厦门与台湾一水之隔，在两岸经贸往来方面，厦门所处的地理位置是其他地区无法比拟的。随着两岸直航的到来，厦门港口与台湾船运业的对接与合作不可避免，两岸直航后，厦门港口完全有部分取代香港的地位，成为台湾货品输往大陆及欧美各地的转口贸易中心。四是海峡两岸农产品销售集散中心。努力把厦门台湾水果销售集散中心建设成为大陆最大规模的台湾水果销售集散中心。积极与大陆主要城市的经销商加强采购联系，为台湾水果进入大陆市场牵线搭桥。

(3) 展会型载体平台。福建要继续办好既有的“9·8”投洽会和“5·18”海交会等展会载体平台，完善这些展会载体平台的功能。同时，福建还要积极搭建更多的展会型载体平台。鉴于闽台两地无论是在地形还是气候方面均非常相似，两岸的农业合作前景十分广泛，因此考虑建立海峡两岸农产品交易博览会等载体平台。通过这一展会载体平台的推动，积极在福建打造形成海峡两岸农产品集散平台、海峡两岸农业科技交流与合作平台、海峡两岸水产品物流平台等三个平台以及两岸农业信息载体平台。以厦门为例，目前闽台农业高新技术园区、第一农场水果及其加工区、第二农场工贸开发区、凤南农场农工贸开发区、白沙仑农场水果和工业开发区以及大帽山农场果茶、畜禽开发区，同安闽台高优农业示范区和海沧东孚农业综合开发区等已经形成，这表明目前福建两岸农业交流合作方面已经搭建起一系列重要的载体平台，这必须有力地推动闽台两地农业经济的交流与合作。

(4) 基础建设和公共服务体系型载体平台。新形势下要拓展两岸交流，我们还需要两岸在基础设施建设以及两岸公共服务体系等方面加强合作，寻求建立新型载体平台，切实推进两岸交流合作再上新台阶。一是在改善两岸交通状况方面，双方可以在诸如“厦金大桥”、“台海桥隧”等项目上展开有效合作，通过共建标志性工程的模式来搭建两岸交流合作的载体平台。二是两岸可以共同组建民间社会团体、合资组建两岸海空运输公司等方式来推进两岸交流合作的开展。三是两岸可以就双方感兴趣的领域加强合作，寻求建立有效的载体平台。例如双方可以就海岛利用、海上救助体系建设、海洋资源共同开发、两岸共同打击犯罪、两岸共议行业规范建设等方面加强合作，寻求共识，取得突破。

2. 两岸文化教育领域载体平台建构的模式

由于闽台两地同属闽南文化圈，几百年来，闽南文化一直连着两岸同胞的心，因此，争取台湾民心，推进国家统一，一定要在利用好闽南文化资源的工夫上做够做足。

（1）民俗特色类载体平台。闽南文化是福建在对台交流中的最重要特色之一，因此我们要建立起一批能表现闽南文化特色的载体平台。当前我们要加强对闽南文化研究和建设。建立闽南文化资料库，办好闽南文化学术刊物，组织编写闽南文化丛书和通俗读物，建立歌仔戏艺术中心，办好歌仔戏剧团、高甲戏剧团和南乐团等一批闽南戏曲艺术团体。同时要努力保护好现有闽南文化特色设施，建筑和文物，有计划地再建设一批闽南文化特色的街区和建筑。制定出台相关规定，积极推行从幼儿园到小学、中学，开设闽南童谣、闽南方言、戏曲、闽南话歌曲、南音、闽南文学等闽南文化课程，增强厦门青少年一代对闽南文化的了解并得以传承，使厦门逐步成为闽南文化的中心，吸引更多海峡彼岸的专家学者、艺术家文化团体和广大民众前来厦门开展闽南文化学术研讨、艺术交流和观光旅游，进一步增强全体台湾人民的民族文化认同感。

（2）文艺活动类载体平台。积极组办高层次大规模有影响的闽南文化交流活动。建议由国家有关部门与厦门市政府联手，在每年 4 月台交会期间，举办一次集歌仔戏、高甲戏、南音、闽南话歌曲、木偶戏、闽南舞蹈、民众表演、美术、书法、摄影以及闽南文化研讨等活动于一身的大型“海峡两岸闽南文化艺术节”，力争把它办成一个在海内外具有重大影响，两岸同胞共同参与的高规格、高水平的文化活动项目，扩大和提升厦门在两岸文化交流中的影响力。

（3）学术研讨类载体平台。充分利用闽南名人效应拓展两岸交流，厦门历史上有出现苏颂、吴真人、郑成功、陈元光、林希元、洪朝选、陈化成、陈嘉庚、林尔嘉、辜鸿铭、林语堂等一批在两岸有较高历史地位和具有相当影响力的历史名人。厦门应利用这些两岸公认的闽南历史文化名人，组织开展交流活动。邀请两岸学者定期举办名人学术研讨会，联系台湾学者合作整理编辑名人历史资料，联手创作名人文学、影视、艺术作品，推动两岸同胞共同发扬历史人物展现的伟大民族精神。

（4）宗教信仰类载体平台。台湾与厦门有着许多相同的民间信仰。妈祖、国姓爷、保生大帝等在闽台两地有着广泛的信众，尤其是台湾民众，对这些神祇极为崇拜。福建应利用发挥在郑成功研究、妈祖文化、吴真人道教医学文化等方面的学术研究优势和学术人才优势，尤其要发挥保生大帝祖宫在厦门的优势，更好地组织研究。要在注意与迷信活动严格区分的情况下，允许适当地举办一些民间信仰仪式，有计划、有组织地引导海峡两岸的信众共同参与，借助民间信仰文化交流的载体平台，增进两岸同胞的情谊，增进广大台湾民众对祖国大陆的认同感和归属感。

(5) 宗亲联谊类载体平台。由于台湾同胞七成以上祖籍闽南，他们有着强烈的故土寻根意愿和宗亲意识，每年均有大量台湾同胞回到闽南地区寻根谒祖或续修族谱。因此，我们可以通过一些社会机构来组织两岸宗亲联谊会开展认宗谒祖等活动的开展。例如可以建立起海峡两岸宗亲联谊会这类载体平台，组织开展两岸族谱的研究、展览和收藏活动，建立闽台族谱展示馆或专门陈列馆，保护一批涉台祖屋祖坟祖庙等，以此来加强两岸同胞的血缘意识和对大陆的认同感归属感。

(6) 旅游文化类载体平台。福建要积极组织开展闽南文化之旅，挖掘闽南地区的人文景观和资源，吸引台胞到闽南来旅游、观光。开辟一些有特色的闽南文化旅游文化线路，如闽南文化历史游、闽南文化宫庙游、闽南艺术民俗观赏游、闽南人物瞻仰游，组织台湾民众来福建旅游观光，增进了解，加强感情。同时，可以通过举办两岸旅游文化论坛等载体平台的模式，加强两岸旅游文化方面的交流交往。

3. 两岸政治社会领域载体平台建构的模式

随着两岸交流的进一步发展，两岸之间在未来开展政治对话将不可避免，可以预计，由于福建所处的特殊地缘优势，未来福建在海峡两岸政治社会领域交流中的地位和作用不断显现。从福建实际情况出发，福建在政治社会领域载体平台建构方面的模式类型主要有：

(1) 两岸政治对话类载体平台。事实上，自厦门经济特区成立，厦门在海峡两岸政治对话中的地位不断提升，目前它已成为两岸进行某些政治对话的重要舞台。随着国民党在岛内全面执政，两岸关系和平发展态势的局面正在不断形成，这为两岸重启政治对话、政治谈判与协商奠定了良好的基础。厦门作为祖国大陆距离台湾最近的重要城市，特别是厦门在两岸交流交往中的独特地位决定了未来在两岸政治对话中的特殊地位。因此，厦门应该努力把自己打造成未来两岸政治对话、两岸政治协商的重要谈判地点，提升福建在对台战略中的重要地位。

（2）两岸社会融合类载体平台。由于目前两岸统一的条件还不成熟，因此，福建当前应该优先建立起两岸社会融合的试验区这一载体平台。尽管两岸最终统一的历史趋势不可避免，但在统一过程中的复杂性和艰巨性仍然是客观存在的事实。也就是说在两岸最终统一目标之前，两岸需要有一个逐渐磨合的过渡时期，在这个过渡时期内，利用有效的政策措施化解两岸融合过程中可能产生的摩擦与矛盾，从而增强两岸人民的共识与互信。只有共识增加，才能为两岸最终完全统一产生强大的助推力量。目前，两岸在社会、政治、文化、经济、教育及法律诸多领域都存在着严重的差异性。这是一个客观事实，如果没有一个过渡性试验区的存在，两岸在上述领域的差别将无法消除，共识将无法达成。如果在福建省建立起一个两岸共同参与的社会综合融合试验区，这不仅有利于两岸在政治、经济、文化、教育等领域进行有效对话与合作建立了一个平台，而且可以视为两岸最终统一前的过渡模式。这无疑具有重大的战略意义。因此，建立两岸综合试验区这一载体平台对于推进两岸关系和平发展和国家统一进程无疑具有重要的现实意义和历史意义。

（3）闽台高层交往类载体平台。闽台自古以来就有着深刻的历史、文化渊源。目前台湾地区近八成以上的人祖籍地在福建省。因此，福建省在新形势下拓宽两岸交流合作方面有着巨大的地缘、人缘、情缘、法缘和商缘优势。也正是如此，近年来福建充分利用“五缘”优势，积极加强与台湾的双边交流交往，在长期的接触和交流中，不仅福建各地市主要领导与台湾各县市建立起了密切的人脉关系，而且福建高层与台湾各级主管都有着较好的沟通管道和人缘关系，这对于当前推进两岸关系向前发展，特别是促进海峡西岸经济区建设有着重要的意义。当前，我们应该继续把握这一优势，努力推动闽台之间搭建起一系列制度化的载体平台。例如可以建立闽台高层会晤的载体平台、闽台经贸官员定期磋商的载体平台，以及诸如厦台高层定期会晤的载体平台，等等。

4. 两岸交流合作综合试验区载体平台的建构模式

由于长达60年的分离，两岸在政治、经济、社会、文化、教育及法律诸方面存在着巨大的差异性。在推动祖国和平统一进程中如何消除两岸在上述方面的差异显然是一个重大的政治问题和社会问题，因此，在最终实现和平统一这一历史目标之前，两岸之间必须要有一个较长时间的过渡阶段，其根本目的就是增强两岸民众的交流与互信，避免急统带来的动荡。而在当前两岸关系和平发展局面不断形成的态势下，我们推进两岸交流合作的综合试验区不仅具有重大的现实意义，而且是当前我们加强对台工作，积极争取台湾民心的重要战略举措。两岸交流合作综合试验区可以根据其具体功能而考虑不同的规模和层次。例如我们可以考虑建立包括诸如海西两岸融合综合试验区、福建两岸融合综合试验区、闽客两岸融合综合试验区、闽南两岸融合综合试验区、厦金两岸融合综合试验区、厦门两岸融合综合试验区等不同层次的试验区，更小的试验区还可以就是某一海岛，甚至某一海岸未开发地区均可以建立类似的试验区。事实上这些规模不一的试验区本身就是两岸交流合作的有效载体平台。所有这些载体平台共同形成一个多层次的网络立体结构，两岸综合试验区的基本功能就是推进两岸民众的联系与交流。综合试验区的内涵广泛涉及经济、社会、文化、教育等诸领域。

四、新形势下福建对台载体平台建设的保障基础

1. 制度保障

新形势下福建拓展两岸交流合作载体平台建设必须要有完善的制度保障。健全、完善的制度规定是保证福建载体平台能够长期保持良性运转状态的最大驱动力。对于福建来说，目前在载体平台建设的制度保障方面已基本成型。特别是福建各级政府目前都把推进载体平台建设视为新形势下拓展两岸交流合作的一大突破口和重要工作来抓，这无疑对推动福建载体平台朝着良性方向发展起着巨大的促进作用。我们看到无论是“9·8”投洽会、“5·18”海交会等展会类载体平台建设，还是在两岸文化教育等领域的载体平台建设方面，福建上下都高度重视，特别是制度保障和组织保障方面都下足了工夫，取得了实效。当前，福建在载体平台建设的制度保障方面，一是要充分发挥人的积极作用。制度虽然重要，但更为关键的因素还是人的作为，当前福建应该加强宣传、培训、教育工作，通过宣传来形成载体平台建设的良好意识和氛围。二是要切实发挥好各级政府的主导性、创造性和积极

性。三是要真正做到奖惩结合、制度软硬，通过制度考核激励政府来解决好载体平台建设中面临的各种问题。

2. 物质保障

载体平台建设必须要有坚实的物质保障，特别是福建载体平台建设除了考虑经济效益外，还要考虑其在对台战略中的统战收益。因此，福建不能完全站在经济效益的角度来看待载体平台建设，政府有必要在载体平台建设过程中提供强大的物质保障。事实上，近年来福建在这方面的实践比较成功，以“6·18”科技成果交易会为例，福建把它定位为服务平台，而不仅仅是把它视为展会经济，通过举办展会来赢取经济利益。相反，福建是通过这个平台来为福建的企业和科研人员服务，为福建及两岸项目成功对接创造条件，为两岸经贸交流谋事实。正是在这一指导思想下，福建每年为该会议投入了相当的经费支持。例如每年展会省政府要承担与会嘉宾在福州期间的食、住、行全部费用。同时自2003年以来，福建还以专项资金形式扶持好的落地转化项目，每年投入的资金规模约1亿元。政府还为一些好的项目提供贷款贴息，为企业担保得到银行贷款，并且承担利息。事实上“6·18”科技成果交易会最大的特点不是三天盛会，而是在于形成常年的对接态势。据统计，从2007年6月21日到2008年6月20日止，“6·18”对接活动就超过了140场，而且都具有一定的规模和质量，这是保证该展会取得成功的基本保障。因此，福建今后应该继续利用这一经验，为福建载体平台建设提供强大的资金、技术和人力支持。

3. 人才保障

新形势下拓展两岸交流合作载体平台建设，必须要有强大的人才智力支持。改革开放以来，福建在各类专业人才领域的培训取得了长足的进展。这不仅为福建在推进海峡西岸区的建设提供了强大的人才支持，而且也为福建在新时期拓展两岸交流合作载体平台建设提供了丰富的人才资源。此外，近年来福建充分发挥海峡西岸区的独特优势，积极构筑闽台人才合作交流平台，2005年，福建在国台办、人力资源和社会保障部支持下，开展两岸职业培训交流试点，提出了“政府扶持、多元投入、两岸交流、市场运作”发展职业培训的思路；充分利用福建“五缘”优势，与台湾民间社会组织、职业院校加强联系，积极开展两岸职业培训交流与合作，初步建立了一个协调机制，搭建了一系列的载体平台。通过这些交流平台的搭建，不仅大大促进了闽台之间的人才交流，而且也有力地吸引了台湾地区的优秀人才来到海西发展。

第四节　本章小结

长期以来，福建省由于其独特的“五缘”优势，在拓展两岸交流方面一直发挥着重要的作用。当前随着国民党在岛内全面执政，两岸关系和平发展的局面不断形成，在两岸新局的历史机遇面前，福建省应该转变观念，增强服务意识，发挥区位优势，进一步增强在两岸交流合作中载体平台建设上的新地位与新功能，努力推动两岸关系进一步向前发展。

首先，分析了福建省在载体平台建设方面取得的成果。无论是在两岸经济、政治、文化、教育等领域，福建都已初步搭建起一系列的载体平台，包括功能各异的政策型、展会型等的载体平台。这些载体平台的特征主要表现为政府主导、市场取向、多元参与等方面。长期以来，福建搭建的载体平台在促进两岸交流合作方面发挥了重要的作用。它们为两岸交流合作提供了重要的渠道，提升了福建省在祖国对台工作中的地位和作用。同时，这些载体平台也为当前我们争取台湾民心、做台湾人民工作创造了有利的条件。

其次，全面论述了目前福建省在载体平台建设中面临的机遇和挑战。指出两岸关系和平发展局面的不断形成有利于福建在载体平台建设方面取得新的突破。但是我们也要清醒地认识到，当前福建在载体平台搭建方面也面临着一些困境，诸如思想解放还不够、对台优势渐失、平台整体功能发挥不力等不利因素的存在，严重制约着福建载体平台建设的成效。

最后，分析了在新形势下福建载体平台建设的新作为问题。强调要把两岸关系和平发展战略作为载体平台建构的指导思想，并从载体平台建设的战略规划、实现路径和保障基础等方面具体论证了当前如何拓展福建载体平台建设新作为问题。

本章的主要观点有：一是目前福建省在加强两岸交流合作方面的载体平台已粗具规模，其成效已开始显现；二是当前海峡两岸的主流民意就是要求加强两岸交流交往，推进两岸关系向前发展，这是福建省拓展两岸交流合作载体平台建设的重要推动力；三是新形势下两岸交流合作载体平台建设必须要服务于海西经济区发展，必须服务于争取台湾民心工作的开展，必须服务于推进祖国统一大业的历史进程。在新时期，福建省要紧跟两岸发展新局，把握好两岸关系和平发展的大局，在载体平台建设方面争取新的突破，争取新的成绩。

参考文献

一、闽台经贸合作关系方面的参考文献

[1] 单玉丽：闽台经贸互动效应与未来发展对策，《福建论坛》（人文社会科学版），2007，（10）。

[2] 陈永志，郝鑫：两岸经贸发展与海峡经济区构建，《福建论坛》（人文社会科学版），2007，（04）。

[3] 施宇辉：《闽台经贸关系发展研究》，福建师范大学博士学位论文，2006。

[4] 施宇辉：福建作为“两岸共同市场”试点可行性分析，《福建论坛》（人文社会科学版），2006，（06）。

[5] 蔡宏波：新一轮福建引进台商投资的若干问题及对策，《对外经贸实务》，2006，（10）。

[6] 蔡宏波：福建引进台资与闽台经贸关系发展，《经济前沿》，2006，（08）。

[7] 郭铁民，于姝晖，廖萌：发挥闽台商缘优势、构建闽台共同市场，《发展研究》，2006，（05）。

[8] 龚敏，杨雪娜，韩硕果：拓展闽台经贸合作空间、加快海峡西岸经济发展，《东南学术》，2006，（01）。

[9] 游伯笙：连宋大陆行后闽台经贸关系走向，《发展研究》，2005，（12）。

[10] 周明伟：新形势下发展闽台经贸关系之探讨，《厦门特区党校学报》，2005，（04）。

[11] 林祖嘉：《两岸经贸与大陆经济》，台湾天下远见出版股份有限公司，2005 年版。

［12］黄绍臻：《海峡经济区的战略构想：台湾海峡两岸经贸关系走向》，社会科学文献出版社，2005 年版。

［13］黄绍臻：论闽台经济的互补性与经济互动的可能性，《中共福建省委党校学报》，2005，(03)。

［14］黄绍臻：海峡两岸经济一体化的发展趋势和目标定位，《福建论坛》（人文社会科学版），2005，(10)。

［15］全毅：两岸自由贸易区先行先试研究，《发展研究》，2005，(11)。

［16］郭丽：闽台经贸合作现状分析，《发展研究》，2005，(05)。

［17］全毅：闽台经贸关系的现状与趋势分析，《亚太经济》，2003，(04)。

［18］高伯文：改革开放以来闽台经贸关系的发展及其影响，《中国经济史研究》，2003，(04)。

［19］林媛媛：构建海峡两岸自由贸易区的可行性分析，《国际经贸探索》，2003，(03)。

［20］陈修颖，顾朝林：福建省基于闽台互动的产业与空间结构调整研究，《地理科学》，2003，(04)。

［21］尹晓波：入世后闽台产业的合作与发展，《海峡科技与产业》，2003，(01)。

［22］尹晓波：两岸入世后发展区域特色与闽台经贸合作的战略思考，《华侨大学学报》（哲社版），2002，(04)。

［23］高长：《大陆政经与两岸经贸关系》，台湾五南图书股份有限公司，2002 年版。

［24］汪慕恒："入世"后闽台经贸关系的走势判断与政策建议，《福建改革》，2000，(04)。

［25］邓利娟："入世"后闽台经贸关系发展的战略思考，《亚太经济》，2002，(02)。

［26］高长：《大陆政经与两岸经贸关系》，台湾五南图书股份有限公司，2002 年版。

［27］李非：闽台经济发展比较与分工合作，《亚太经济》，2000，

(06)。

[28] 单玉丽：跨世纪闽台科技交往探析，《亚太经济》，1999，(03)。

[29] 庄宗明，李兆洪，王风雷：闽台经贸关系存在的问题与对策建议，《福建论坛》(经济社会版)，1998，(03)。

[30] 刘克辉，单玉丽：区域经济整合与台湾海峡经济区的构想，《东南学术》，1998，(02)。

[31] 吴少平：闽台经贸关系的现状和发展，《引进与咨询》，1998，(03)。

[32] 福建社科院课题组：香港回归后闽台经贸关系进一步发展的对策研究，《福建论坛》(经济社会版)，1997，(12)。

[33] 全毅："一国两制"与闽台经贸关系，《亚太经济》，1996，(01)。

[34] 张玉梅：专家学者纵论拓展闽台经贸关系——"拓展闽台经贸关系，加快福建经济发展"专题研讨会发言摘要，《发展研究》，1995，(06)。

[35] 郑竹园：《海峡两岸经济发展与互动》，台湾联经出版事业公司，1994 年版。

[36] 刘学沛：展望世纪之交的闽台经济合作，《福建论坛》(经济社会版)，1994，(06)。

[37] 林凡：把握机遇、促进闽台经济的全面合作，《福建论坛》(经济社会版)，1994，(05)。

[38] 黄达：闽台经贸关系的回顾与展望，《福建论坛》(社科教育版)，1992，(01)。

[39] 王镇辉，胡渡南，赖永彩，陆开锦：闽台经贸关系的发展趋势及若干对策，《国际贸易问题》，1991，(06)。

[40] 唐永红：构建两岸人民交流合作先行区、进一步发挥海峡西岸对台优势与作用，载于邓利娟、石正方主编的《海峡西岸经济区发展研究》，九州出版社，2008 年版。

[41] 唐永红：新形势下厦门对台优势与作用问题研究——兼论两岸交流合作先行区之构建，《台湾研究集刊》，2008，(04)。

[42] 唐永红：当前两岸制度性经济一体化实现路径探讨，《厦门大学

学报》(哲学社会科学版),2007,(06)。

[43] 唐永红:厦门经济特区的对台优势和作用:回顾与思考,《台湾研究集刊》,2007,(03)。

[44] 唐永红:开放性厦—金自由经济区:两岸经济一体化的一个现实选择,《台湾研究集刊》,2005,(04)。

[45] 唐永红:探索建立"两岸合作试验区"——如何进一步发挥福建及厦门特区的对台优势和作用,载于王秉安、李闽榕主编的《环海峡经济区发展报告》(2007),社会科学文献出版社,2008 年版。

[46] 唐永红:《两岸经济一体化问题研究——区域一体化理论视角》,鹭江出版社,2007 年版。

[47] 邓力平,唐永红:《经济全球化、WTO 与中国特殊经济区再发展》,厦门大学出版社,2003 年版。

[48] 唐永红:经济全球化、WTO 与世界特殊经济区发展研究,载于张汉林主编的《WTO 与中国经济》(第二卷),中国环境科学出版社,2005 年版。

[49] 唐永红:经济全球化、WTO 与中国经济特区再发展,载于卢继传主编的《中国管理科学研究文献》,中国环境科学出版社,2006 年版。

[50] 唐永红,邓利娟:当前两岸经济合作机制创新的空间与路径,《台湾研究》,2005,(06)。

[51] 火山:王金平倡议金门建"一网三区"打造稳健两岸关系,新浪网,2005 年 6 月 13 日。

二、两岸"三通"方面的参考文献

[1] 张锐刚:台湾加工出口区转型与两岸"三通",《台湾研究》,2002,(04)。

[2] 张耀辉:从产业结构看两岸直接"三通"的可能性和必要性,《汕头大学学报》(人文社会科学版),2002,(06)。

[3] 石正方:"三通"于两岸经济共同发展之效应分析,《台湾研究集刊》,2003,(02)。

[4] 唐永红:经济全球化、WTO 与两岸直接"三通"——从经济与法

律角度的分析，《特区经济》，2003，(09)。

[5] 石宝明，朱和：两岸“三通”对两岸石化业的影响，《化工技术经济》，2005，(06)。

[6] 宋邦强，刘春春：论中国共产党推行“三通”的必要性，《当代经理人》，2005，(15)。

[7] 王学俭，李新科：直接双向全面“三通”对两岸经济社会发展的影响与展望，《社会纵横》，2006，(03)。

[8] 李家祥：直接“三通”惠及两岸，《两岸关系》，2006，(06)。

[9] 沈秋贵：“三通”对台湾经济发展有百利——从福州台资企业发展谈起，《统一论坛》，2007，(01)。

[10] 李非：海峡两岸海上直航问题探讨，《台湾研究集刊》，2001，(04)。

[11] 周丽华，陈凌雄：对两岸“三通”问题的分析与思考，《两岸关系》，2002，(03)。

[12] 王英：两岸“三通”的可能性评估，《世界经济与政治论坛》，2003，(01)。

[13] 陈恩：海峡两岸“三通”的回顾与前瞻，《亚太经济》，2004，(06)。

[14] 曹小衡：不能总为两岸“三通”设限，《两岸关系》，2006，(07)。

[15] 朱显龙：解读“三通”可不设一种政治含义，《两岸关系》，2002，(09)。

[16] 朱松岭：台湾民进党当局在两岸“三通”问题上的立场及我应采取的对策，《北京联合大学学报》（人文社会科学版），2005，(04)。

[17] 张同新：以“通”拒通行不通——评陈水扁两岸直通“三阶段”说，《两岸关系》，2003，(10)。

[18] 陈萍：从“两岸关系条例”修订看台湾当局阻挠“三通”的实质，《世界经济与政治论坛》，2003，(03)。

[19] 朱行，杨泽军：台湾当局在两岸“三通”上的主要对策及前景分析，《世界经济与政治论坛》，2003，(05)。

［20］徐博东，陈星：春节包机双飞、两岸“三通”仍难，《统一论坛》，2005，（01）。

［21］胡汉湘：消除人为障碍、实现两岸全面直接“三通”——两岸“试点直航”五周年回顾，《中国远洋》，2002，（05）。

［22］刘红：掏空“直航”变“曲行”，《两岸关系》，2003，（03）。

［23］李非：两岸直接“三通”的关键是两岸直航，《两岸关系》，2002，（08）。

［24］李立：两岸包机节日化有助直航，《台声》，2006，（08）。

［25］孟波：积极务实推动两岸“三通”，《统一论坛》，2004，（01）。

［26］李非：海峡两岸“通”为上策——扩大两岸“小三通”的通航功能与范围，《两岸关系》，2007，（07）。

［27］台盟中央：发展两岸物流产业合作、推动两岸直接“三通”，《港口经济》，2003，（04）。

［28］刘红：“三通”如何能通，《两岸关系》，2003，（10）。

［29］杨德明：充分发挥福建在两岸“三通”中的作用，《统一论坛》，2004，（06）。

［30］黄民生，李文实，吴聘奇：海峡两岸“小三通”进展分析及福建对台直航策略研究，《经济地理》，2003，（07）。

［31］杜宏佳，乐智强，章春杰：加快厦门“区港联动”建设、实质推进两岸直接“三通”，《中国港口》，2005，（07）。

［32］李照：加快厦门自由贸易区建设推动两岸直接“三通”，《中国港口》，2005，（11）。

［33］杨德明：轮扩大闽台两岸海上直航效应助推两岸全面“三通”，《福建论坛》（人文社会科学版），2007，（09）。

［34］厦门市委党校课题组：厦金直航为两岸全面“三通”积累经验，《厦门特区党校学报》，2005，（05）。

［35］唐永红：福建发挥“三通”综合通道作用的研究，《发展研究》，2009，（01）。

三、闽台农业交流合作方面的参考文献

[1] 叶庆秋，谢晓娟：加强闽台农业合作、促进现代农业发展，《福建农业》，2008，(04)。

[2] 王庆，赵航，陈洪昭，林卿：深化闽台农业合作与福建农民合作经济组织的发展，《乡镇经济》，2008，(03)。

[3] 李顺成等：两岸农业经济合作与生产策略分析，《高雄海洋科大学报》，2008，(02)。

[4] 郭铁民，洪尔彬：再论闽台农业合作中产业链的构建，《福建论坛》(人文社会科学版)，2008，(03)。

[5] 赵航等：市场与政府在深化闽台农业合作进程中的的角色定位，《安徽广播电视大学学报》，2008（01）。

[6] 丘杰勇：台湾农村建设的经验及其对大陆新农村建设的启示，《昆明理工大学学报》，2007，(10)。

[7] 曾玉荣：闽台农业合作的自然优势，《政协天地》，2007，(08)。

[8] 黄淑玲：论闽台农业合作与发展的制度创新，《经济前沿》，2007，(08)。

[9] 郑志林，张善聪：发挥闽台区位优势、推动海西新农村建设——专访福建省农业厅厅长姜安荣，《中国供销商情（村官)》，2007，(06)。

[10] 陈励颖：闽台农业合作是建设海峡西岸经济区的重要战略选择，《中国农村小康科技》，2007，(04)。

[11] 刘飞翔，夏文顶：强化闽台农业合作、推动海西新农村建设，《中国农村小康科技》，2007（02）。

[12] 曾煜东：对建设新农村的现实思考——从台湾农会组织作用的视角看，《农场经济管理》，2007，(01)。

[13] 蔡贤恩：发挥闽台农业合作优势、推进福建现代农业建设，《台湾农业探索》，2007，(01)。

[14] 宋建晓：闽台农业产业链整合的战略思考，《福建农林大学学报》(哲学社会科学版)，2007，(01)。

[15] 吴建华：闽台农业合作与海峡西岸新农村建设关系，《台湾农业

探索》，2007，(01)。

［16］曾煜东：对建设新农村的现实思考——从台湾农会组织作用的视角看，《农场经济管理》，2007，(01)。

［17］黄明英：台湾农村建设经验及其启示，《书屋》，2006，(12)。

［18］张兴夏：闽台农业合作的探讨，《福建农业》，2006，(10)。

［19］单玉丽：借鉴台湾经验——扎实推进新农村建设的若干思考，《福建论坛》，2006，(06)。

［20］蔡宏进：《台湾农会改革与乡村重建》，台湾唐山出版社，2006年版。

［21］麦瑞台：《大陆台商的经营策略》，台湾科技图书股份有限公司，2006年版。

［22］王碧秀：《科学、和谐、发展——福建省社会主义新农村建设百村调查报告》，社会科学文献出版社，2006年版。

［23］张春霞等：《海峡西岸经济区社会主义新农村发展研究》，中国农业出版社，2006年版。

［24］李伟伟：台湾农村发展模式对福建新农村建设的启示，《台湾农业探索》，2006，(01)。

［25］何福平：建立健全闽台农业合作机制——推进海峡西岸经济区建设，《福建农林大学学报》，2005，(08)。

［26］魏艾：台湾农产品登陆与两岸农业交流，《经济前瞻》，2005，(05)。

［27］郑钱华：进一步提升闽台农业合作水平的新思路，《台湾农业探索》，2005，(01)。

［28］任大鹏，潘晓红，龚诚，郭海霞：有关农民合作经济组织立法的几个问题，《中国农村经济》，2004，(07)。

［29］谢春修：组织起来！——对发展农民合作经济组织的思考，《农村经济与科技》，2003，(04)。

［30］刘晓玲，范秀丽，任大鹏：农民合作经济组织立法研讨会综述，《农村经营管理》，2005，(07)。

［31］张开华：农民合作经济组织发展的国际比较及其启示，《中南财

经政法大学学报》，2005，(02)。

[32] 林卿，欧阳迪莎，王庆，苗艳青：闽台农业合作提升福建省农产品竞争力，《国际贸易问题》，2004，(04)。

[33] 林卿：《世贸组织框架下闽台农业资源整合与优化配置》，中国农业出版社，2004年版。

[34] 于宗先：《两岸农地利用》，台湾喜玛拉雅基金会，2003年版。

[35] 曾玉荣，张文棋：海峡两岸农产品竞争力比较、分析与产业合作，《福建农林大学学报》(哲学社会科学版)，2003，(03)。

[36] 刘厚连：大陆两岸农业合作实验区对台湾农业发展的影响分析，《土地问题研究季刊》5卷3期。

[37] 田君美：中国两岸农业合作实验区的发展与影响，《经济前瞻》，2002，(03)。

[38] 叶新兴：两岸农业交流的问题与调整，《经济前瞻》，2000，(09)。

[39] 陈耀勋：两岸农业交流现况与展望，《经济前瞻》，2000，(07)。

[40] 陈章真：两岸农业合作论坛之后，《经济前瞻》，2007，(01)。

[41] 童万亨：《闽台农业合作与福建农业发展》，福建省海峡两岸农业合作实验区领导小组办公室，2002年版。

[42] 黄献光：WTO背景下的闽台农业合作特点，《福建农业》，2000，(11)。

[43] 邱毅：《海峡两岸主要农产品的竞争与互补分析》，台湾“行政院农委会”中华经济研究，1994年版。

四、闽台旅游交流合作方面的参考文献

[1] 张健华：闽台旅游合作的共生模式研究，《福建论坛》，2008，(03)。

[2] 周富广：对开发闽台民间信仰文化旅游的思考，《资源开发与市场》，2008，(01)。

[3] 张健华，余建辉，洪元程：基于共生理论的闽台旅游合作机制研究，《福建农林大学学报》(哲学社会科学版)，2008，(01)。

［4］邓利娟，黄智略："海峡旅游区"的构建及其对台湾旅游业的影响，《台湾研究集刊》，2007，(02)。

［5］陈成栋：闽台生态旅游联动影响因素分析，《科技信息》，2007，(24)。

［6］金德凌：闽台生态旅游合作发展探讨，《闽江学院学报》，2007，(03)。

［7］何彪：闽台旅游经济合作的背景分析与路径选择，《科技创业月刊》，2007，(04)。

［8］徐爱萍，袁书琪：从竞合关系看海峡两岸旅游合作，《发展研究》，2007，(04)。

［9］赖侦铿，周富广：基于闽台旅游合作的福建旅游业发展的探讨，《当代经济》（下半月），2007，(02)。

［10］曾志兰：海峡两岸旅游交流：进程、瓶颈与展望，《亚太经济》，2007，(02)。

［11］李丹：闽台合作共同打造海峡旅游品牌，《发展研究》，2007，(01)。

［12］杨荣斌：《区域旅游合作机制理论与案例探析》，上海师范大学博士学位论文，2006。

［13］郑励：小议闽台旅游平台的构建，《发展研究》，2006，(12)。

［14］李丹，吴金林：加强闽台旅游合作、打造海峡旅游品牌，《发展研究》，2006，(06)。

［15］孟铁鑫：闽台旅游合作背景下的福建旅游发展战略研究，《厦门理工学院学报》，2005，(04)。

［16］李爽：《厦漳龙区域旅游合作研究》，福建师范大学博士学位论文，2005。

［17］袁书琪，王晓文，郑丽鑫，徐爱萍：闽台旅游区海峡西岸旅游发展的 SWOT 分析，《亚太经济》，2005，(05)。

［18］林长榕："金马游"——福建旅游新亮点，《开放潮》，2004，(12)。

［19］李爽：浅谈闽台民间信仰文化与旅游开发，《亚太经济》，2003，

(04)。

[20] 袁书琪：闽台旅游地理差异与福建对台旅游产品开发,《世界地理研究》，2002，(04)。

五、闽台文化交流合作方面的参考文献

[1] 骆沙鸣：重视闽台区域文化在海西建设中的作用,《政协天地》，2007，(Z1)。

[2] 张华：促交流、谋合作、创新局——十六大以来两岸文化交流综述,《统一论坛》，2007，(06)。

[3] 田羽：研究特色文化、交流闽台文化、构建先进文化——福建省炎黄文化研究会2006年工作回眸,《政协天地》，2007，(Z1)。

[4] 江承华：深化闽台文化交流的几点思考,《福建省社会主义学院学报》，2006，(04)。

[5] 洪荣文：论闽台区域文化的形成,《湖南工程学院学报》(社会科学版)，2006，(01)。

[6] 李瑞德，苏振芳：闽台文化交流与海峡西岸经济区建设,《统一论坛》，2006，(03)。

[7] 曾金霖：从闽台方言看闽台文化的共同内涵,《福建广播电视大学学报》，2004，(06)。

[8] 杨金涛：闽台文化自古一体,《统一论坛》，2003，(04)。

[9] 吴碧英：闽台文化是中华文化的一种地域形态,《福州党校学报》，2003，(04)。

[10] 朱双一:《闽台文学的文化亲缘》，福建人民出版社，2003年版。

[11] 卢美松，陈龙:《闽台先民文化探源》，福建人民出版社，2003年版。

[12] 谢重光:《闽台客家社会与文化》，福建人民出版社，2003年版。

[13] 陈耕:《闽台民间戏曲的传承与变迁》，福建人民出版社，2003年版。

[14] 蓝雪霏:《闽台闽南语民歌研究》，福建人民出版社，2003年版。

[15] 刘登翰:《中华文化与闽台社会——闽台文化关系论纲》，福建人

民美术出版社，2002 年版。

［16］汪毅夫：《台湾近代诗人在福建》，台湾幼狮文化事业股份有限公司，1998 年版。

［17］秦宝华，翁芝光：加强闽台文化交流的途径与措施，《福建论坛》（经济社会版），1997，（03）。

［18］秦宝华，翁芝光：香港回归后的闽台文化交流，《福建论坛》（文史哲版），1997，（06）。

［19］汪毅夫：《中国文化与闽台社会》，海峡文艺出版社，1994 年版。

［20］缪挺平，郑琅：两岸架设连心桥——闽台文化交流扫描，《中外文化交流》，1993，（03）。

［21］陈孔立：《台湾历史纲要》，九州出版社，1986 年版。

［22］林仁川：《大路与台湾的历史渊源》，文汇出版社，1991 年版。

［23］陈耕：《台湾文化概述》，海峡文艺出版社，1993 年版。

［24］林国平：《闽台区域文化研究》，中国社会科学出版社，2000 年版。

［25］汪毅夫：《闽台历史社会与民俗文化》，鹭江出版社，2000 年版。

［26］朱双一，张羽：《海峡两岸新文学思潮的渊源和比较》，厦门大学出版社，2006 年版。

六、闽台交流合作载体平台方面的参考文献

［1］刘国深：《台湾政治分析》，九州出版社，2006 年版。

［2］陈孔立：《观察台海》，华艺出版社，2003 年版。

［3］周明伟：厦门经济特区对台工作的经验与前瞻，《厦门特区党校学报》，2007，（01）。

［4］厦门："搭台迎亲"的典范，《中国经济周刊》，2006，（50）。

［5］构筑平台、交流合作、优势互补、互利共赢——第三届"海洽会"在泉州南安石井举行，《中国经济周刊》，2006，（50）。

［6］黄丽惠：发挥统战工作优势、促进福建非公有制经济发展，《福建论坛》，2007，（08）。

［7］熊春芳：海沧打造对台交流平台，《两岸关系》，2008，（02）。

[8] 陈璐，曾建丰：开创福建对台工作新局面，《发展研究》，2006，(09)。

[9] 中共中央台湾工作办公室、国务院台湾事务办公室：《中国台湾问题（干部读本)》，九州出版社，1998 年版。

[10] 李鹏：《海峡两岸关系析论》，鹭江出版社，2009 年版。

[11] 邓利娟，石正方：《海峡西岸经济区发展研究》，九州出版社，2008 年版。

[12] 李纯青：《台海问题研究》，华艺出版社，1992 年版。

[13] 张磊等：《国共关系与两岸关系研究》，上海人民出版社，1994 年版。

[14] 邵宗海：《两岸共识与两岸歧见》，台湾五南图书出版有限公司，1998 年版。

[15] 张亚中：《两岸统合论》，台湾生智文化事业有限公司，2000 年版。

[16] 张亚中：《全球化与两岸统合》，台湾联经出版事业股份有限公司，2003 年版。

[17] 唐永红：《两岸经济一体化问题研究——区域一体化理论视角》，鹭江出版社，2007 年版。